100만 학원 종사자를 위한

소상공인 창업 온·오프라인 마케팅

이정수, 홍재기 지음

BM 성안당
www.cyber.co.kr

100만 학원 종사자를 위한

소상공인 창업 온·오프라인 마케팅

이정수, 홍재기 지음

머리말

시장의 빠른 변화와 함께 점점 더 사업하기 힘들다고 하는 분들이 증가하는 추세입니다. 왜 사업하기 힘들 것일까요? 그것은 공급과 수요의 법칙을 보면 알 수 있습니다. 인구 수 감소와 함께 수요자인 고객 수는 줄어들 것입니다. 하지만 공급자인 창업자 수는 계속해서 증가하고 있습니다. 즉, 공급자 수가 많기 때문에 고객들에게 있어 선택 가능한 상품과 서비스는 많아졌다는 것입니다. 그러니 상품 선택에 있어 고객들은 까다로워질 수밖에 없습니다. 이처럼 고객 요구가 고도화되고 있는 상황에서 나만의 차별화 된 마케팅 전략이 없다면 사업 운영은 힘들 수밖에 없는 것입니다. 이에 불철주야 학생들을 위해 고민하고 있음에도 사교육이라는 이유로 때로는 불합리한 대우를 받고 있는 100만 학원 종사자를 위해 온·오프라인 마케팅 서적을 출간하게 되었습니다. 따라서 이 책은 학원 사업을 중심으로 작성되었기 때문에 타 업종의 사업 종사자라면 이런 부분을 감안해서 참고해주시기를 부탁드리오며, 이 책은 아래와 같은 관점을 가지고 집필하였습니다.

- 독자들이 쉽게 이해할 수 있도록 표와 그림 등을 활용하였습니다.

- 저자들이 실제 수행한 온·오프라인 마케팅 컨설팅 사례를 함께 제시하고자 최대한 노력하였습니다. 따라서 어렵게 느껴질 수 있는 이론에 대해서도 쉽게 이해할 수 있을 것으로 기대합니다.

- 현장에서 바로 적용할 수 있도록 관련 서식을 제시하였고, 또한 부록에 참고 자료를 수록하였습니다.

이 책은 온라인 마케팅과 오프라인 마케팅 파트로 구성되었으며, PART 1 온라인 마케팅은 다음과 같이 5개의 Chapter로 구성되었습니다.

Chapter 1은 온라인마케팅의 필요성과 특히 네이버 마케팅의 전략과 각 채널별 분석을 통해 활용하는 방법을 제시하고 있습니다.

Chapter 2에서는 네이버통합검색 기준으로 키워드 분석과 트렌드 조회를 하는 방법을 제시하였습니다. 키워드를 선별하는 것보다 어떤 키워드를 선택하는 것이 좋은지를 이 장을 통해 학습하게 됩니다.

Chapter 3은 모두홈페이지의 개수와 제작 등록을 통해 네이버 검색에서 사이트 노출이 되는 방법과 모두 홈페이지를 SNS의 플랫폼으로 활용하는 방법 등을 제시합니다.

Chapter 4는 네이버 블로그 마케팅의 전략을 소개합니다. 블로그의 최적화, 글쓰기 기법과 핵심전략 등을 네이버 알고리즘을 기준으로 소개합니다.

Chapter 5는 카페24 무료쇼핑몰을 이용해 소상공인 (무료)쇼핑몰을 만들어 강의와 강좌를 소개하고 수강생이 바로 결제까지 할 수 있는 쇼핑몰 개설과 운영에 관해 배웁니다.

그리고 PART 2 오프라인 마케팅에서는 다음과 같이 3개의 Chapter로 구성되었습니다.

Chapter 1은 나만의 차별화 된 마케팅 전략 수립에 대해 '마케팅 전략 체계 이해', '3C 분석', 'SWOT 분석', 'STP 전략', '마케팅 MIX 전략'을 통해 제시하였습니다.

Chapter 2는 사례로 알아보는 학원 마케팅 성공에 대해 제시하였는데, '대표 학부모 프로그램', '학습 관리 시스템 구축 및 학생 이벤트', '내부 조직 활성화를 위한 인센티브 도입', '대규모 설명회 및 학부모 세미나' 사례에 대한 내용을 접하게 될 것입니다.

Chapter 3은 마케팅 실무 연습으로 '나만의 성장 로드맵 수립', '목표 설정을 통한 수익 향상 방안', '연간 마케팅 일정 수립', '목표 대비 실적 점검', '학원 설명회 실행 전략'으로 구성되었습니다.

과거와 다르게 아주 작은 사업장이라 할지라도 혼자만 잘 하면 성공하는 시기는 지났고, 명확한 목표와 전략을 가지고 사업을 운영해야 하는 시기입니다. 따라서 위에서 언급된 것과 같이 실질적으로 적용할 수 있는 서식과 관련 사례를 전달하고자 하오니 각자 자신만의 차별화 된 마케팅 전략 수립에 도움이 되기를 희망합니다.

끝으로 이 책을 출간할 기회를 준 출판사 관계자와 그리고 나에게 힘이 되어 준 사랑하는 사람들에게 깊은 감사를 드립니다. 많이 부족한 부분이 있겠지만 우리나라 학원 경영에 조그만 보탬이 되기를 간절히 희망합니다.

저자 일동

온라인 마케팅

1990년부터 시작된 온라인 마케팅이라는 용어는 사회, 정치, 경제, 교육, 문화, 그리고 도소매업까지 모두 활용되고 있다. 온라인 마케팅이 온라인판매, 즉 전자상거래에만 국한된 것이 아니라 이젠 오프라인 영업에서도 온라인 마케팅은 중요한 역할을 하고 있다. 특히 2014년부터 진행되어 온 빅데이터를 활용한 딥 러닝 기반의 인공지능 서비스가 이젠 일상생활 깊숙이 자리 잡고 있다. 우리나라 최대 포털사이트인 네이버의 통합검색에도 라이브워드 알고리즘에 따라 사용자 의도에 따른 검색결과를 제공하고 있다. 이젠 고객이 원하는 검색결과를 고객의 의도에 맞도록 보여주고 있다. 이러한 온라인 마케팅의 발전은 유·무형의 상품을 가리지 않고 다양한 분야와 채널에서 활용되고 있다. 이번 파트에서는 네이버의 통합검색에 영향을 주고 있는 검색채널을 중심으로 사용자가 원하는 키워드에 적절히 노출이 될 수 있는 온라인 마케팅 채널을 공부하고자 한다. 먼저 네이버의 다양한 검색노출 채널(서비스)과 활용기준을 배우고, 네이버트렌드를 활용한 통합검색 키워드의 검색알고리즘 기준을 알아본다. 사이트를 하나의 플랫폼으로 사용할 수 있는 PC와 모바일 홈페이지를 제작하는 방법을 배우게 되고, 그에 따른 블로그를 활용한 광고전략을 배운다. 마지막으로 교육기관을 위한 전자상거래인 카페24 솔루션을 이용해 쇼핑몰제작 방법까지 배워보자.

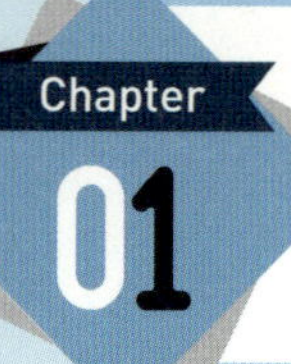

Chapter 01 온라인 마케팅 채널 분석

이젠 온라인 마케팅(online marketing)은 온라인 사업을 하는 업체에만 사용하는 마케팅 도구가 아니다. 온라인과 오프라인의 경계가 무너지고 일상생활에서 익숙한 생활습관이 되었다. 일반 사용자는 자연스럽게 온라인으로 모든 정보를 검색하고 검색한 정보를 다양한 방법으로 분석하고 선별한다. 제품이든 서비스이든 또는 오프라인 매장이든 다양한 채널을 통해 생활에서 접하고 있다.

SNS(Social Network Services : SNS를 한글키보드로 입력하면 '눈'이 된다. SNS가 네트워크의 핵심 눈이 아닐까?)의 발달로 온라인 정보는 실시간으로 전달되며, 사용자의 환경에 맞는 검색결과와 위치정보의 제공으로 이젠 전문가가 아니더라고 원하는 검색결과를 손쉽게 접할 수 있게 되었다. 이러한 온라인 마케팅은 선택이 아니고 필수 마케팅 전략의 도구 중에 하나로 자리 잡았다. 온라인 마케팅의 채널 분석은 온라인의 다양한 채널의 장·단점과 차이점을 이해하고 적절한 마케팅 도구로 활용할 수 있는 하나의 방법이다.

 1 온라인 마케팅의 필요성

이젠 누구나 어떤 일이든 인터넷으로 검색하고 다음 행동을 한다. 인터넷 환경이 단순히 지식을 검색해주는 것뿐만 아니라 대화하고 소통하는 인공지능 서비스를 제공한다. 이러한 온라인 환경은 지역 내 오프라인의 한계를 넘어 전국, 전 세계로 정보가 융합되어 제공된다.

온라인 마케팅의 필요성은,

첫째 고객의 행동패턴이 인터넷을 통해 우선 검색을 한다는 것이다. 이 행동패턴은 무선인터넷과 모바일의 발달 및 대중화가 큰 역할을 하였다. 여행을 하든, 맛집을 찾든, 학원을 알아보더라도 인터넷 검색으로 다양한 정보를 검색하고 찾아 보게 된다.

두 번째는 검색 키워드의 선점이다. 오프라인에서 아무리 10여 년 정도 사업을 운영했다 하더라도 인터넷에 검색되지 않는다면 온라인상에는 존재하지 않는 업체가 되어 버린다. 또한, 신생업체가 온라인 키워드를 선점해서 사용해 버리는 경우가 있다. 그러므로 어쩌면 온라인 마케팅의 가장 중요한 요소는 검색 키워드라 할 수 있다.

세 번째는 온라인 마케팅은 누구나 손쉽게 광고를 할 수 있다. 아무리 좋은 소식이라도 나 혼자만 알고 있다면 광고의 목적으로는 맞지 않다. 전단이나 벽보를 붙여 광고하는 것은 이미 한계가 있다는 것을 누구나 알고 있다. 고객은 인터넷이나 SNS를 통해 정보나 광고를 접하게 된다. 인터넷 검색을 통해 직간접적으로 노출되게 하는 방법이 중요하다.

네 번째는 온라인 마케팅은 무료로 홍보할 수 있다. 즉, 무료로 국내뿐만 아니라 전 세계의 관심사를 자연스럽게 노출하고 홍보할 수 있는 기회이다. 개인 홈페이지가 있다고 가정해보자.아무리 게시판에 글을 작성해도 누군가가 알지 못한다면 아무 소용이 없는 것이다. 온라인 마케팅의 SNS 등을 통해 홍보하면 간단한 포스팅 하나로 쉽게 노출되고 홍보될 수 있다.

마지막으로 온라인 마케팅을 해야 하는 이유는 기회비용이다. 온라인은 온라인으로 자연스럽게 노출되고 데이터의 손실 없이 다른 사용자에게 전달된다. 이러한 홍보의 전달은 짧은 시간에 많은 사람에게 노출되고, 노출된 정보는 다시 작성자에게 피드백이 되어 돌아온다. 유료비용이 들더라도 전국, 전 세계의 관심사를 가진 사람들과 소통하고 홍보를 할 방법은 온라인 마케팅을 제외하고는 거의 없다고 할 수 있다.

온라인 마케팅을 해야 하는 이유는 수십, 수백 가지가 되겠지만, 앞에서 말한 이유는 크게 통합검색과 키워드 마케팅 및 채널 분석 기준이다. 요즘은 하루에도 수많은 인공지능서비스 뉴스를 접하고 있다. 소프트웨어에서 대화가 가능한 하드웨어 인공지능 스피커까지 다양한 서비스가 제공되고 있다. 이젠 누구나 가상 비서를 손안에 두고 있다고 해도 과언이 아닐 정도로 빠른 속도로 일상생활 속으로 파고들고 있다. 애플, 구글, 네이버뿐만 아니라 유통업체인 아마존, LG, SK, 삼성 등에서도 AI(artificial intelligence:인공지능) 서비스 제품을 계속해서 내놓고 있다.

국내에서도 이미 인공지능서비스는 음성으로, 즉 목소리로 인터넷뱅킹을 하고 있다. 인공지능은 텍스트(text)뿐만 아니라 음성(voice) 그리고 이미지(image) 정보까지 갖추고 있다. 누구나 인터넷을 통해 원하는 정보를 검색하고, 온라인에서 추천하는 서비스로 최종결정을 하게 될 것이다. 이러한 환경은 오프라인에서 사업을 하는 업체에게 온라인상의 빅데이터(big data) 정보를 발 빠르게 제공하고, 자연스럽게 노출될 수 있도록 의도적으로도 접근해야 할 필요성이 있다.

당신의 고객은 항상 늘어나고 있다. 그러니 지금 매출이 낮아지고 있는 것은 온라인 추세의 변화로 수요가 이동하고 있다는 것을 명심해야 한다.

지금 매출이 낮아지고 있는 것은 온라인의 변화로 고객 수요가 온라인으로 이 동하고 있다는 것을 명심해야 한다.

온라인 마케팅이라고 하기에는 너무 많은 비중을 차고 있는 것이 네이버 통합검색이다. 우리나라 인터넷 사용자의 86.92%가 네이버 포털사이트를 초기화면으로 사용하고 있다(출처 http://www.internettrend.co.kr). 즉, 일반 사용자는 네이버를 통해 원하는 정보를 검색하고 그 검색결과에 내 사이트가 노출되어야 한다.

다시 말해서 10중에 8명 이상은 네이버를 초기화면으로 사용하고 있기 때문에 국내에서는 네이버 검색엔진을 고려하지 않고 온라인 마케팅을 진행할 수가 없다. 그래서 국내에서는 통합검색기준 온라인 마케팅 키워드전략을 네이버 마케팅 전략으로 접근하여 풀어가는 것이다.

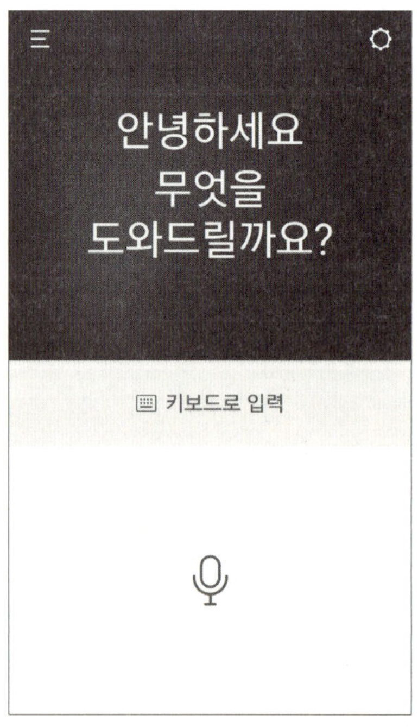

◀ 윈도우의 초기화면이 10명 중에 8명 이상이 네이버이니 국내에서는 온라인 마케팅이라고 하기보다는 네이버마케팅이라고 하는 것이 맞다.

네이버는 인공지능 비서인 네이버 클로바(NAVER clova) 서비스를 새로운 플랫폼으로 제안하고 있다. 앞으로 인공지능 서비스는 하드웨어와 소프트웨어의 치열한 전쟁이 예상된다. SKT는 누구, KT는 기가지니, LGU+는 네이버와 lot 시장의 주도권 경쟁에 가세한 것으로 생각한다. 또한, 기존 네이버페이는 다양한 결제 서비스 업체와 연동하여 확장하고 있다. 예를 들어, 진에어는 국내 항공업계 최초 간편 결제 서비스를 도입하였다.

이러한 네이버의 다양한 서비스는 앞으로 네이버 마케팅전략을 해야 하는 이유가 되고, 그 이유 속에는 나만의 검색키워드로 네이버 통합검색에서 노출될 수 있도록 해야 한다.

▶ 스마트폰의 네이버 클로바 초기화면으로 음성 버튼을 누르고 질문을 하면 답변을 한다. 마켓에서 네이버 클로바를 다운받으면 된다.

네이버 통합검색의 컬렉션 순위와 노출 채널은 검색어 기준마다 다르고 사용자의 검색환경마다 다르게 적용된다. 네이버는 다양한 서비스를 제공하고 제공된 서비스에 포스팅 후 발행된 내용을 검색해서 노출시켜 준다. 즉, 블로그에 글을 작성하고 발행하면 네이버 포털검색에서 내가 작성한 글이 검색을 통해 노출된다는 것이다.

네이버(naver.com)에는 카페, 블로그, 지식iN, 폴라, 네이버 포스트, 모드 밴드 등 다양한 사용자 서비스를 제공하고 있고 이 서비스의 특징에 따라 다양한 정보를 제공하고 있다.

▲ 네이버 서비스 전체보기 메뉴이다. 상단 우측메뉴에 '더보기'를 클릭하면 된다.

특히, 모바일 앱을 통해 더욱 다양한 서비스를 제공하고 있다. 파파고 통역기, 네이버 클로바, 디스코 등 다양한 모바일용 서비스가 제공되고 있다.

이번 장에서는 검색기준으로 노출되는 채널별 특징을 알아보고 사용자가 활용할 수 있는 범위를 확인해 보도록 한다.

1) 통합검색 컬렉션

통합검색 컬렉션은 사용자가 원하는 키워드로 네이버 검색을 통해 검색했을 경우 검색결과로 노출되는 채널의 순서를 말한다. 네이버에서 제공하는 다양한 채널, 즉 블로그, 카페, 네이버 포스트 등 검색 키워드별 노출 순위가 다르게 제공된다. 또한, 어떤 키워드는 특정 채널이 노출되지 않을 수도 있다. 그래서 통합검색 컬렉션을 통해 내가 등록하고자 하는 키워드의 컬렉션 순위를 먼저 확인하고 적절한 채널을 통해 키워드를 등록해야 한다.

통합검색 컬렉션 순위를 통해 확인할 수 있는 정보는 키워드별 채널의 노출 여부, 그리고 채널의 노출 순위를 확인할 수 있다.

◀ 네이버에서 '이정수강사'로 검색 시 통합검색에서 노출되는 컬렉션 랭킹이다. 사이트→블로그→웹문서→이미지...등의 순서로 노출된다.

예를 들어, 네이버 검색에서 '이정수강사'로 검색했을 경우 컬렉션 순위는 사이트→블로그→웹문서→이미지→지식인 등의 순서로 노출되는 것을 확인할 수 있다. 이 컬렉션 랭킹(collection ranking)을 사용자가 임의로 변경하거나 순위를 바꿀 수는 없다. 네이버의 검색엔진 알고리즘에 의해 자동으로 노출되는 서비스이기 때문이다.

더 자세히 보면 사이트에는 실제 사이트와 쇼핑몰, 그리고 모두서비스가 등록되어 있다. 다음 장에서 배우게 될 네이버 모두 홈페이지는 이러한 사이트에 등록되고 노출되는 방법 등을 배우게 된다. 블로그에는 이정수강사와 관련된 블로그의 포스팅이 노출된다. 본인이 직접 작성한 내용뿐만 아니라 이웃이나 사용자들이 동일 키워드로 등록한 블로그도 노출된다. 웹문서에는 블로그와 폴라, 포스트, 인스타그램, 페이스북 다양한 SNS 글이 노출된다. 그다음은 이정수강사와 관련된 이미지가 노출된다. 확인해보면 알겠지만, 거의 블로그를 통해 포스팅한 이미지가 노출된다. 블로그에 글이 많은 이유도 있지만, 카페나 포스트보다는 블로그에 작성한 글이 상위노출이 될 확률이 높다. 블로그 마케팅도 4장에서 자세히 다룰 예정이며, 네이버 블로그 마케팅을 활용하면 홍보에 많은 도움이 될 것으로 생각한다.

그럼 이제 네이버의 다양한 채널을 소개한다. 각 채널마다 저자의 사이트를 소개하니 밴치마킹을 하여 활용하기 바란다.

① 네이버 메일

네이버 메일은 네이버의 대표적인 서비스이다. 메일을 활용하여 정보를 전달하고 서비스를 제공하는 기능은 오래전부터 활용되고 있으며, 요즘은 SNS 등의 실시간 정보를 이용한 서비스 이용이 늘고 있다. 하지만, 메일은 개인적인 소통방법으로 정말 소중한 인맥을 관리하고 싶다면 메일을 통해 소통하는 것이 유리하다. 필자도 기본적인 1:1 상담은 카톡이나 SNS 채널을 사용하지 않고 메일을 통해 상담한다. 즉흥적인 답변이 아닌 기준화된 답변이면 메일을 요청해서 답변하고 있다.

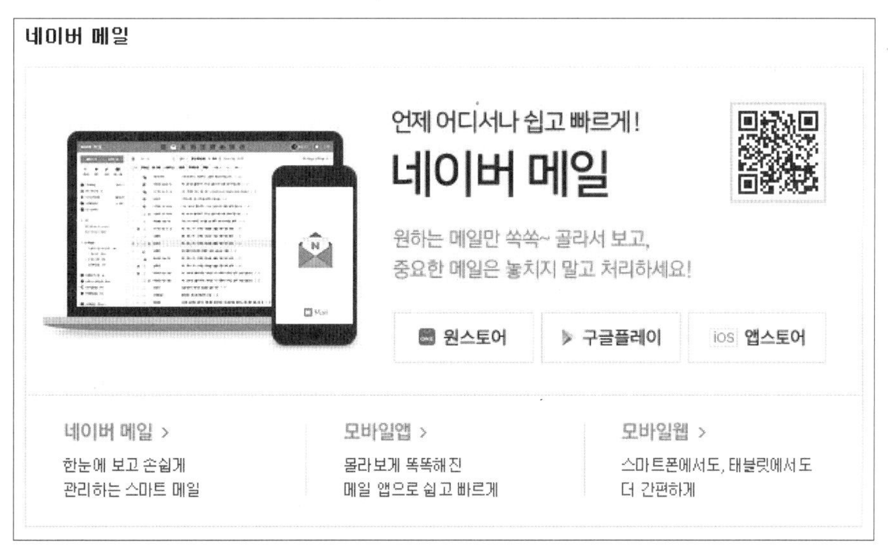

학원의 경우는 학부모나 학생들에게 단체 카톡으로 전달하는 것보다는 메일을 통해 정보를 전달하고 소통함으로써 친밀감을 더해 줄 수 있다. 메일서비스는 네이버의 대표 채널인 만큼 잘 활용해서 1:1 맞춤 고객관리에 적극적으로 활용하기를 기대한다. (이정수강사 메일 : jsncorp@naver.com)

② 네이버 카

네이버에서 카페는 회원들의 참여와 활동이 가장 많은 대표 커뮤니티 서비스 채널이다. 카페는 다양한 주제로 모여 정보를 나누는 곳이며, 사용자들의 활동카페가 약 1,000여 개 있다.

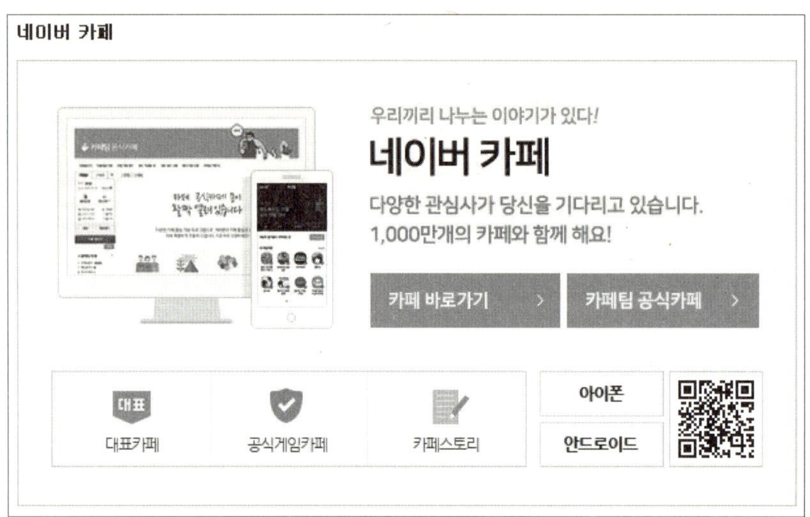

네이버카페 개설은 관리자가 하지만 운영과 참여는 회원들이 모여 글쓰기와 댓글 그리고 홍보활동을 자유롭게 하며 카페를 키워간다. 네이버 카페에서 높은 등급인 중고나라의 경우는 2017년 10월 현재 15,844,756명의 회원이 있으며, 모든 회원이 글을 쓰고 댓글을 달고 카페의 목적에 맞는 활동을 하고 있다. 네이버의 서비스 중 블로그나 포스팅, 폴라 등은 관리자가 직접 글을 쓰고 회원이 댓글 등을 통해 소통할 수 있지만 네이버 카페의 경우는 회원이 직접 글을 쓰고 참여할 수 있다. 네이버카페는 회원이 직접 참여하고 운영한다는 의미에서 큰 역할을 한다.

● 카페 랭킹 가이드

등급이 상승하면 대표카페 선정, 카페 지원센터 신청, 카페명 검색 시 목록 상위 노출 등 다양한 혜택이 있다.

씨앗	새싹	잎새	가지	열매	나무
씨앗5단계	새싹5단계	잎새5단계	가지5단계	열매5단계	숲
씨앗4단계	새싹4단계	잎새4단계	가지4단계	열매4단계	나무4단계
씨앗3단계	새싹3단계	잎새3단계	가지3단계	열매3단계	나무3단계
씨앗2단계	새싹2단계	잎새2단계	가지2단계	열매2단계	나무2단계
씨앗1단계	새싹1단계	잎새1단계	가지1단계	열매1단계	나무1단계

▲ 네이버카페 제공 – 카페랭킹 가이드이다. 씨앗에서 나무단계까지 총 30단계로 나누어져 있다.

카페 순위는 총 30단계로 되어 있다. 크게 6등급으로 구분되며 등급별 5단계로 구성되어 있다. 등급의 업데이트 주기는 월 2회로 2일과 17일 경이며, 한 번에 2단계까지 올라갈 수 있다. 카페 구성원의 활동점수에 따라 카페 순위는 결정된다. 단, 카페 운영원칙에 어긋나는 활동을 하거나 경고를 받으면 랭킹이 하락할 수 있다. 등급별 자료등록의 용량의 차이가 있으며, 가지 등급부터는 정모 지원(정기 모임에 쿠폰 등을 지원해주는 행사)을 해준다. (이정수강사 카페 : http://cafe.naver.com/in4biz)

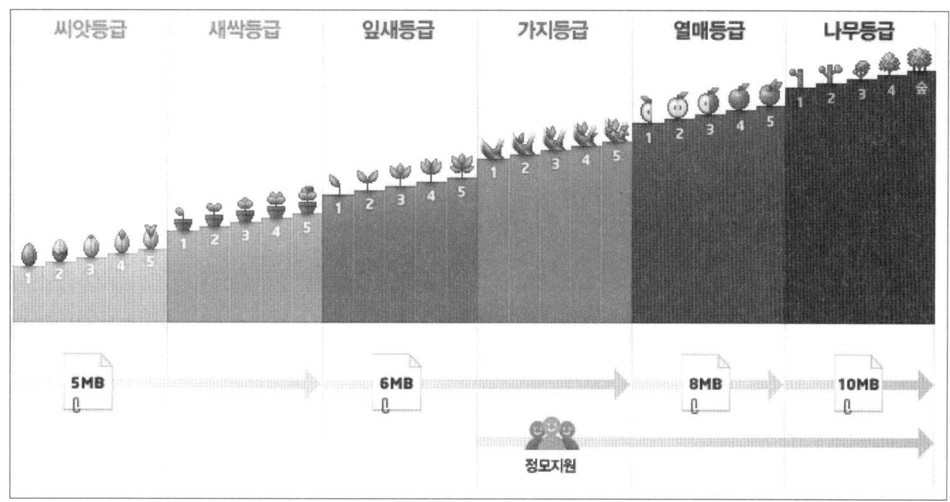

▲ 네이버카페 제공 – 카페랭킹별 지원현황이다.

③ 네이버 블로그

2014년부터 네이버 블로그 마케팅을 소개하고 강의를 하는 곳이 많아졌는데, 그 이유는 어느 날부터 블로그에 포스팅한 글이 네이버 통합검색에서 상위노출되고 있기 때문이다. 이렇게 검색 노출되는 컬렉션 랭킹은 사용자가 임의로 조정할 수 없는 영역이며, 네이버 검색 알고리즘에 의해 자동으로 노출되는 것이다. 즉, 네이버 블로그가 상위에 노출되고, 이 상위 노출의 기회를 잡기 위해 블로그를 해야 한다.

네이버 블로그는 좋은 글과 멋진 이웃을 기다리는 이웃과 소통하고 서로의 정보를 교환할 수 있는 채널이다. 앞으로 온라인 마케팅, 특히 네이버 마케팅을 진행하기 위해서는 네이버 블로그를 제외하고는 마케팅 하기가 쉽지 않다. 그만큼 네이버 검색엔진에서 블로그의 글이 검색 노출에 큰 역할을 하고 있다. 블로그의 포스팅 된 글 중에 텍스트, 사진(이미지), 동영상, 지도검색 등이 다양한 곳에서 노출되고 있다. 이러한 이유로 블로그의 상위노출 기법 등 다양한 포스팅 하는 방법 등이 소개되고 있다.

네이버에서 말하는 블로그는 좋은 글과 멋진 이웃이 기다리는 곳이라고 했다. 글에서 말하듯이 블로그의 핵심전략 키워드는 좋은 글과 멋진 이웃이라고 할 수 있다. 좋은 글이라는 것은 주제별로 누구나 공감을 하는 글을 말하고 멋진 이웃은 글을 통해 참여하고 공감을 해주는 이웃을 말하는 것이다.

또한, 우리가 블로그를 하는 이유는 블로그에 일상의 글을 작성하면 네이버 통합검색을 통해 노출된다는 것이다. 이는 광고뿐만 아니라 다양한 목적의 홍보용으로도 사용할 수 있다. 네이버 포털을 통해 내 글이 노출된다는 것은 매우 흥미로운 일이다. (이정수강사 블로그 : http://blog.naver.com/jsncorp)

④ **네이버 포스트**

네이버 블로그와 유사한 네이버 네이버 포스트는 앞서 소개한 블로그보다 좀 더 전문적인 콘텐츠를 소개하는 플랫폼이다. 즉, 다시 말해서 일상적인 글을 작성하더라도 좀 더 전문적인 분야의 한 주제를 정하고 포스팅을 해야 한다. 네이버 포스트의 소개에도 우수 에디터를 발굴하고 육성하는 서비스라고 되어 있다. 주제를 정해 시리즈로 전문적인 글을 작성하는 것은 네이버 포스트를 이용해 작성하기를 권한다.

네이버 포스트는 블로그와 형식이 매우 유사하다. 모바일에 최적화가 되어 있지만, 블로그와 포스팅환경은 같으며, 블로그보다 경쟁이 덜한 네이버 포스트를 잘 활용하는 것이 도움이 될 것으로 보인다.

요즘 검색을 해보면 키워드에 따라 다르겠지만, 블로그 못지않게 네이버 포스트의 글이 많이 노출되고 있다. 네이버에서도 '블로그와 포스트데이'를 만들어 한 달에 한 번 행사를 할 만큼 같은 주제의 채널을 가지고 가고 있다. 하지만, 블로그의 키워드가 일상과 회원이라면 네이버 포스트의 키워드는 전문 콘텐츠와 창작이라고 할 수 있다. 네이버 포스트를 통해 사용자의 전문 콘텐츠를 주제별로 만들고 시리즈로 연재하여 책으로 만들 수 있는 채널이 바로 네이버 포스트이다. (이정수강사 포스트 : http://post.naver.com/my.nhn?memberNo=2738563)

⑤ 네이버 지식인

네이버 지식인은 네이버 회원들의 질문과 답변을 통해 답변자의 정보를 공유하여 빅데이터로 활용하는 서비스이다. 다양한 질문과 답변을 통해 서로 다른 의견을 공유할 수 있고 사소한 일상의 질문부터 의사, 한의사, 변호사, 노무사, 수의사, 약사, 세무사 등 전문가와의 질문이 가능하다. 지식인의 활동은 아이디의 등급을 올리는 데도 큰 도움이 될 뿐 아니라 꾸준한 지식인 활동을 통해 브랜드 홍보도 가능하다.

2017년 10월 지표를 보면 2002년부터 시작한 누적 답변수가 272,950,075개나 되고, 이는 앞으로 다양한 빅데이터 베이스로 활용이 된다. 지식iN의 활동은 모두 자발적으로 질문과 답변을 하고 있고 지식을 공유하는 입장에서 큰 도움이 된다. 네이버는 이러한 데이터를 지식iN 관심사로 만들어 제공하기도 한다.

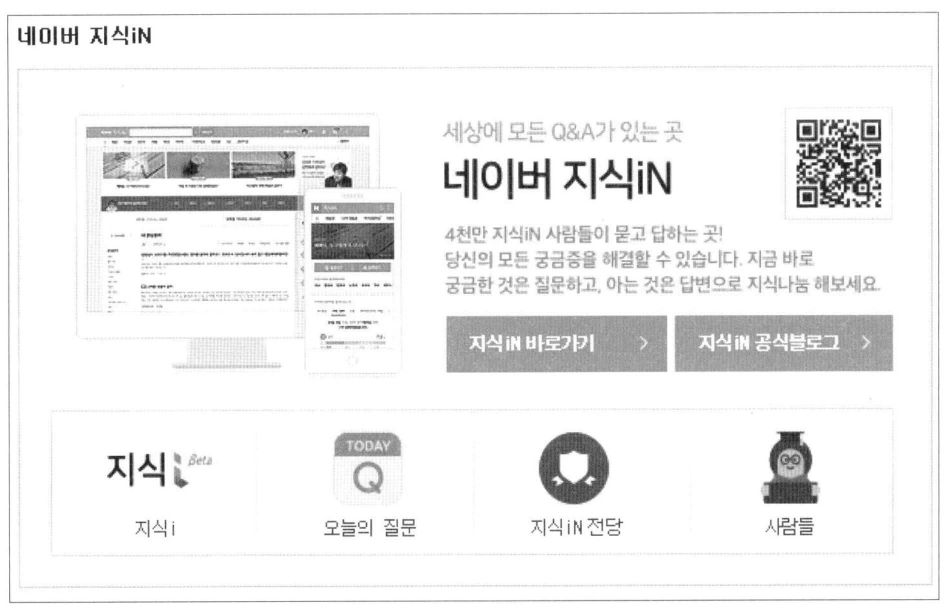

관심사 자료를 보면 남자의 경우 10대 미만은 여행, 10대는 대학입시, 20대는 전기/전자, 30대는 자동차, 40대부터는 모두 원예로 나온다. 같은 조건으로 여자를 분석해 보면 10대 미만은 건강상담, 10대는 대학입시, 20대는 연애/결혼, 30대는 사주/궁합, 40대, 50대는 원예, 60대 이상 여자는 한국사로 나온다.

지식인의 빅데이터로 나이별 관심사를 확인할 수 있다. 또한, 남녀 관심사의 차이점을 확인할 수 있다. 정확한 수치의 데이터는 필요에 의한 정보의 가치로 큰 역할을 하게 된다.

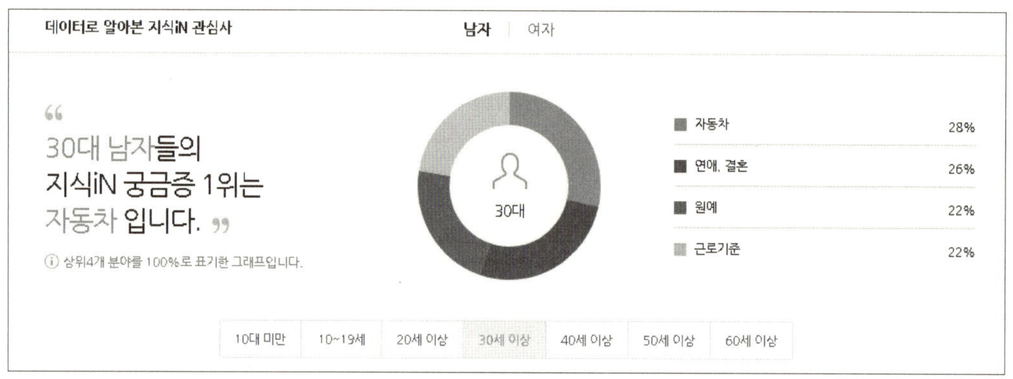

▲ 네이버 지식iN 제공 – 데이터로 알아본 30대 남자 지식iN 관심사

	10대 미만	10대	20대	30대	40대	50대	60대
남	여행	대학입시	전기/전자	자동차	원예	원예	원예
여	건강상담	대학입시	연애/결혼	사주/궁합	원예	원예	한국사

앞에서 말했듯이 지식인에서는 간접적으로 전문적인 브랜드 홍보를 할 수 있다. 블로그와 마찬가지로 지식인의 관심 분야를 설정하고 관심 분야를 꾸준히 답변함으로써 그 분야의 전문가로 기억될 수 있다. 필자는 전자상거래, 창업, 온라인 마케팅 관련 키워드에 관한 질문의 답변을 하고 있다.

네이버 지식iN을 통해 간접적인 홍보와 네이버 아이디의 품질 상승, 그리고 통합검색의 노출 등을 기대할 수 있다. (이정수강사 지식인 : http://kin.naver.com/popup/activityCert.nhn?userId=jsncorp)

⑥ 네이버 폴라

네이버 폴라(www.pholar.co)는 네이버에서 제공하는 소셜 포토블로그 네트워크 서비스이다. 이 서비스는 모바일을 기반으로 사진과 동영상을 공유하기 위한 SNS(소셜네트워크 서비스)이다.

사진을 기반으로 하는 SNS 서비스인 인스타그램과 핀터레스트(pinterest.co.kr)와 유사한 SNS이다. 폴라라는 이름에서도 알 수 있듯이 Photo와 Popular의 합성어로 사진 기반 관심사 서비스이다. 폴라에는 해시태그를 사용해 실시간 키워드에 반응하며 유사태그끼리 관심사를 공유할 수 있으며, 해시태그를 통해 같은 관심사를 가진 사용자끼리 연결해 주고 있다. 네이버 사진 검색에도 연동이 되며, 사진 관련 검색서비스에도 제공되고 있다. 플레이서와 같은 지역 정보에도 폴라의 정보가 노출되고 있으며, 이는 향후 구글 지도 서비스와 연동될 것으로 보인다.

네이버 폴라에서 게시물의 글자 수는 500자로 한정되어 있고, 사진과 영상의 업로드가 가능하다. 비율은 1:1과 3:4(4:3)를 지원한다. 네이버 폴라는 사진을 기반으로 제공하는 네이버의 소셜 네트워크 서비스인 만큼 사진과 관련된 정보를 네이버를 통해 노출을 원한다면 꼭 사용해야 할 서비스 중의 하나이다. 특히 중소상인 등과 같은 지역 기반의 마케팅을 한다면 필수적으로 해야 할 서비스 중의 하나이다. 사진이 네이버 검색결과에 반영되려면 사진에 캡션을 달면 되고, 사진은 최대 10장까지 한 번에 포스팅 할 수 있다.

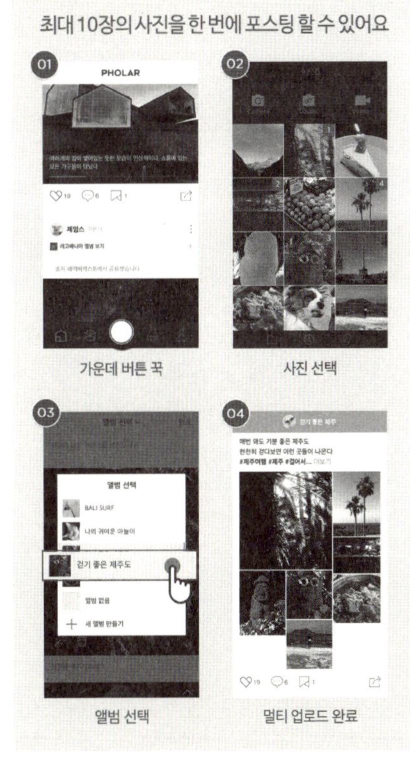

▶ 네이버 폴라 공식블로그 제공 – 스마트폰에서
한 번에 10장의 사진을 등록할 수 있다.

❶ 폴라를 열고 가운데 촬영 버튼을 클릭한다.

❷ 기존 등록된 사진 이미지를 선택할 수도 있고, 카메라로 바로 촬영도 가능하다. GIF 촬영일 경우 6장의 사진을
왕복하면 자동으로 플레이가 된다. 촬영 후 떨림 보정과 동영상변환 등을 통해 품질 높은 사진을 만들 수 있다.
사진은 최대 10장까지 한 번에 등록할 수 있다.

❸ 원하는 주제의 앨범을 선택한다. 선택한 앨범은 간단한 사진 보정 등을 통해 등록할 수 있다.

❹ 업로드가 완료된다.

참고로 네이버 폴라도 PC에서 포스팅하기가 된다.

● 나만의 주제를 담은 앨범을 만들자

폴라는 주제별 관심사를 정하고 등록을 하는 것이 좋다. 예를 들어 서울여행, 오늘의 카페, 혼자 하는 여행, 우리 학원 사진, 실내장식 소품, 내가 찍은 사진을 주제별로 분류하고 만들어 등록하면 된다.

네이버 폴라 초기화면에서 '새 앨범 만들기'를 클릭하면 앨범 만들기 화면이 나온다. 여기에 앨범 제목과 앨범 소개 그리고 앨범을 표현하는 해시태그를 3개까지 입력하면 된다. 폴라는 주제별 관심사이기 때문에 처음부터 기본 주제를 정하고 등록하는 것이 좋다.

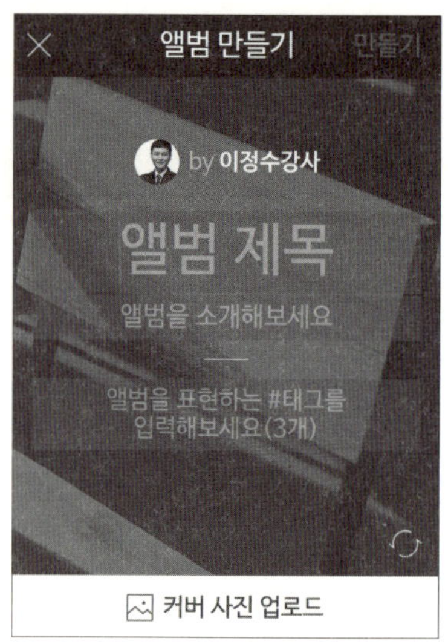

▲ 스마트폰에서 네이버 폴라 앨범만들기 화면

● 앨범 단위 팔로우 가능

#쇼핑몰창업, #학원 소식, #여행 사진, #서울여행, #학원마케팅 등 나만의 태그갤러리를 팔로우할 수 있다. 또한, 앨범 검색, 추천앨범 등의 서비스로 특정 계정에서 원하는 사진만 골라서 볼 수 있도록 앨범 단위 팔로잉이 가능하다. (제공–네이버 폴라 공식 블로그)

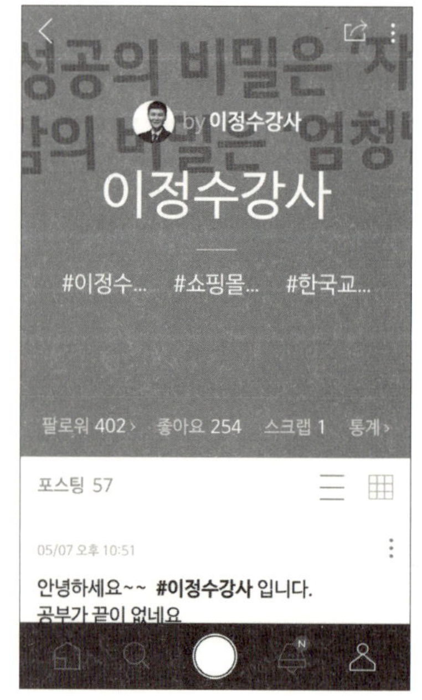

▲ 이정수강사의 네이버 폴라 앨범

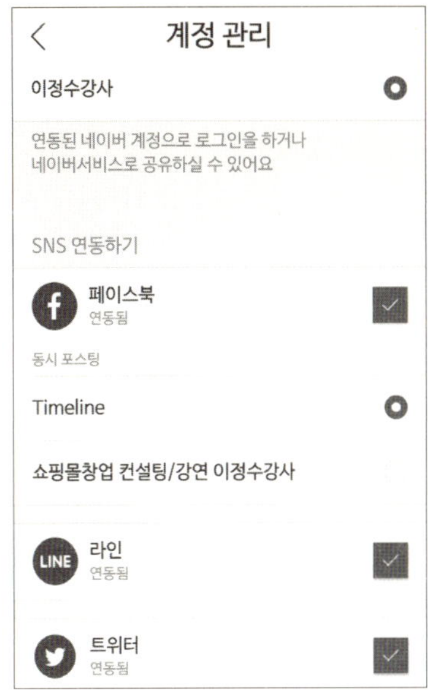

- **계정관리 SNS 연동하기**

폴라는 계정관리를 통해 페이스북, 라인, 트위터와 자동 연동이 가능하다. 최초 한 번만 등록하면 자동으로 연동된다. 또한, 네이버의 톡톡 버튼을 노출해서 실시간으로 빠른 소통이 가능하다.

이렇게 계정관리를 통해 SNS 연동하기를 해두면 폴라 포스팅 한 번으로 페이스북과 트위터 그리고 라인에 자동으로 연동되어 더욱 쉽게 각 채널의 다양한 친구들과 소통할 수 있다. (이정수강사 폴라 : http://www.pholar.co/my/47757/profile/post)

▶ 이정수강사의 계정 연동된 화면. 최초 한 번 계정인증을 하면 자동 연동된다.

⑦ **네이버 밴드**

네이버 밴드는 2012년 8월에 출시된 서비스이다. 처음 출시에는 폐쇄형 밴드로 운영되었으나 2015년 4월 4.0버전으로 업데이트된 후 공개형 밴드로 전환되었다. 밴드는 동호회나 동창 모임 등 특정 단체나 모임 위주로 사용되었으나, 지금은 관심사의 소식을 소통하고 전달하는 목적으로도 활용되고 있다.

네이버의 많은 채널 중에 네이버 밴드는 온 · 오프혼합 마케팅이 가장 잘되어 있는 채널 중에 하나이다. 즉, 온라인 정보를 통해 오프라인 모임이 가장 활발하게 진행되고 있다. 네이버 밴드는 1,000명이 넘는 모임이 가능하고, 복잡한 모임의 관리기능도 제공하고 있다.

네이버 계정을 연결해두면 밴드를 핸드폰에서 상시 설치하거나 PC에서도 사용 가능하다. 즉, 네이버 밴드도 모바일과 PC에서 가입과 관리를 할 수 있으며, 여러 개의 밴드 프로필을 밴드의 목적에 맞도록 수정할 수 있다. 이 기능은 밴드의 정확한 역할과 밴드 내의 홍보 진행에도 큰 도움이 된다.

2017년 7월 10일 네이버 밴드가 6.0으로 업그레이드 되어 아이콘도 변경되고 사용자 환경(UI)을 제공한다. 주제별 밴드와 사용자 관심사 모임의 연동이 더욱 쉽게 될 수 있도록 변경되었다. 앞으로 밴드를 통해 회원 간의 정보교환이 더욱더 활발하게 형성될 것으로 기대한다. (이정수강사 밴드 : http://band.us/n/adafvekdcaa7i)

▲ 네이버 제공 – 네이버밴드의 로그가 변경이 되었다.

⑧ 네이버 플레이스

네이버 플레이스(m.naver.com/#PLACE)는 모바일 기반 위치 기능을 활용한 우리 동네 생활, 문화 새 소식과 이야기를 정하는 모바일 서비스이다. 즉, 오픈매장을 운영하는 학원이나 식당 등을 운영하는 업체는 지역검색에서는 필수적으로 노출되어야 하는 기능이다.

▲ 네이버 플레이스는 지역 모바일 탐색기능을 제공한다.

참고로 네이버 플레이스의 공식 블로그는 "http://
blog.naver.com/nv_place"이며, 플레이스의 다
양한 소식을 접할 수 있다. 이정수강사의 밴드도 소
개한다(네이버 밴드에서 '이정수강사' 또는 http://
band.us/@jsncorp를 방문하면 관련 소식을 접할
수 있다.). 예를 들어, 모바일에서 강남영어학원을
검색했을 경우 플레이스에서는 지도와 함께 관련도
순으로 검색하며, 지도 검색과 함께 노출되므로 쉽게
위치를 파악할 수 있다.

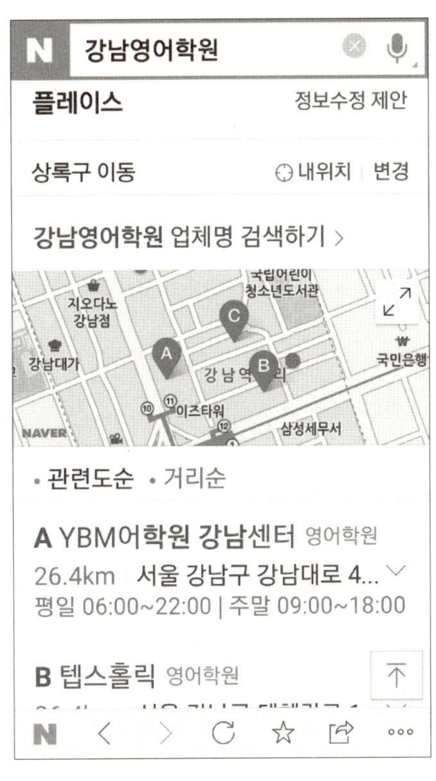

▶ 스마트폰에서 '강남영어학원'을 검색한
화면, 플레이스로 바로 노출된다.

플레이스로 검색된 업체를 클릭하면 다음과 같이 홈
페이지와 같은 업체의 정보를 자동으로 제공해준다.
즉, 플레이스는 온라인과 오프라인을 연결해주는 플
랫폼 역할을 하고 있다. 만일 지역에서 내 상호나 나
의 키워드로 검색했을 경우 노출되고 있지 않다면 지
금이라도 플레이스에 등록해야 한다.

▶ 스마트폰에서 '강남영어학원'을 검색한
후 YBM어학원 강남센터를 클릭한 화면,
홈페이지처럼 보인다.

참고로 플레이스 등록은 네이버 마이비즈니스(https://submit.naver.com/)에서 등록할 수 있다. 먼저 오른쪽 위에 네이버 아이디로 로그인을 한다. 로그인 후 상담메뉴의 신규 등록을 클릭한다.

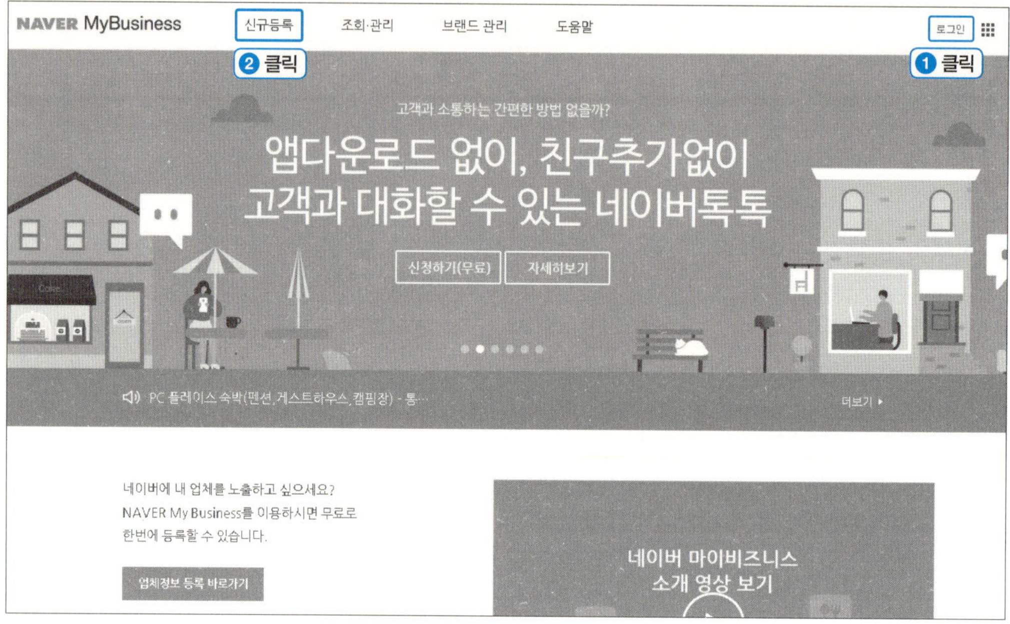

▲ 네이버 제공 – 네이버 마이비즈니스는 사이트나 지도 등을 등록할 때 사용하는 네이버 사이트이다.

신규 등록에 관련된 내용을 상세정보까지 모두 입력하면 신청이 완료된다. 한 번 등록 후 언제든 조회, 관리가 가능하다.

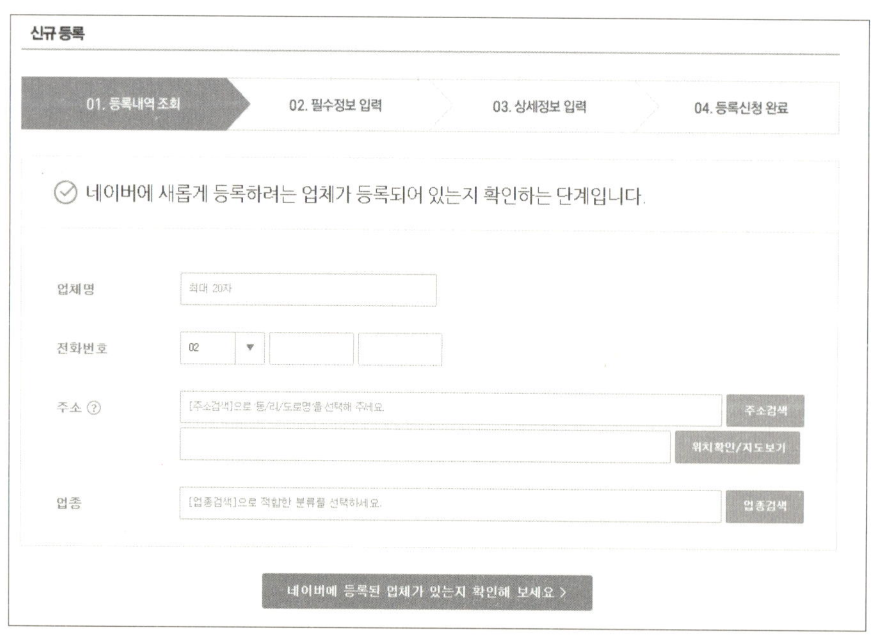

▲ 네이버 마이비즈니스 업체 등록화면이다. 기본 업체정보와 필수, 상세정보를 등록해야 등록신청이 완료된다.

Chapter 02 키워드분석 및 트렌드 조회

1 네이버 통합검색 분석

네이버 통합검색 분석은 온라인 마케팅을, 특히 네이버 마케팅을 진행하기 전에 필수적으로 진행해야 하는 중요한 부분이다. 어떤 채널을 사용해야 하는지, 어떤 키워드를 사용해야 하는지를 선별하는 중요한 분석이다.

네이버는 수많은 키워드별로 각자 다른 검색결과를 제공한다. 또한, 검색결과 채널의 순위 또한 다양한 조건에 따라 변경된다. 예를 들어, 특정 검색 키워드로 네이버 통합검색을 하면 검색결과가 사이트→파워링크→비즈 사이트→블로그→카페→포스트→지식iN 등으로 노출되기도 하지만, 전혀 다른 순위를 보여주기도 한다. 카페→포스트→뉴스→지식iN 등 다양한 검색결과로 제공되기도 한다.

즉, 네이버 통합검색 분석은 내가 사용하는 키워드 상품을 네이버의 어떤 채널을 통해 포스팅해서 광고를 해야 하는지를 선별하는 중요한 분석 과정이다. 채널이 노출되지도 않은 곳에 분석조차 하지 않고 계속 포스팅을 하는 사용자가 생각보다 많다. 이는 네이버 통합검색 초기화면의 검색결과를 기준으로 말한 것이다.

다시 한 번 예를 들어 쉽게 이해를 해보자.

'여성의류'라는 키워드로 매일 블로그에 포스팅한다고 가정하자. 네이버 통합검색에서 '여성 의류'로 검색을 한 검색결과는 파워링크→비즈 사이트→네이버 쇼핑→지식iN→웹문서→앱정보→지도→이미지→뉴스→어학 사진→지식백과→매거진 순으로 나온다. 여기서 초기화면의 검색 노출 채널에 블로그는 어디에도 없다. 즉, '여성의류'라는 키워드의 블로그 포스팅은 메인화면에 노출되지도 않는데, 매일 포스팅을 하고 있다면 비효율적인 방법이다. 물론 블로그의 메뉴를 클릭하여 보면 있을지 모르겠지만, 고객은 블로그를 보고 싶은 것이 아니라 검색결과의 초기화면에서 기본적인 정보를 얻고자 하는 것이다.

◀ 여성의류로 검색한 네이버 통합결과이다.

네이버 통합분석의 각 채널 순위를 컬렉션 랭킹(Collection Ranking)이라고 한다. 이 컬렉션 랭킹에 따라 똑같은 주제어라도 어떤 채널에 포스팅해야 하는지를 확인해야 한다. 다시 네이버 통합검색에서 '30대 직장인여성의류'라고 검색하면 파워링크→블로그가 바로 노출되는 것을 볼 수 있다. 포스팅하기 전에 키워드를 선별하고 선별된 키워드의 적합한 채널을 찾아 포스팅해야 하는 것이 효과적이다.

◀ 30대 직장인 여성의류 검색화면이다. 파워링크 다음에 바로 블로그가 노출된다.

내가 포스팅하고 있는 채널이 블로그라면, 내가 포스팅하고자 하는 키워드로 네이버 통합검색에서 블로그가 상위에 노출되고 있는지 확인 후 포스팅을 해야 한다는 것이다. 주간계획이나 월간계획으로 포스팅 계획을 작성할 때 미리 확인하고 준비해두어야 한다. 간혹 노출되지도 않는 키워드로 네이버 통합검색 결과를 확인도 해보지 않고 포스팅만 열심히 하는 경우도 있다. '속도'보다는 '방향'이 더 중요하고, '열심히'보다는 '무엇을' 하는지가 더 중요하다.

2 키워드 선별 및 분석

키워드 선별은 위의 컬렉션 순위에서 공부한 것과 같이 채널마다 검색 노출이 다르다. 그래서 포스팅을 해도 검색 노출이 되지 않는 포스팅이라면 특별한 목적이 아니면 포스팅 할 이유가 없다. 키워드 선별은 앞에서 공부한 컬렉션 순위를 잘 활용하면 큰 도움이 될 것으로 생각한다.

1) 자동완성 키워드

자동완성 키워드는 네이버 통합검색에서 사용자가 검색단어를 입력하면 자동으로 완성된 다양한 키워드를 미리 보여주는 기능이다. 이러한 자동완성 키워드는 사용자의 트렌드를 읽을 수 있고 관련 키워드로 인기순위도 쉽게 확인할 수 있다.

네이버 통합검색에서 '입시' 키워드만 입력하면 자동으로 대학입시포털→입시연기학원→미대입시 등 입시 키워드 기준 사용자가 가장 많이 검색하는 순위대로 노출된다. 자동완성 키워드의 결과로만 본다면 대학입시포털과 입시연기학원이 가장 많은 키워드 검색순위를 보이고 있다. 그 외 입시설명회, 입시컨설팅, 대학입시 등 다양한 사용자의 니즈(needs)를 파악할 수 있다.

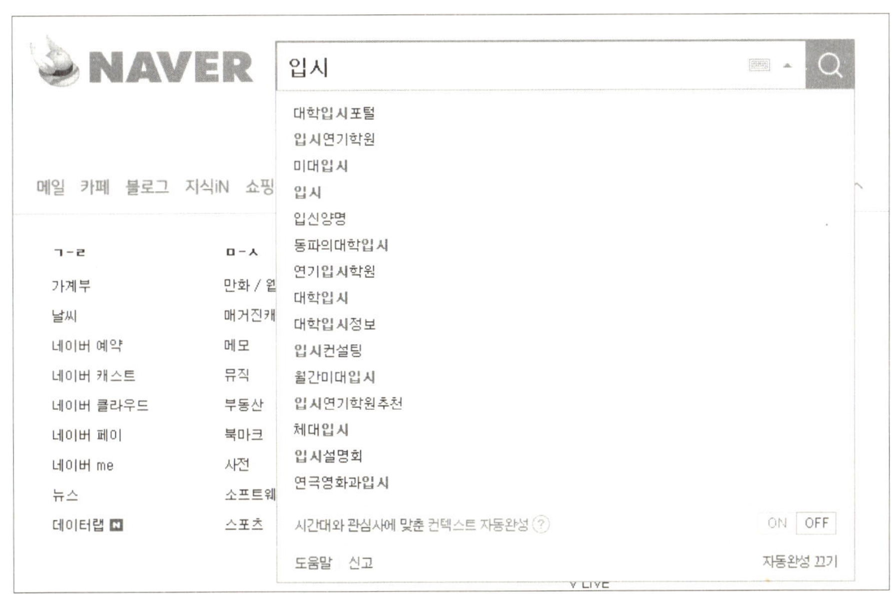

▲ 네이버 통합검색에서 '입시' 기준 자동완성 키워드 결과

이러한 자동완성 키워드는 빅데이터 분석기술(Big Data Analysis Technology)을 적용해서 시간대별/나이별/남녀별 사용자 그룹의 관심사를 분석하여 검색어를 보여주고 있다. 이 분석은 로그인의 사용자 정보를 기준으로 같은 또래의 사용자 그룹, 관심사 그룹에 맞춰 제공된다. 만일 로그인을 하지 않은 상태라면 전 세대 공통의 일반 자동완성이 제공되게 된다.

같은 방법으로 '방학특강'이라는 키워드를 검색한 결과 '대구 토익 학원 방학특강', '여름방학특강', '방학특강' 등으로 방학특강과 관련된 다양한 키워드를 제시한다. 마찬가지로 컨텍스트 자동완성을 지원하므로 사용자의 시간과 관심사에 맞춰 자동으로 노출되는 것이다. 즉, 지역과 대상에 따라 자동완성 키워드 결과는 다를 수 있다.

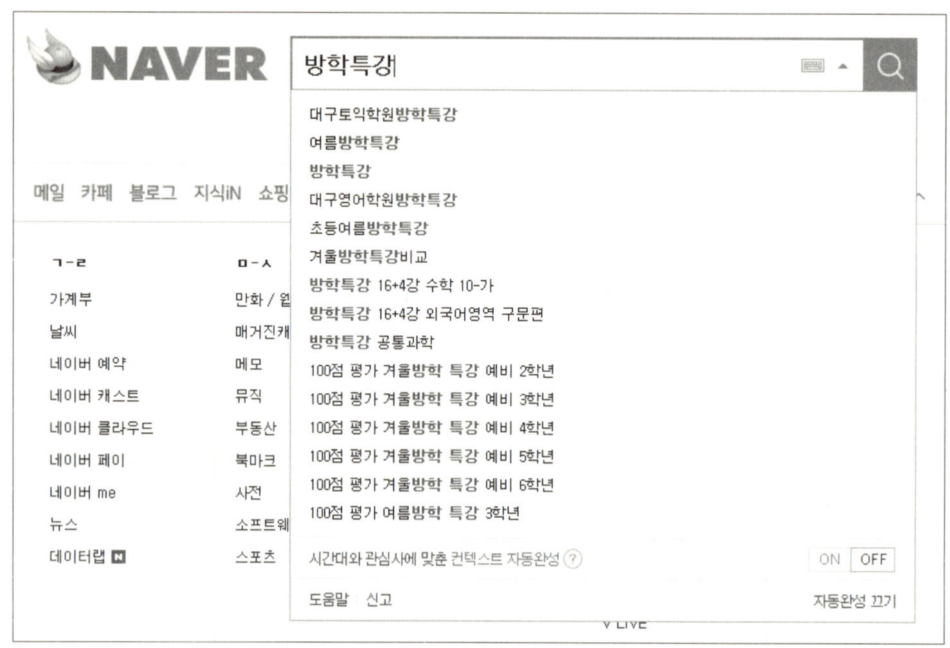

▲ 네이버 통합검색에서 '방학특강' 기준 자동완성 키워드 결과

2) 추천검색어와 연관검색어 서비스

네이버 통합검색으로 사용자가 원하는 키워드를 검색하면 검색결과 하단에 자동으로 연관검색어나 추천검색어가 노출된다. 이는 이용자들이 더욱 편리하게 자신이 원하는 상품 또는 서비스를 제공하는 업체를 찾을 수 있도록 노출 로직에 자동으로 제공되는 서비스이다. 이 서비스는 사용자가 임으로 등록이나 순서를 변경할 수 없으며, 검색엔진 알고리즘(Search Engine Algorithm)에 따라 추천 서비스로 노출된다.

예를 들어, 영수학원을 검색하면 자동으로 연관검색에 관련 키워드와 관련된 검색어가 제공된다.

▲ 네이버 통합검색에서 '영수학원'을 검색 후 연관검색 결과

연관검색어나 추천검색어는 1차 검색어를 검색하고 다시 재검색을 한 키워드를 분석하여 제공한다. 만약 영수학원을 검색한 후 다시 강남영수학원을 재검색하는 횟수가 많으면 자동으로 영수학원을 검색할 때 연관검색어로 강남영수학원이 노출되는 것이다. 필자도 마찬가지로 '이정수'를 검색한 후 '이정수강사'로 재검색해서 들어가는데, 이유는 '이정수'만 검색해도 자동으로 '이정수강사'가 연관검색어에 노출되게 하기 위함이다.

네이버 검색이 대부분 키워드별 연관검색어 서비스를 진행하고 있기 때문에 추천검색어 키워드를 찾기는 쉽지가 않다.

3 네이버 트렌드 조회 활용

네이버 트렌드(http://datalab.naver.com/keyword/trendSearch.naver)는 네이버가 제공한 검색 통계 서비스이다. 2016년부터 빅데이터를 기반으로 사용자가 원하는 조건으로 통계를 그래프로 제공하고 있다. 네이버 트렌드를 통해 원하는 키워드가 얼마나 많이 검색되고 있는지를 확인할 수 있으며, 검색어는 기간별/나이별/성별로 복합적 키워드로 조회할 수 있다.

1) 네이버 트렌드 방문하기

네이버 통합검색에서 '네이버 트렌드'를 검색하면 네이버에서 제공하는 통계서비스인 트렌드 바로 가기 링크가 나온다. 이 링크는 데이터램에서 제공하는 검색어를 알아보는 대한민국의 카테고리에서 검색어 트렌드를 기간별 검색 추이 그래프로 볼 수 있는 화면이다.

◀ 네이버 통합검색에서 '네이버트렌
드'를 검색한 결과이다.

업그레이드 된 검색어 트렌드는 네이버에서 사용자가 어떤 키워드로 얼마나 많이 검색을 활용하고 있는지를 기간별, 나이별, 성별 등으로 다양한 키워드를 분석할 수 있다. 네이버 추세 조회는 화면에 보는 것과 같이 확인하고자 하는 주제어(키워드)를 등록하고 원하는 옵션을 선택하고 네이버 검색데이터 조회를 클릭하면 바로 확인할 수 있다.

▲ 네이버 트렌드의 검색에 트렌드 조회를 위한 입력화면

2) 네이버 트렌드 검색 옵션

① 주제

주제는 네이버 통합검색어와 네이버 쇼핑 클릭 수로 나누어 분류할 수 있다. 네이버 통합검색의 경우는 네이버 초기화면의 통합검색을 통해 검색한 데이터를 기반으로 한다. 마찬가지로 네이버 쇼핑 클릭 수는 네이버 쇼핑에서 검색한 검색 통계를 제공하고 있다. 즉, 주제는 키워드를 통합검색과 쇼핑검색으로 나누어 확인할 수 있다.

② 주제어

주제어는 사용자가 원하는 검색 키워드, 즉 주제어를 등록해주는 곳이다. 주제어는 한 개의 검색어도 가능하고, 한 가지 주제어로 연관 주제어를 등록하여 하나의 주제어로도 가능하다. 연관주제어는 최대 20개까지 가능하다. 모든 검색어는 콤마(,)로 구분하여 등록한다. 예를 들어, 강남학원이라는 주제어로 강남영어학원, 강남수학학원 등으로 함께 검색할 수도 있다. 주제어는 총 5개의 분류가 가능하며, 통계 그래프로 확인할 수 있는 최대 분류가 된다.

③ 범위

네이버 트렌드는 모바일과 PC의 범위를 나누어 검색할 수 있고, 개별 또는 합계해서 분석이 가능하다. 요즘 모바일로만 광고하는 곳이 많아 분리하여 검색 하면 집중해야 할 키워드를 선별하기가 좋다.

④ 기간

조회기간은 2016년 1월부터 가능하다. 지난 1년 동안의 통계를 알 수 있다면 향후 1년을 예측하는 데도 큰 도움이 된다. 기간은 전체조회의 경우 2016년 1월부터 가능하며, 세부 조회로는 1개월과 3개월, 1년으로 가능하다. 조회범위에 따른 그래프 기준을 일간, 주간, 월간으로 나눌 수 있으며, 일간에서 월간으로 선택할수록 그래프는 평준화 되는 것을 볼 수 있다. 너무 복잡한 그래프일 경우는 주간이나 월간으로 조회하면 된다.

⑤ 성별 선택

성별은 여성과 남성 그리고 전체로 조회할 수 있다. 제품이나 키워드의 서비스 분류에 따라 성별 선택을 하여 조회하면 정확한 키워드 타깃을 찾을 수 있다.

⑥ 연령 선택

연령은 11단계로 분류되며, 12세 이하에서 60세 이상까지 세분화하여 검색할 수 있다. 키워드의 세분화 검색은 데이터를 분석하고 통계확인을 위해서는 큰 도움이 되는 부분으로 각 옵션은 목적에 따라 옵션을 다르게 선택하여 데이터를 조회할 수 있다. 옵션에 따라 같은 키워드라도 전혀 다른 결과를 가져올 수 있으므로 정확한 옵션은 정확한 검색결과를 기대할 수 있다. 기본 옵션으로 검색하고, 다시 옵션을 세분화하여 조회해 보기를 권한다.

3) 네이버 트렌드 조회하기

예를 들어, 강남의 영어학원, 수학학원, 그리고 영수학원 중 어느 키워드로 사용자가 가장 많이 네이버 통합검색을 통해 조회하는지 확인해보자.

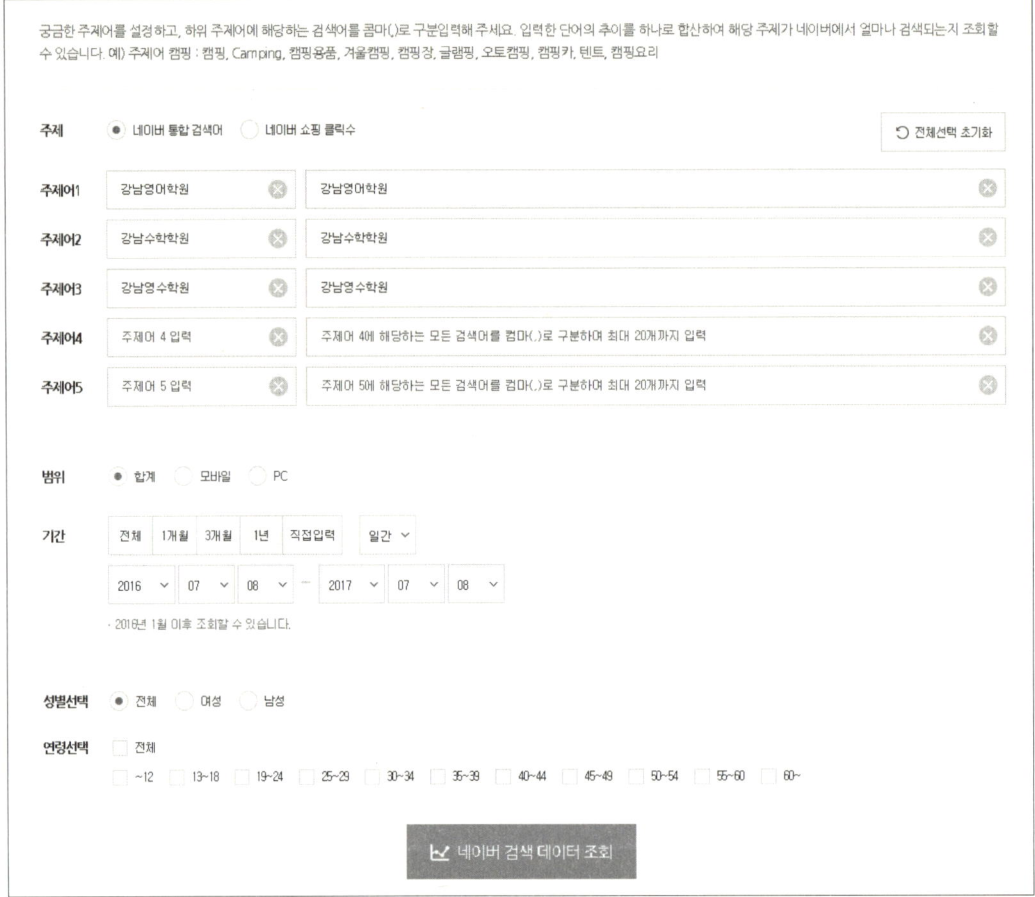

▲ 네이버 트렌드에서 강남영어학원, 강남수학학원, 강남영수학원으로 조회된 결과화면

옵션은 다음과 같이 기본제공 값을 통해 조회한다.

– 주제는 '네이버 통합 검색어'를 선택한다(주제의 키워드가 일반상품이 아니라면 '네이버 쇼핑 클릭 수'를 조회할 필요는 없다).

– 주제어는 조회하고자 한 강남영어학원, 강남수학학원, 강남영수학원의 3개 키워드로 입력한다.

범위는 모바일과 PC의 합계를 선택하기 위해 합계를 선택한다.

– 기간은 1년 기준으로 확인한다. 전체 조회 범위가 2007년부터 제공되는 것이 2016년 1월 이후 조회로 변경되었다. 참고로 일간, 월간, 주간의 기간을 선택할 수 있어 단기간의 트렌드나 분석도 가능하다.

– 성별 선택은 여성, 남성의 전체로 선택한다. 키워드에 따라 성별을 분류해서 조회해야 하는 경우는 전체뿐만 아니라 여성과 남성의 검색 데이터를 조회해 보는 것도 좋다.

– 연령 선택은 기본 전체를 선택하고 대상에 따라 세부연령을 선택하여 추가 데이터로 조회하면 좋다. 나이에 따라 키워드의 트렌드나 방향은 전혀 다른 결과를 가져오므로 목적에 맞는 적당한 선택이 필요하다. 또한 로그인하지 않고 검색한 경우는 연령의 정보가 없으므로 전체를 선택하고 세부사항을 검색하기를 권한다.

'네이버 검색 데이터 조회하기'를 클릭하면 그래프로 검색결과를 제공한다. 강남수학학원과 강남영어학원 그리고 강남영수학원을 조회한 결과 강남영어학원을 사용자가 가장 많이 조회한다는 것을 그래프를 통해 쉽게 확인할 수 있다. 또한, 경쟁키워드의 상대적 트래픽(Relative Traffic)을 확인할 수도 있고, 강남영수학원의 1년간 트래픽조회를 확인할 수도 있다.

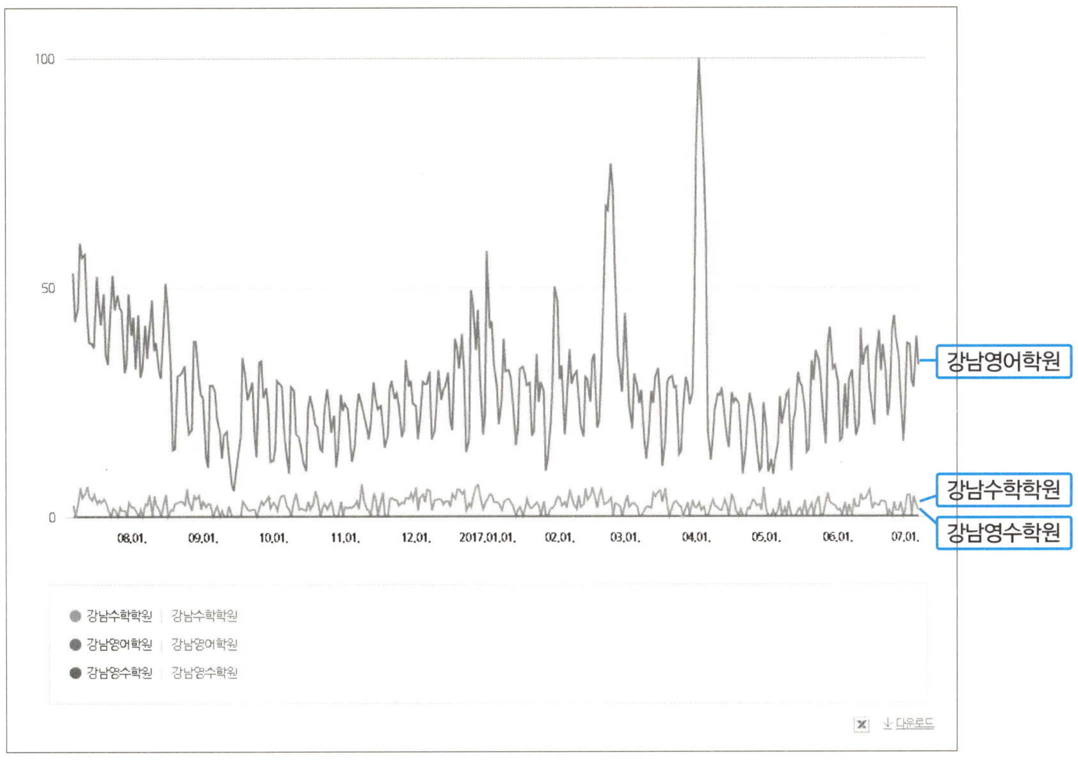

▲ 네이버 트렌드로 강남영수학원, 강남영어학원, 강남영수학원 검색트렌드 결과

참고로, 일별 데이터는 다음날 8시부터 10시간 후 결과에 반영된다. 또한, 조회결과의 그래프는 네이버에서 해당 검색어가 검색 및 클릭된 횟수를 일별, 주별, 월별로 각각 합산하여 조회 기간 내 최대 검색량을 100으로 표현하여 상대적인 변화를 나타낸다.

Chapter 03

학원 모두 홈페이지 등록

오프라인으로 10년을 경영했어도 인터넷 검색에서 홈페이지가 노출되지 않는다면 인터넷상으로는 유령회사가 되는 것이다. 예전에 홈페이지 제작 열풍이 불었을 때 중소기업체뿐만 아니라 학원, 기업, 회사, 개인도 하나씩 만들어 브랜드화 했었다. 하지만, 홈페이지를 만든 업체 중에 인터넷상에 검색이 되는 업체는 그리 많지 않다. 그리고 더 중요한 것은 홈페이지의 정보나 게시판의 글이 업그레이드(upgrade)되지 않아 홈페이지가 없는 것보다 못한 결과를 가져오는 것도 많이 봤다.

이 장에서는 네이버에서 제공하는 모두 홈페이지를 권한다. 모두 홈페이지는 모바일뿐만 아니라 PC버전도 제공하며, PC뿐만 아니라 모바일에서도 간단한 수정과 변경이 가능하다. 또한 사용자와 실시간 상담을 하는 메신저기능과 예약기능, 스토아팜(https://sell.storefarm.naver.com/) 등의 연동기능으로 실질적인 판매로도 연동이 가능하다.

또 하나 중요한 기능 중의 하나는 네이버 통합검색을 통해 제작한 홈페이지가 간단한 클릭만으로도 사이트에 노출된다는 것이다. 사실 필자는 이 기능 때문에 네이버 모두 홈페이지를 사용하기 권한다. 예쁘게 만들어 둔 홈페이지가 검색사이트에 노출되지 않는다면 의미 없는 일이기 때문이다. 또한 사이트 노출을 위해 복합한 절차를 거쳐야 한다면 일반 사용자가 쉽게 등록할 수 없기 때문이다.

마지막으로 네이버 모두 홈페이지는 블로그 및 SNS의 플랫폼 역할을 한다. 네이버 모두 홈페이지는 페이스북과 인스타그램의 글을 메인화면에 실시간으로 자동으로 등록해주며, 네이버 사이트를 통해 페이스북과 인스타그램을 메인화면에 쉽게 홍보할 수 있는 유일한 플랫폼이다.

이러한 여러 가지 장점이 있는 모두 홈페이지는 단순히 모바일 무료홈페이지라는 개념보다는 네이버 광고와 마케팅 도구로써 큰 역할을 할 수 있는 좋은 채널이자 도구로 접근해야 한다. (이정수강사 모두 홈페이지 : https://jsncorp.modoo.at)

 **1** **모두 홈페이지 개설**

1) 모두 홈페이지 들어가기

모두 홈페이지는 다음과 같이 네이버 통합검색에서 '네이버 모두 홈페이지' 또는 '모두 홈페이지'로만 검색을 해도 통합검색에서 사이트가 노출된다. '노출된 네이버 modoo~[모두]'를 클릭한다.

▲ 네이버 통합검색에서 '네이버 모두 홈페이지'를 검색한 화면

사이트를 클릭하면 다음과 같이 모두 홈페이지의 메인 홈페이지가 열리고 로그인을 통해 사이트 제작
과 홈페이지 관리 등을 할 수 있다.

▲ 네이버 제공–네이버 모두 홈페이지 초기화면

❶ 로그인한다. 네이버에 로그인이 되어 있는 상태라도 모두 홈페이지에서 가입절차를 통해 로그인을 한
  번 더 해야 한다. 기존 네이버 아이디로 가입을 해도 된다. 참고로 모두 홈페이지는 네이버의 한 개의
  아이디로 3개까지 홈페이지를 관리할 수 있다.

❷ '나도 시작하기' 아이콘을 클릭하여 모두 홈페이지를 개설할 수 있다. '나도 시작하기'를 클릭하면 홈페
  이지에 관한 다양한 사례를 소개한다. 사례 보기를 무시하고 바로 'modoo! 시작하기'를 클릭하면 된다.

❸ 모두 홈페이지 사용설명이 동영상으로 준비되어 있다. 동영상을 통해 누구나 쉽게 제작하는 방법을 설
  명해 두었다.

❹ 마지막으로 '홈페이지관리'는 모두 홈페이지의 관리자모드로 들어가는 아이콘이다. 관리자모드에서는
  새 홈페이지를 만들거나 만들어 둔 홈페이지를 편집할 수 있다

2) 홈페이지 개설하기

① 먼저 로그인을 한 후 상단에 있는 '시작하기'나 메인홈페이지의 '나도 시작하기'를 클릭한다. '나만의 멋진 홈페이지를 만들어 보세요.'라는 페이지에서 우측하단 'modoo!시작하기'를 클릭한다. 모두 홈페이지기가 만들어지고 모두에서 추천하는 맞춤 구성메뉴가 나온다. 사용자 환경에 맞도록 선택하여 다음을 클릭하면 되지만, 필자가 추천하는 방법은 필요한 메뉴만 가지고 모두 홈페이지를 운영하고 관리하기를 추천한다. 그래서 우측상단의 'X'를 클릭하여 추천메뉴를 삭제한다.

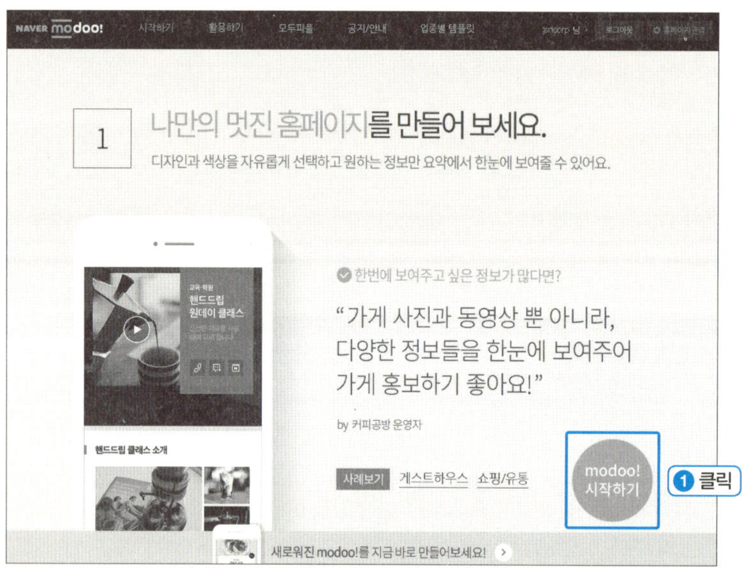

▲ 네이버 모두 홈페이지에서 시작하기→'modoo!시작하기'를 클릭하여 개설한다.

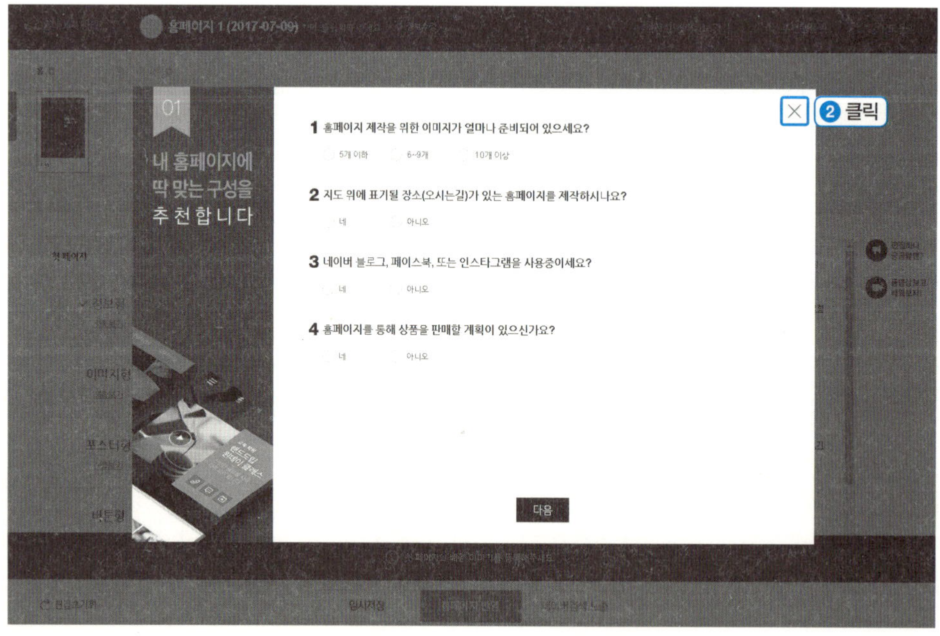

▲ 시작하기를 클릭하면 추천 화면이 나오는데 바로 X로 창닫기를 하는 것이 좋다.

② 클릭 몇 번으로 홈페이지가 개설되면 이제 사용자 환경에 맞도록 메뉴와 페이지를 구성하고 설정하면 된다. 개설된 홈페이지의 기본 설정은 홈과 빈 페이지 하나로 구성되어 있으며, 사용자의 메뉴에 따라 많은 페이지를 추가할 수 있다. 하지만 필자가 지금까지 운영해 본 결과 게시판이나 공지사항은 관리자가 자주 업그레이드를 할 수 있는 환경이 아니라면 불필요한 메뉴는 만들지 않는 것이 좋다. 만들어 놓고 관리하지 않아 오래된 홈페이지로 인식되는 것은 좋지 않다.

그럼 필자가 추천하는 홈페이지 제작 기능을 배워 보도록 하자.

2 모두 홈페이지 제작

모두 홈페이지를 개설하면 다음과 같은 홈페이지 관리의 초기화면이 제공된다. 기본 메뉴는 홈과 빈 페이지이다.

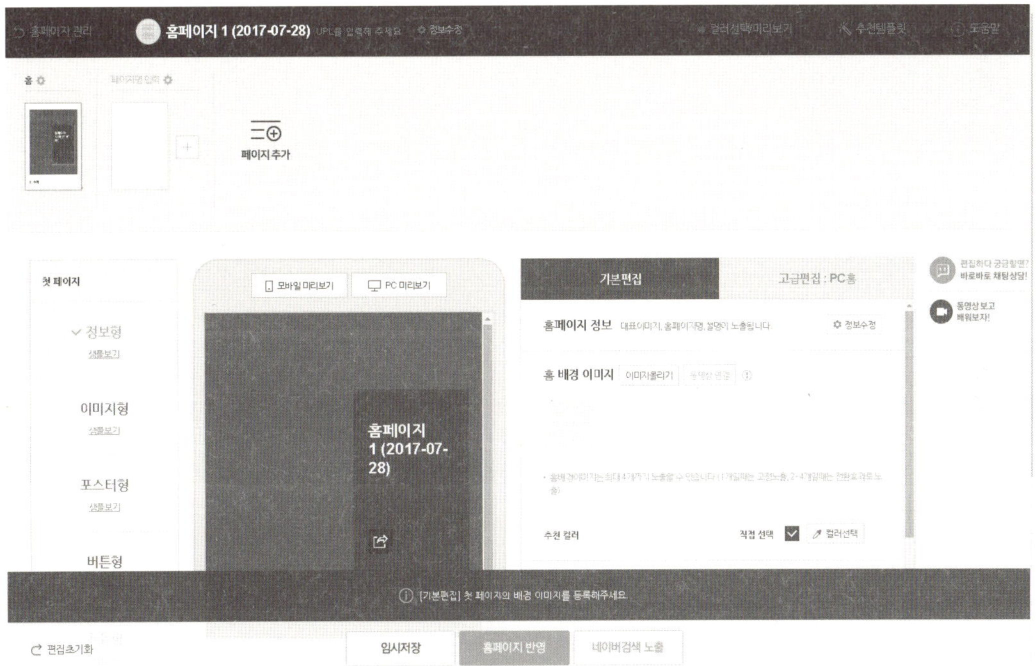

▲ 모두 홈페이지 개설 후 초기화면이다. 홈과 빈 페이지 하나만 있다.

1) 첫 페이지 설정하기

첫 페이지의 메뉴는 정보형과 이미지형, 포스터형, 버튼형 그리고 자유형으로 총 5개의 레이아웃을 제공하고 있다. 보편적인 형태는 주로 정보형을 통해 홈페이지를 제작하지만, 초대장이나 안내장 등 홈페이지의 목적에 따라 다양한 형태의 레이아웃을 선택할 수 있다.

① 정보형

정보형의 경우는 필자의 모두 홈페이지에도 사용하고 있는 일반적인 홈페이지이다. 장점은 사용자가 메인화면에 노출하고자 하는 최대 4개의 배너(이미지)를 제작하여 연결할 수 있고, 첫 화면에 원하는 주요 정보를 한눈에 볼 수 있도록 제공할 수도 있다.

◀ 네이버 제공

② 이미지형

이미지형의 경우는 보여주고 싶은 이미지가 많을 때 적합한 레이아웃이다. 메인페이지에 배경 이미지가 구성되어 있고, 많은 이미지를 홈페이지에 노출할 수 있다.

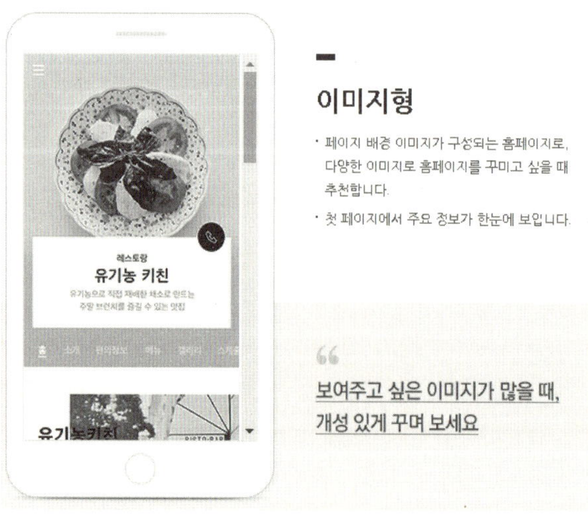

◀ 네이버 제공

③ 포스터형

포스터형인 경우는 첫 이미지가 포스터처럼 강조되어 홈페이지를 전문적인 느낌이 나도록 만들 수 있는 레이아웃이다. 보통 초대장이나 청첩장, 연극, 영화, 전시홈페이지 등에 적합하다.

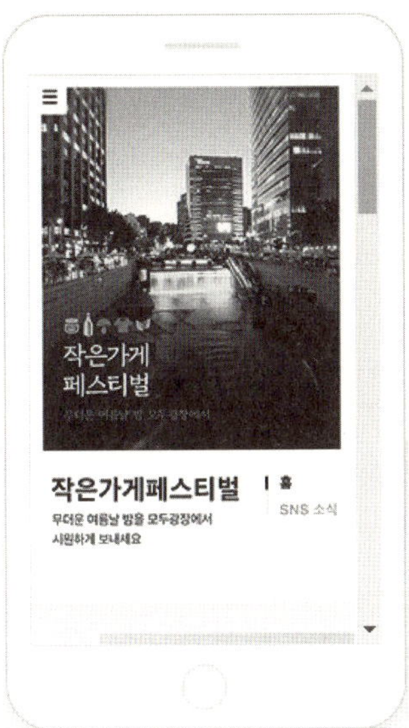

◀ 네이버 제공

④ 버튼형

버튼형인 경우는 메인페이지에 5개의 버튼을 앞쪽에 구성하여 온라인과 오프라인을 함께 하는 업체에 적합한 레이아웃이다. 상품이나 상호를 전문에 공개하고 버튼을 통해 유도할 수 있는 방법이다.

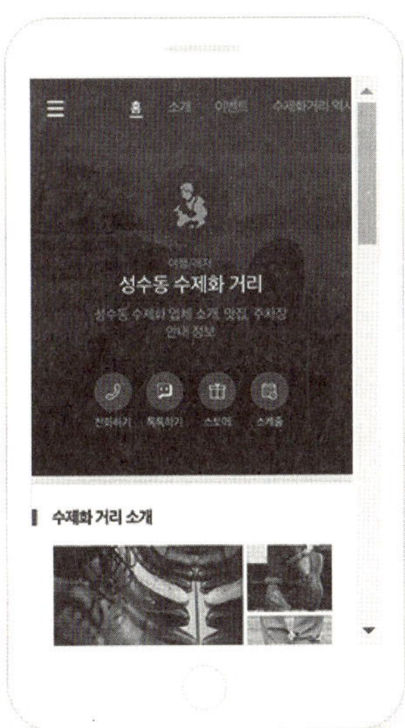

◀ 네이버 제공

⑤ 자유형

자유형은 빈 공백이다. 구성요소의 편집을 사용자가 자유롭게 만들어 첫 페이지에 사용할 수 있는 레이아웃이다. 가로 보기와 세로 보기를 선택할 수 있고, 페이지의 기능 중에 구성요소에 추가해서 첫 페이지로 사용할 수 있다.

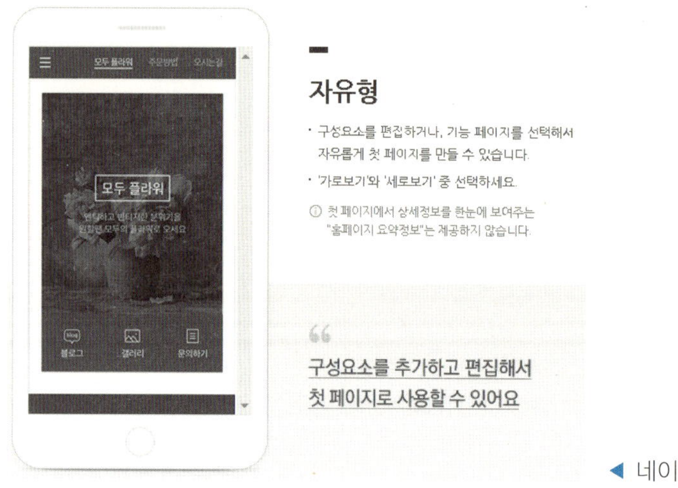

◀ 네이버 제공

지금까지 5개의 첫 페이지 레이아웃을 확인하였다. 필자가 추천하는 레이아웃 형태는 유동성 있는 '정보형'을 추천한다.

2) 홈페이지 정보 수정

홈페이지 정보는 모두 홈페이지의 필수정보를 등록하는 곳이다. 이 정보를 기초로 해서 네이버 통합검색의 키워드가 설정된다. 홈페이지 정보 수정은 우측상단에 '정보수정'을 클릭하면 된다.

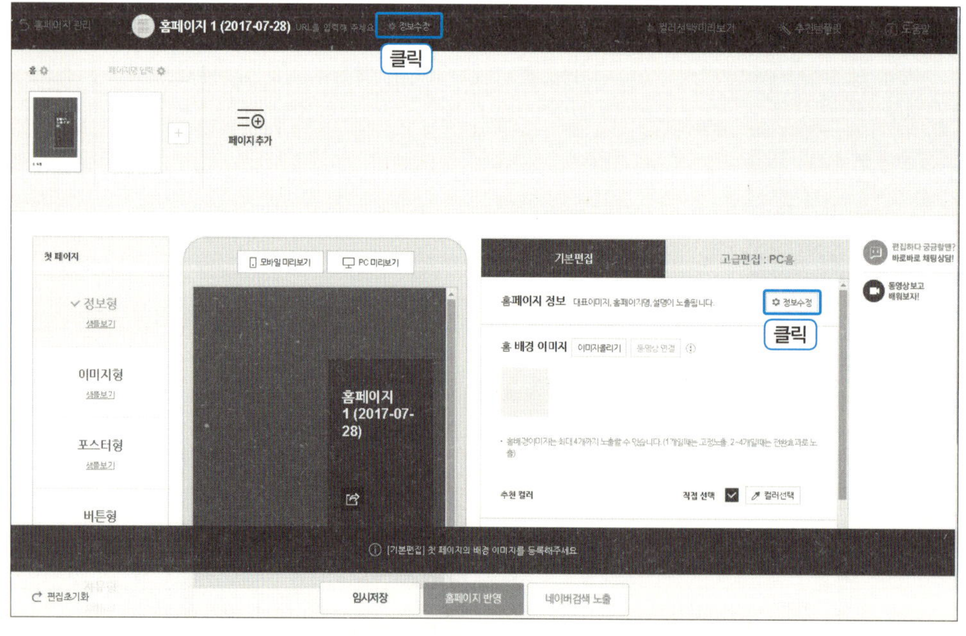

▲ 네이버 모두 홈페이지의 정보를 수정하는 곳이다.

홈페이지 정보 수정은 ❶홈페이지 필수 정보와 네이버 검색 노출을 위한 ❷검색 정보, 그리고 사용자와 소통을 할 수 있는 전화/문자/톡톡으로 나누어져 있다.

▲ 네이버 모두 홈페이지의 필수 정보는 모두 채워야 한다.

기본적인 홈페이지 필수 정보는 홈페이지와 관련된 기본 정보를 입력하면 된다. 먼저 이정수강사의 홈페이지 기본 정보를 참고하여 적합한 필수 정보를 입력하는 방법을 배워보도록 하자.

▲ 네이버 모두 홈페이지의 필수 정보는 6가지이다.

❶ 홈페이지명 : 홈페이지명은 모두 홈페이지 설정에서 가장 중요한 부분으로 홈페이지명을 기준으로 네이버 검색엔진에 등록된다. 15자 이내의 정확한 홈페이지명을 등록해야 한다. 즉, 필자는 홈페이지명이 '이정수강사'로 등록된다. 그래서 네이버 통합검색에서 '이정수강사'라고 검색을 하면 다음과 같이 사이트 상단에 모두 홈페이지가 노출되는 것이다.

▲ 네이버 통합검색에서 '이정수강사'로 검색했을 경우 사이트에 모두 홈페이지가 노출되는 화면이다.

홈페이지명을 등록하기 전에 꼭 네이버 검색을 통해 내가 등록하고자 하는 홈페이지명을 다른 곳에서 이미 사용하고 있는 것은 아닌지, 홈페이지명이 네이버 검색사이트에서 적합한 키워드인지를 충분히 확인해야 한다.

홈페이지명을 통해 불필요한 키워드가 등록되지 않도록 해야 하고, 설명 등은 등록하지 않도록 해야 한다. 홈페이지 설명은 ❺번을 통해 충분히 설명할 수 있으며, 네이버 검색을 통해 노출되는 핵심키워드이다.

❷ 인터넷주소 : 인터넷주소는 홈페이지명을 대신해서 등록할 수 있는 인터넷주소로 기본 주소명은 'http://원하는URL.modoo.at'이 된다. 인터넷주소는 최대 20자 이내로 사용자가 원하는 영문자와 숫자를 조합하며, 수정은 매달 1일부터 말일 사이 3회 가능하다.

❸ 도메인 활용/검색 최적화 : 개인 도메인 연결은 네이버 모두 홈페이지에서 제공하는 modoo.at 도메인 외 보유하고 있는 도메인이나 직접 구입한 .com, .co.kr 등의 도메인을 설정한다.

| mydomain.com | 125.209.222.132 |
| www.mydomain.com | 125.209.222.132 |

▲ 네이버 모두 공식 홈페이지 제공

필자의 경우는 도메인을 통해 유입되는 경우보다 네이버 검색 키워드를 통해 유입되는 경우가 많다.
그래서 제공해주는 도메인을 사용하기 권하며, 홍보는 홈페이지명을 홍보하여 네이버 검색을 통해 유
입되기를 추천한다.

❹ 대표 이미지 : 모두 홈페이지를 대표하는 대표 이미지를 등록한다, 대표 이미지는 1:1 정비율 사각 이미
지를 준비하면 좋고, 크기는 1280PX의 큰 이미지를 추천한다. 대표 이미지는 대표자의 얼굴이나 회사의
로고 등 사이트를 대표할 수 있는 이미지로 등록하면 된다.

❺ 홈페이지설명 : 홈페이지 설명은 홈페이지 초기화면에 노출되는 문구이다. 키워드로 검색은 되지 않지
만 홈페이지를 5자 이상 최대 30자 이내로 간략하게 설명할 수 있는 공간이다.

❻ 분류 : 분류는 업체 홈페이지와 개인 홈페이지, 기관/단체/문화 홈페이지로 분류하며, 분류에 따라 업
체 확인을 하는 예도 있다. 필자는 개인 홈페이지로 운영 중이며, 분류는 대분류와 중분류로 관리되
고 있다.

2) 전화/문자/톡톡 설정

① 전화/문자

전화/문자와 톡톡(채팅) 설정은 모두 홈페이지를 통해 고객과 바로 소통할 수 있는 채널을 등록하고
설정하는 곳이다. 전화/문자인 경우는 기본 전화번호(휴대폰)를 그대로 사용할 수 있고 필요에 따라
노출을 제한할 수도 있다. 또한, 비즈넘버를 제공하여 사용자가 사용하는 전화번호의 노출을 방지
할 수도 있다.

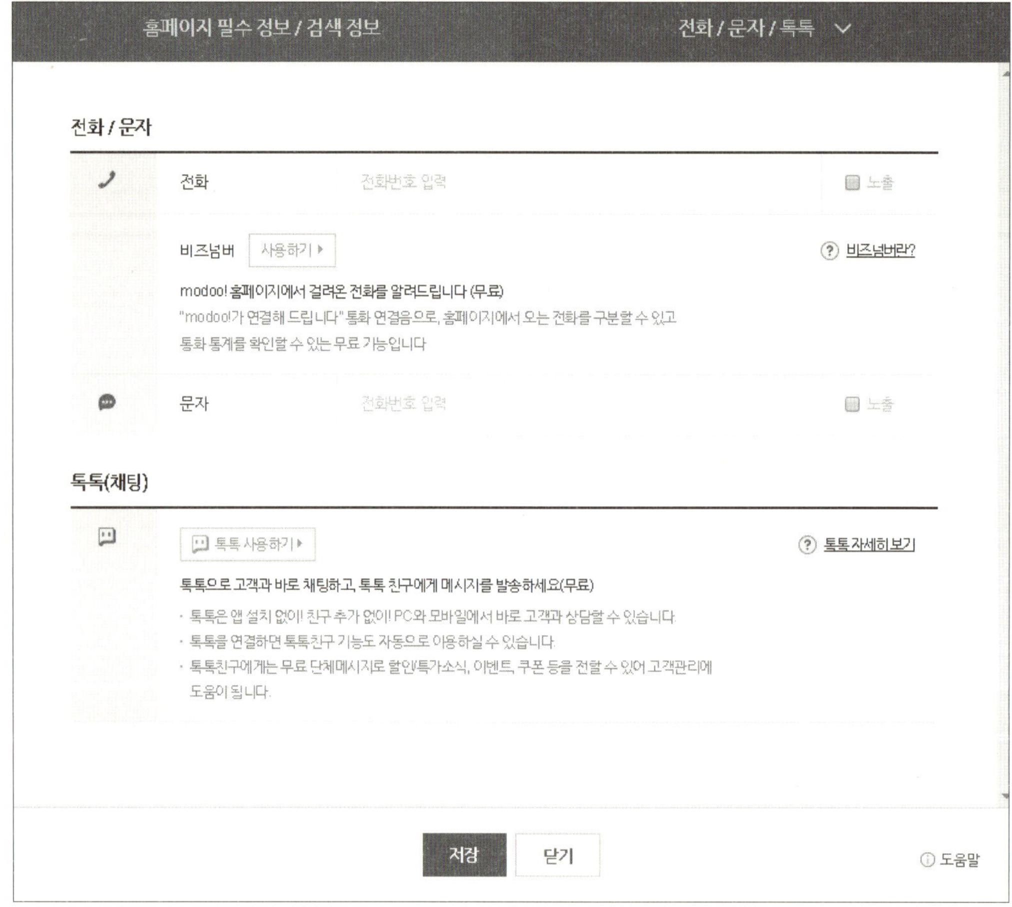

▲ 네이버 모두 홈페이지의 전화, 문자, 톡톡 세팅화면이다.

비즈넘버에서 걸려온 전화는 전화가 오면 '모두가 연결해 드립니다.'라는 통화음을 통해 연결해줌으
로써 사용자는 모두 홈페이지를 통해 전화가 연결된 것을 바로 인식할 수 있다. 또한, 이러한 기능
은 무료로 제공하며 통화 통계 또한 무료로 제공한다.

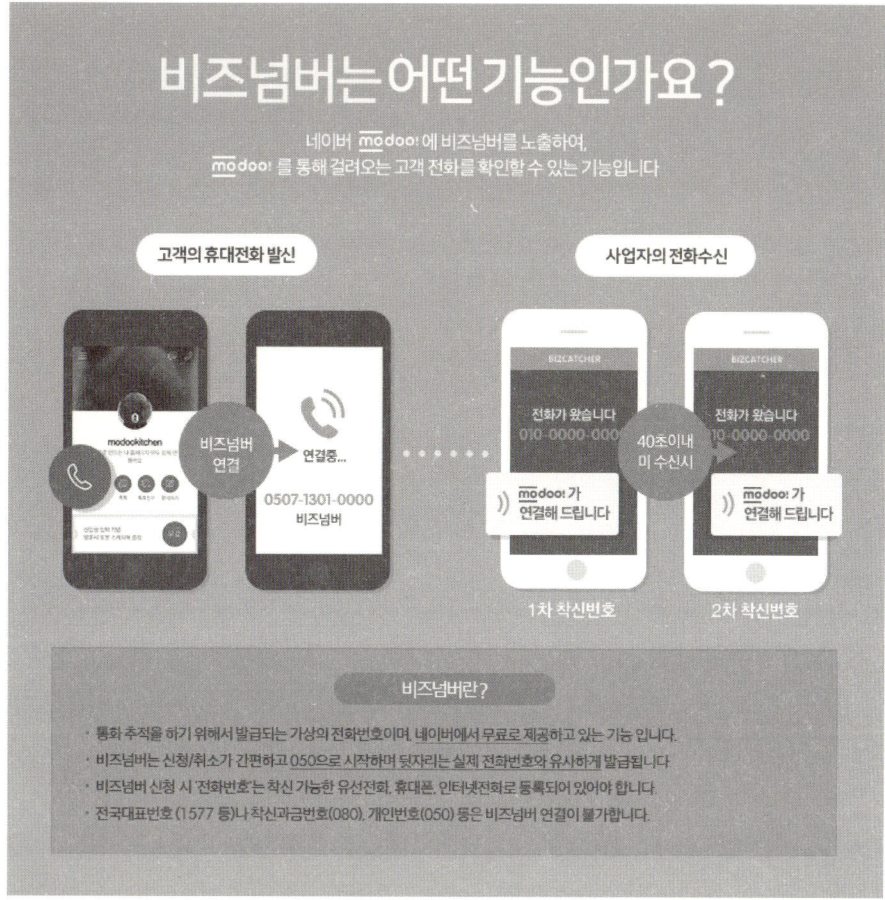

▲ 네이버 모두 공식 홈페이지 제공 – 비즈넘버 설명

비즈넘버의 전화번호는 050으로 시작하고 사용자 전화번호를 등록하면 전화번호 기준으로 자동으로 비즈넘버가 만들어지며, 실제 고객은 비즈넘버 번호가 보이게 된다. 참고로 비즈넘버를 삭제하고 180일 이내에 비즈넘버를 재사용할 경우 기존 사용하던 번호를 그대로 사용하게 된다.

비즈넘버는
– 050으로 시작하는 전화번호가 무료로 제공된다.
– 전화 통계 서비스를 제공 받을 수 있다.
– 비즈넘버에서 걸려온 전화를 통화음으로 인식할 수 있다.
– 개인휴대폰 번호(전화번호)를 노출하지 않아도 된다.

② **톡톡(채팅)**

톡톡하기를 설정하면 모두 홈페이지에서 고객은 회원가입 없이 바로 채팅으로 상담을 할 수 있다. 또한, 톡톡을 통해 상담부터 예약, 판매까지 다양한 업종에서 사용할 수 있다. 이 모든 서비스는 비즈넘버와 마찬가지로 무료로 제공한다.

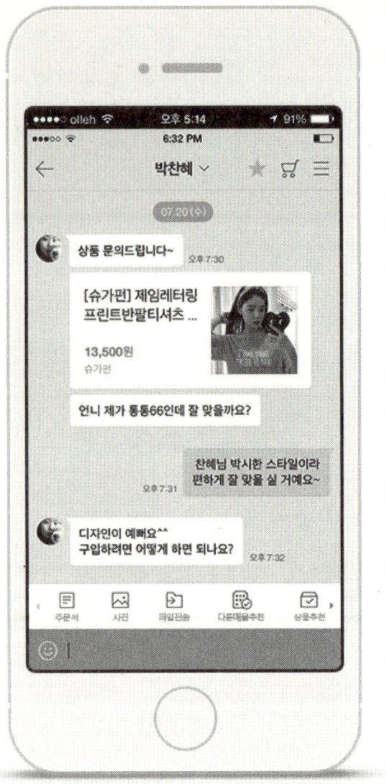

▲ 네이버 모두 공식 홈페이지 제공

톡톡은

– 회원가입 없이 홈페이지에서 바로 상담할 수 있다.

– PC와 모바일 모두 가능하다.

– 다양한 이벤트 홍보나 쿠폰을 개인 혹은 단체로 발송할 수 있다.

– 상담과 예약판매까지 가능하다.

3) 배경 이미지

첫 페이지가 정보형일 경우 배경 이미지는 4개까지 가능하다. 5번째 이미지는 PC 홈의 '소개/공지 한 마디'의 배경으로 사용되며, 5개 이상 추가되는 이미지는 적용되지 않는다. 배경 이미지는 메인화면에 자동 롤링이 되는 이미지로 등록되며, 우측 효과설정을 통해 롤링 속도를 변경할 수 있다. 롤링 속도는 0.5초(빠름)에서 2초(느림)까지 4단계로 선택할 수 있으며, 이미지는 '이미지 올리기'를 클릭하면 이미지를 올릴 수 있는 창이 자동으로 열린다.

▲ 네이버 모두 홈페이지 – 메인화면의 배경이미지를 등록하는 화면이다.

이미지 등록은 PC 사진 추가나 최근 사진 추가 그리고 스마트폰 사진등록을 할 수 있다. 스마트폰 등록은 스마트폰으로 모두 홈페이지 관리자로 로그인하여 등록할 수 있다. 이미지는 등록한 순서대로 노출되며, 순서는 임의로 변경할 수 있다. 또한 사이즈는 정해진 비율로 자동으로 조절되며, 조절된 이미지가 홈페이지에 반영된다. 메인화면에 노출되는 이미지는 광고나 홍보의 도구로도 중요한 위치에 있으며, 월별 프로모션(promotion)이나 광고 홍보 등을 적절하게 활용하면 좋은 성과를 기대할 수 있다.

▲ 네이버 모두 홈페이지 – 이미지 등록화면 앞에서 4개의 이미지가 초기화면에 노출된다.

4) PC 맞춤

모두 홈페이지는 반응형 홈페이지이다. 하지만, 가로로 긴 PC의 경우 사용자가 원하는 이미지가 잘리거나 노출이 안 되는 경우가 있는데, 이 경우 PC 맞춤의 '이미지 조절하기'를 이용하면 된다.

5) 추천 컬러

추천 컬러는 등록된 배경 이미지를 기반으로 추천 컬러를 제공해준다. 또한 사용자의 직접 선택을 통해 컬러를 변경할 수 있다. 직접 선택의 경우는 '컬러선택'을 클릭하여 선택하면 된다.

6) 소개

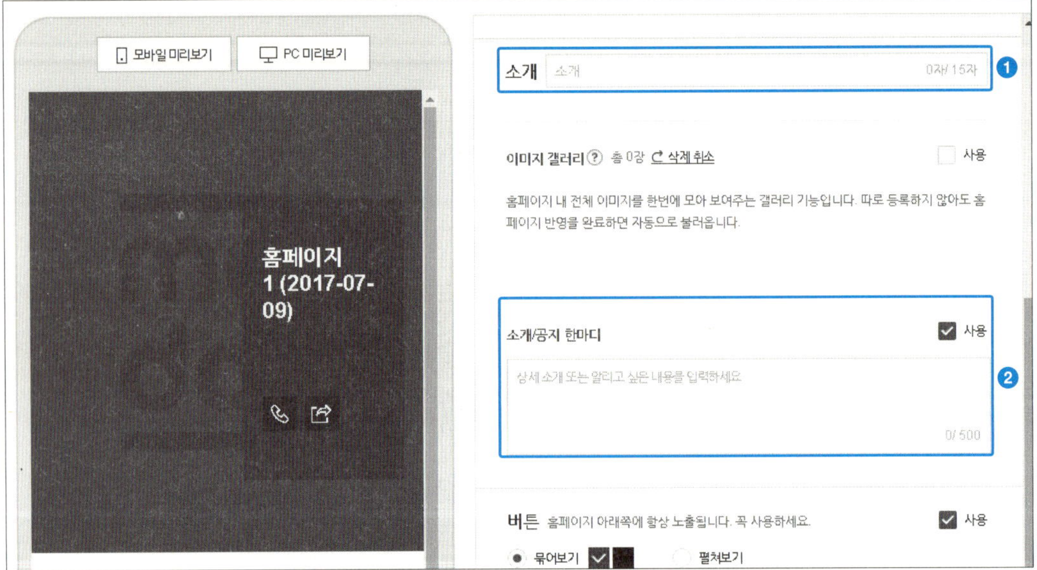

▲ 네이버 모두 홈페이지 – 메인화면 소개글의 제목과 내용을 등록하는 화면이다.

❶ 소개글의 제목을 입력하는 곳으로 총 15자 이내로 입력한다.

❷ 소개글이나 공지사항을 작성하는 곳으로 총 500자 이내로 입력한다.

❸ 소개는 아래 소개/공지 한마디의 제목을 등록하는 것이 좋다.

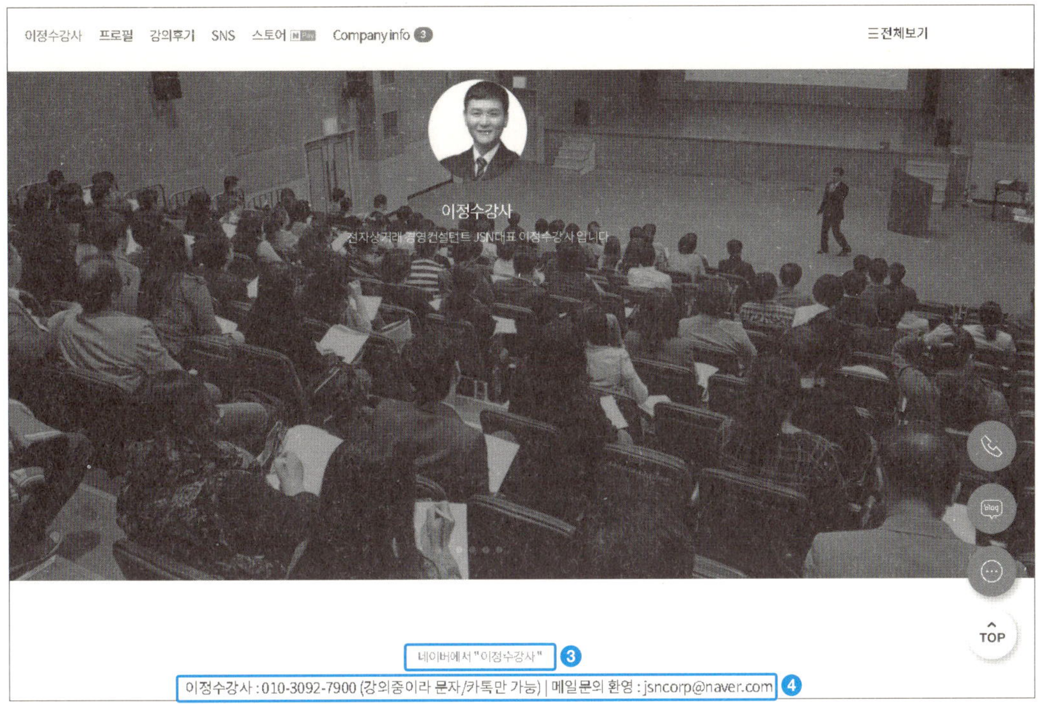

▲ 네이버 모두 홈페이지 – 등록된 소개글의 위치를 보여주는 화면이다.

관리자모드의 ❶이 사이트의 메인화면에, ❸이 소개글에 해당한다. 소개글이라고 하기보다는 소개글의
제목으로 생각하는 것이 좋다. 소개는 15자 이내로 자유롭게 작성하면 된다. 관리자모드의 ❷의 소개/
공지 한마디에 작성하면 노출되는 곳이 ❹번 공간이다.

7) 버튼

버튼은 등록해 둔 설정 기준으로 메인화면에 노출된다. 제공하는 버튼은 전화, 스토아, N예약, 오시는
길, 톡톡, 톡톡친구, 공유 등이 있다.

8) 페이지 추가

네이버 모두 홈페이지는 다양한 페이지를 제공하는데, 9개의 기본 구성요소 페이지와 9개의 기능 페이
지를 제공한다. 구성요소 페이지는 이미지와 텍스트 그리고 동영상 등을 등록할 수 있는 메뉴를 모아
두었다. 기능 페이지는 게시판, 지도, SNS 등 다양한 기능이 포함된 페이지로 구성되어 있다.

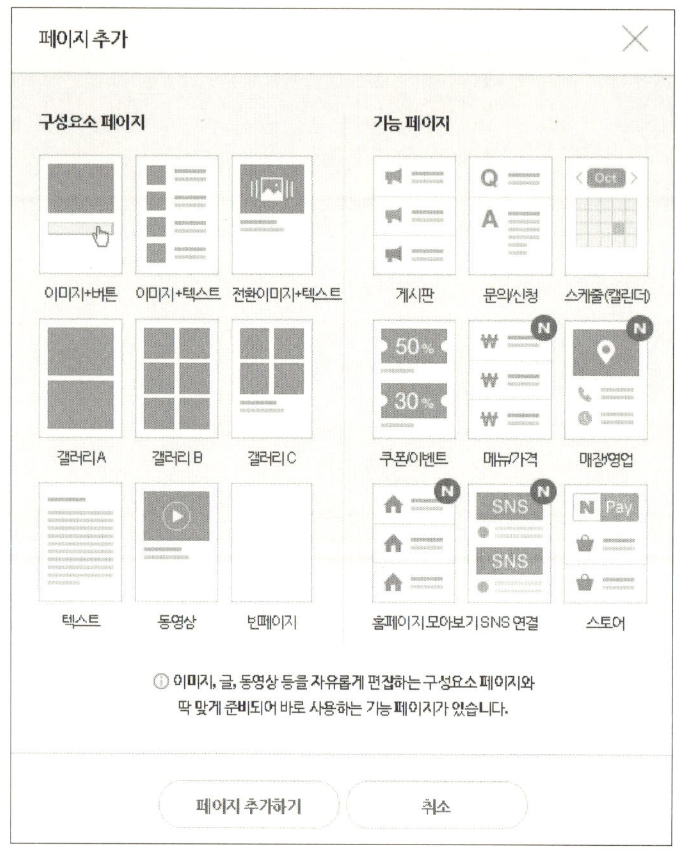

▲ 네이버 모두 홈페이지 – 18개의 페이지 구성요소가 있으며, 용도에 맞게 선택하여 사용하면 된다.

① 게시판

게시판은 방문자나 관리자가 글을 등록하기 위한 페이지이다. 게시글의 쓰기는 설정에 따라 공지사항처럼 관리자만 작성할 수도 있고, 자유게시판처럼 누구나 사용할 수도 있다. 또한, 답글이나 댓글, 비밀글 등을 설정할 수 있다.

▲ 네이버 모두 홈페이지 – 게시글 옵션이다.

② 문의/신청

문의 신청은 1:1문의나 수강신청 등을 사용하는 게시판으로 주제에 맞는 제목으로 변경한다. 그리고 문의나 신청의 설정 글을 직접 입력으로 변경하면 원하는 안내 문구를 등록할 수 있다. 또한, 선착순 기능을 사용하여 원하는 글 마감을 할 수 있다. 그밖에도 연락처, 메일 등 기타 기본 구성요소를 설정할 수 있고, 예약 상담이나 수강신청 등 다양하게 사용할 수 있다.

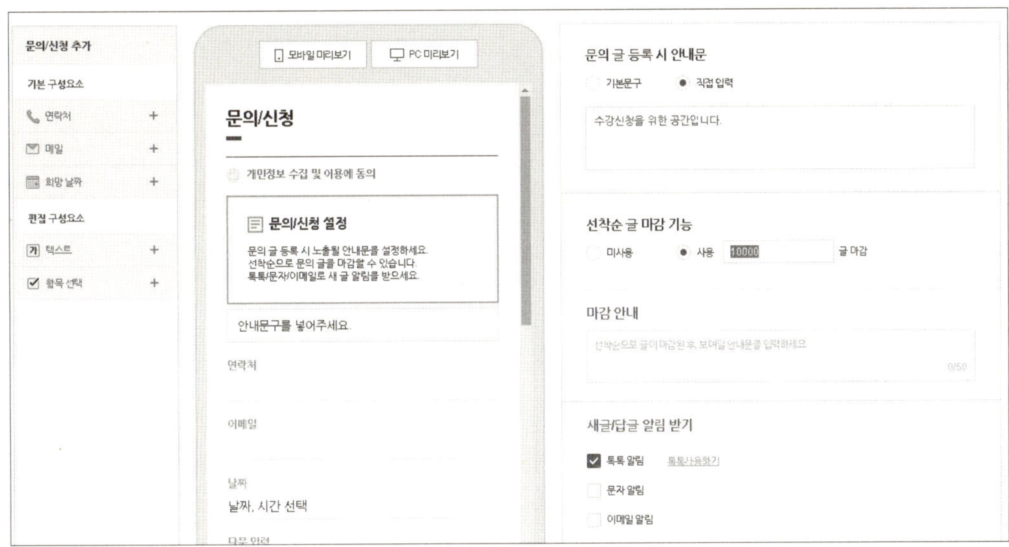

▲ 네이버 모두 홈페이지 – 문의/신청 옵션이다.

③ 스케줄(캘린더)

달력 기능을 활용하여 사이트의 행사나 일정 등을 공유할 수 있다.

④ 쿠폰/이벤트

프로모션에 맞는 쿠폰 등을 발행하여 다양한 이벤트를 설정할 수 있다.

⑤ 메뉴/가격

메뉴나 가격을 공지하거나 게시해야 할 경우에 활용하면 좋다.

⑥ 매장/영업

매장/영업은 지도 정보를 제공하는 게시판이다. 학원이나 식당과 같은 오프라인 업체의 경우 잘 활용하면 온라인과 오프라인의 접목을 만들 수 있는 좋은 게시판이 된다. 다양한 사업체의 정보를 입력하고 지도서비스까지 등록하면 더욱 좋다. 제공되는 서비스는 주소(오시는 길), 업종안내, 전화번호, 이용시간, 사업자정보, 입금계좌 등이 있다.

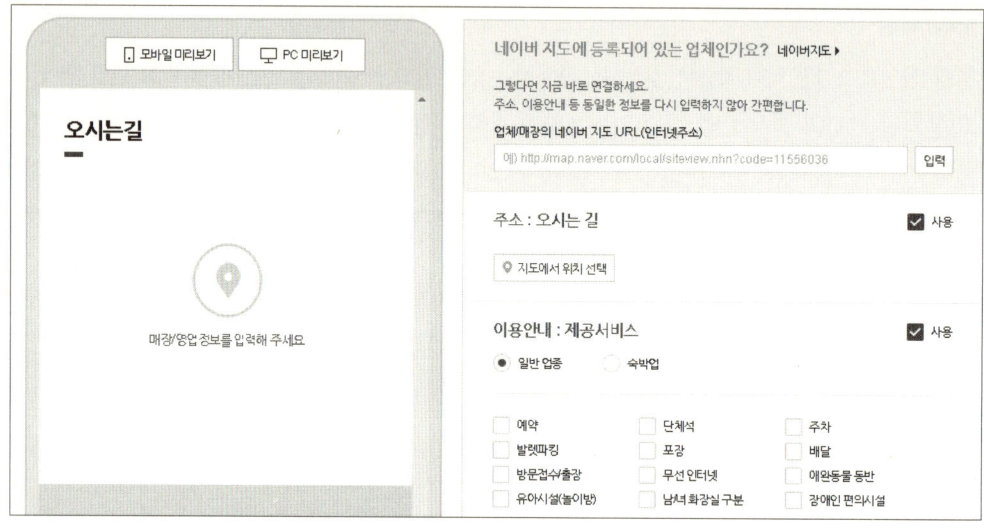

▲ 네이버 모두 홈페이지 – 매장/영업 옵션이다.

⑦ SNS

SNS 게시판은 네이버 블로그뿐만 아니라 페이스북(Facebook), 인스타그램(Instagram)을 제공한다. 네이버 모두 홈페이지에서 추천하는 게시판으로 홈페이지를 통해 SNS와 자동으로 연동되어 플랫폼의 역할을 해주고 있다. '네이버 블로그 연결하기'는 현재 로그인된 네이버 아이디에 개설된 블로그로 연결된다. 이 아이디는 임의로 변경할 수 없으며, 만일 사용하는 블로그 아이디가 다르다면 선물하기를 이용해 모두를 옮겨야 한다. 페이스북과 인스타그램은 연결하기를 클릭하여 최초 한 번 아이디와 비밀번호를 등록하여 인증하면 자동으로 연동된다.

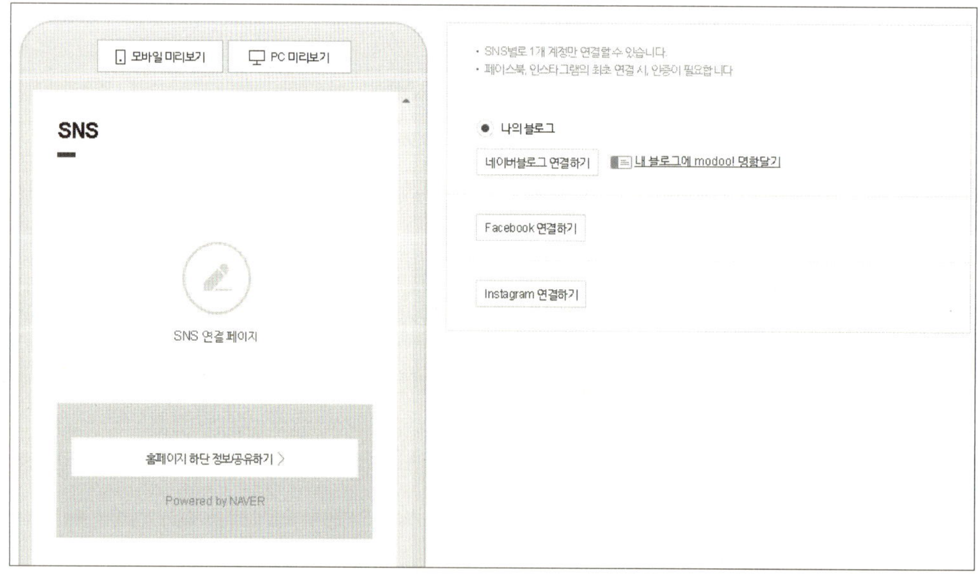

▲ 네이버 모두 홈페이지 – SNS를 등록하는 옵션이다. 블로그와 페이스북, 인스타그램이 사용가능하다.

⑧ 홈페이지 요약 정보

지금까지 모두 홈페이지의 홈페이지 정보 등록과 게시판 설정 등을 통해 홈페이지를 완성하였다. 게시판 등록이 끝나고 이제 메인화면에 등록된 게시판의 요약 정보를 등록하면 메인화면의 레이아웃 설정이 끝난다. 페이지 설정이 끝나면 첫 페이지에 홈페이지 요약 정보의 메뉴가 생성되고, 원하는 메인화면에 노출할 메뉴를 선택하면 된다.

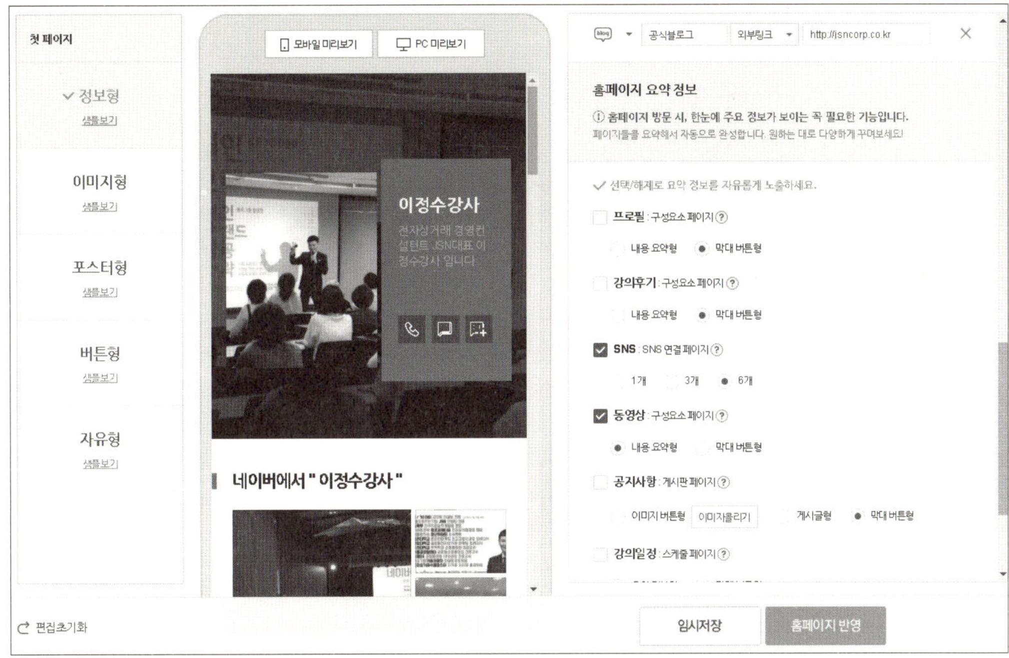

▲ 네이버 모두 홈페이지 – 메인화면의 노출될 홈페이지 요약을 선택하는 화면이다.

⑨ 메인화면 레이아웃 정리

이정수강사의 모두 홈페이지 설정 경로를 학습한 내용을 기반으로 정리를 해보면 다음과 같다.

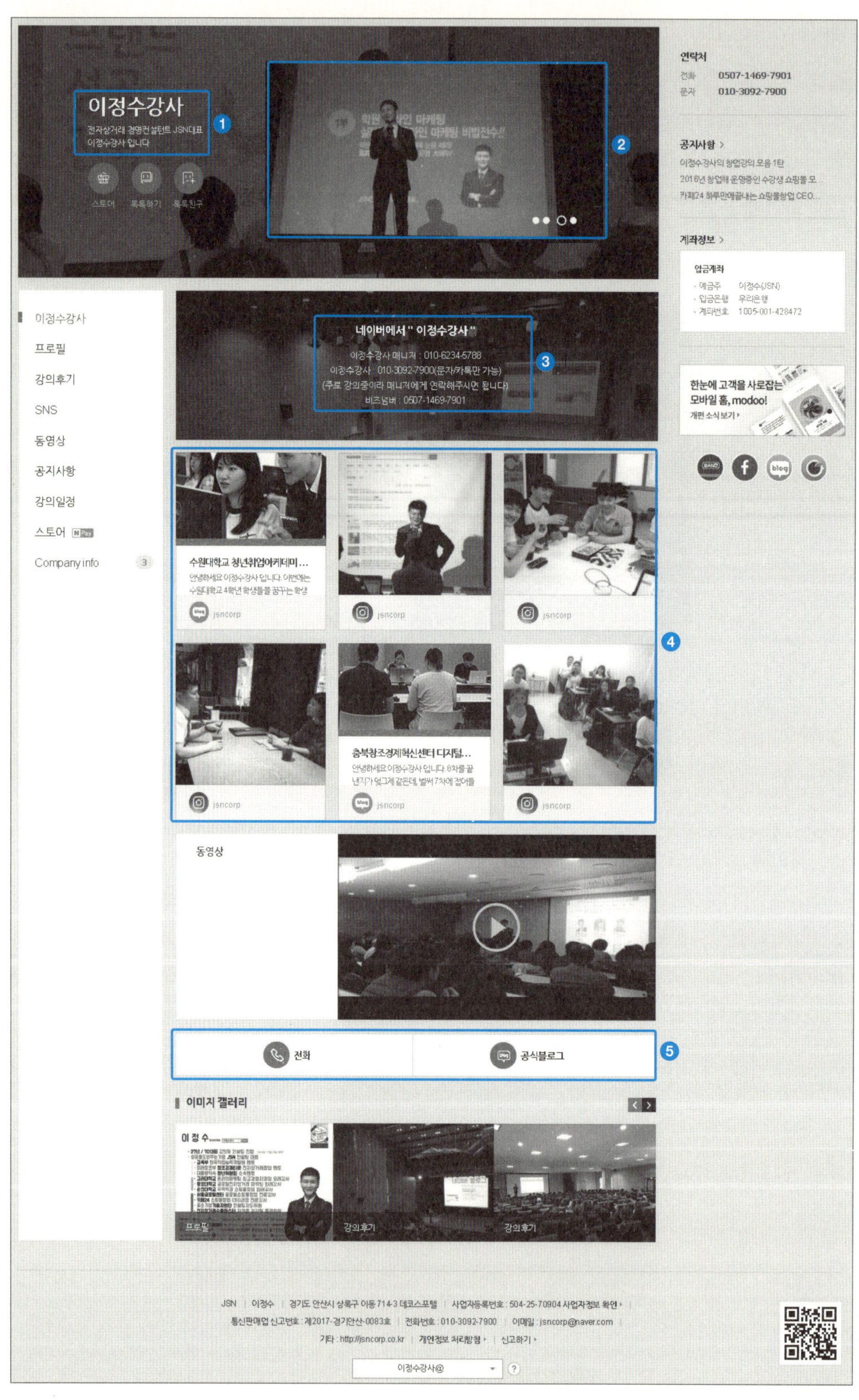

▲ 네이버 모두 홈페이지 – 이정수강사의 모두 홈페이지 레이아웃 바로가기이다.

❶ 홈→홈페이지 정보→정보 수정→홈페이지명

❷ 홈→배경 이미지→이미지 올리기

❸ 홈→소개, 소개/공지 한마디

❹ 페이지 추가→SNS→블로그, 페이스북, 인스타그램 등록

❺ 홈→버튼

** 기타 추가 게시판은 홈페이지 관리의 [+페이지추가]에서 이용이 가능하다.

⑩ Tip : 처음에는 홈과 SNS만 사용하자.

너무 많은 게시판은 관리하기가 어려울 수 있다. 자유게시판을 만들어 두었는데 참여가 없다든지, QnA 게시판을 만들어 두었는데 답변을 하지 않아 불만의 게시글이 올라온다든지 하는 경우가 많이 있다. 처음 제작할 때 다양한 기능에 욕심을 내어 무리한다면 기능에 치우치는 경우가 많다. 필자가 추천하는 게시판은 홈과 SNS 게시판이다. 이 두 게시판을 활용하여 모두 홈페이지에서 사이트 등록과 블로그와 SNS의 플랫폼 역할을 한다면 큰 도움이 될 것이다.

3 모두 홈페이지 등록

모두 홈페이지가 개설되고 완성되면 이제 네이버 검색 노출에 등록을 해야 한다. 설정이 완성되지 않으면 검색 노출을 할 수 없으므로 모든 설정을 마무리하고 검색 노출을 하면 바로 설정하기가 좋다.

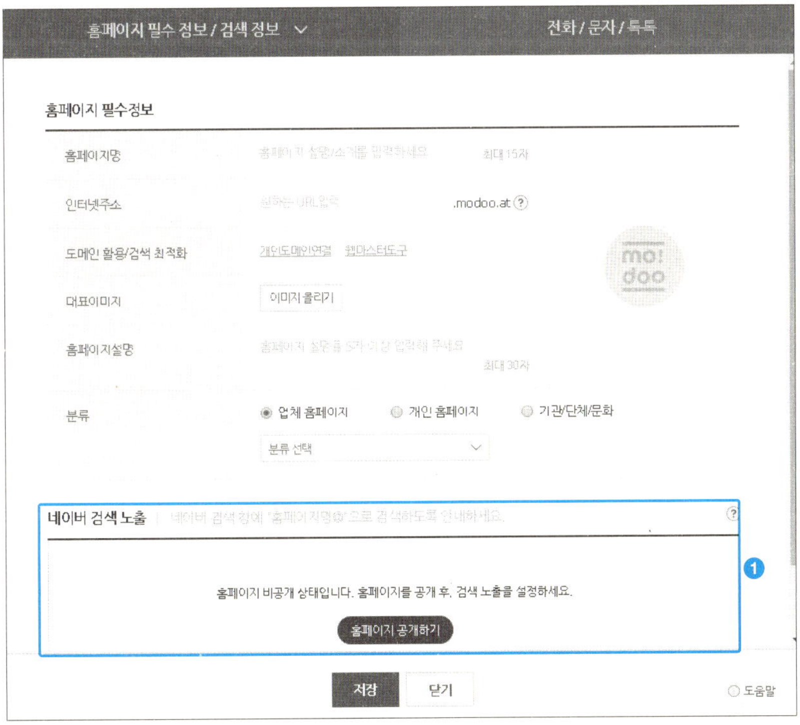

▲ 네이버 모두 홈페이지 – 네이버 검색 노출을 설정하는 화면, 모든 설정을 마쳐야 검색 노출 화면이 보인다.

❶ 네이버 검색 노출은 홈페이지 필수 정보 입력창에 있다. 하지만, 사이트의 필수 정보와 게시판 기능이 완료되지 않으면 검색 노출등록의 메뉴가 노출되지 않는다.

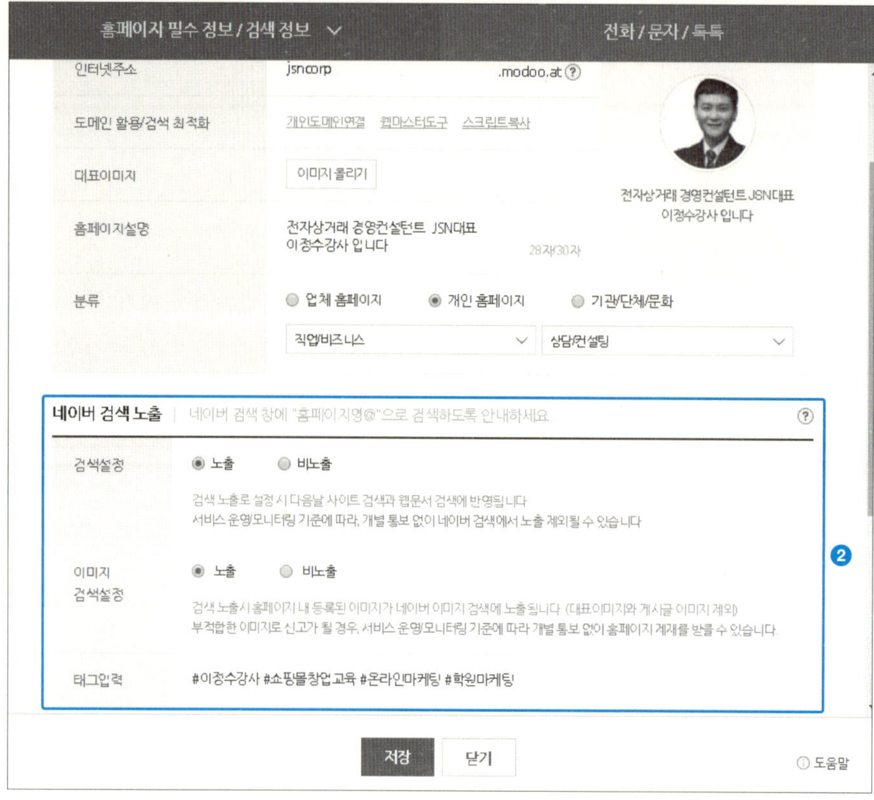

▲ 네이버 모두 홈페이지 – 설정을 모두 마치고 저장 후 다시 들어가면 네이버 검색 노출의 옵션이 보인다.

❷ 하지만, 정상적으로 모든 설정과 게시판 등록을 마무리하고 다시 첫 페이지의 홈페이지 필수 정보를 보면 검색설정을 선택할 수 있는 메뉴가 나온다. 네이버 모두 홈페이지는 검색설정에 노출을 클릭하면 되고, 별도의 사이트 등록을 위한 절차가 필요 없다.

네이버 모두 홈페이지를 통해 홈페이지 구축과 사이트 등록, 그리고 SNS의 플랫폼 역할까지 마케팅 전략적 입장에서 구축과 설명을 하였다.

Chapter 04 블로그 마케팅 전략

블로그 마케팅은 국내 온라인 마케팅의 무료 광고 채널 중에 가장 많은 선점을 가지고 있다 또한 블로그 마케팅은 SEO 전략적 마케팅 도구로 좋은 채널이이다. 설명에서 블로그 마케팅의 장·단점이나 해야 하는 이유를 설명하는 것은 이제 불필요하다. 하지만, 블로그 마케팅을 하는 필요성은 모두 가지고 있지만, 어디서부터 어떻게 진행해야 하는지 막막하다.

이 장에서는 네이버 블로그의 정석을 통해 오랫동안 마케팅 도구로써 활용할 수 있는 전략적 방법을 배워보자.

 **블로그 마케팅 전략**

블로그 마케팅을 하는 이유는 결론적으로 네이버 통합검색을 통해 내가 작성한 글과 키워드가 노출되기 때문이며, 무료라는 큰 장점도 있다. 이러한 이유 때문에 콘텐츠 개발과 블로그 포스팅에 많은 시간을 투자하더라도 블로그를 마케팅 도구로 이용하는 것이다. 빅데이터 기반(Big Data Foundation)과 AI검색기술(AI Search Technology)이 사용자의 환경과 검색 의도에 맞도록 검색엔진으로 진화하고 있다. 이젠 네이버 검색의 경우 같은 조건의 검색 키워드라도 사용자에 따라 또는 위치, 지역, 대상에 따라 검색결과가 다양하게 노출된다.

블로그 마케팅은 어떻게 해야 할까? 블로그 마케팅도 이젠 키워드의 선별에서 정확한 대상과 목적을 정하고 대상에게 맞는 콘텐츠 개발과 포스팅을 담아야 한다. 한번 노출되고 검색에서 사라지는 포스팅은 전체 블로그 글에 영향을 주며, 스마트폰의 발달로 더 많은 빅데이터가 융합되고 있다. 사용자의 기본정보와 위치 그리고 사용습관 등을 고려한 맞춤 서비스가 벌써 진행되고 있고, 나도 모르는 사이에 광고 아닌 광고를 접하고 있다. 이러한 정보의 홍수 속에서 이젠 검색엔진의 다양한 알고리즘(algorithm)과 기술로 검색결과를 분석하고 추출하여 노출하고 있다. 예전의 기술적 방법은 이제는 적용되지 않는다. 100개의 경험과 데이터로 100억 개가 넘는 경험과 데이터를 이길 수 없다. 목적을 가지고 꾸준하게 포스팅하는 것이 다양한 변화에 살아남는 방법이다. 왜냐하면, 지금도 네이버 검색엔진은 계속 성장하고 있기 때문이다.

블로그 마케팅을 하기 전에 먼저 해야 하는 일은 블로그를 최적화 해두는 것이다. 어떤 주제와 목적으로 블로그를 운영할 것인가를 정하고, 정해진 주제로 레이아웃과 카테고리 그리고 디자인을 설정하는 것이다. 이 장에서는 블로그 포스팅을 위해 최적의 환경설정을 하는 방법을 배워보자.

어떤 주제로 블로그를 운영할 것인지를 정해야 하며, 주제에 따라 블로그의 제목과 카테고리를 정할 수 있다. 블로그의 주제는 최대한 세부적으로 정하는 것이 좋으며, 정해진 주제를 기준으로 네이버 통합검색으로 노출 현황을 확인하고, 네이버 트렌드(http://datalab.naver.com/keyword/trendSearch.naver)를 이용해서 최적화된 키워드를 선별하면 된다.

① 블로그 기본 설정은 내메뉴→관리를 클릭

블로그의 기본 설정을 하기위해 관리를 클릭한다.

▲ 네이버 블로그 – 관리자모드를 들어가기 위한 설정화면

1) 기본 설정

기본 설정에는 블로그의 정보와 주소, 프로필 등 기본 정보를 등록하는 곳이다. 블로그의 최적화와 검색키워드 선정에서 가장 중요한 곳으로 최적화가 되어 있는 이정수강사의 블로그 기본 설정을 예를 들어 설명한다.

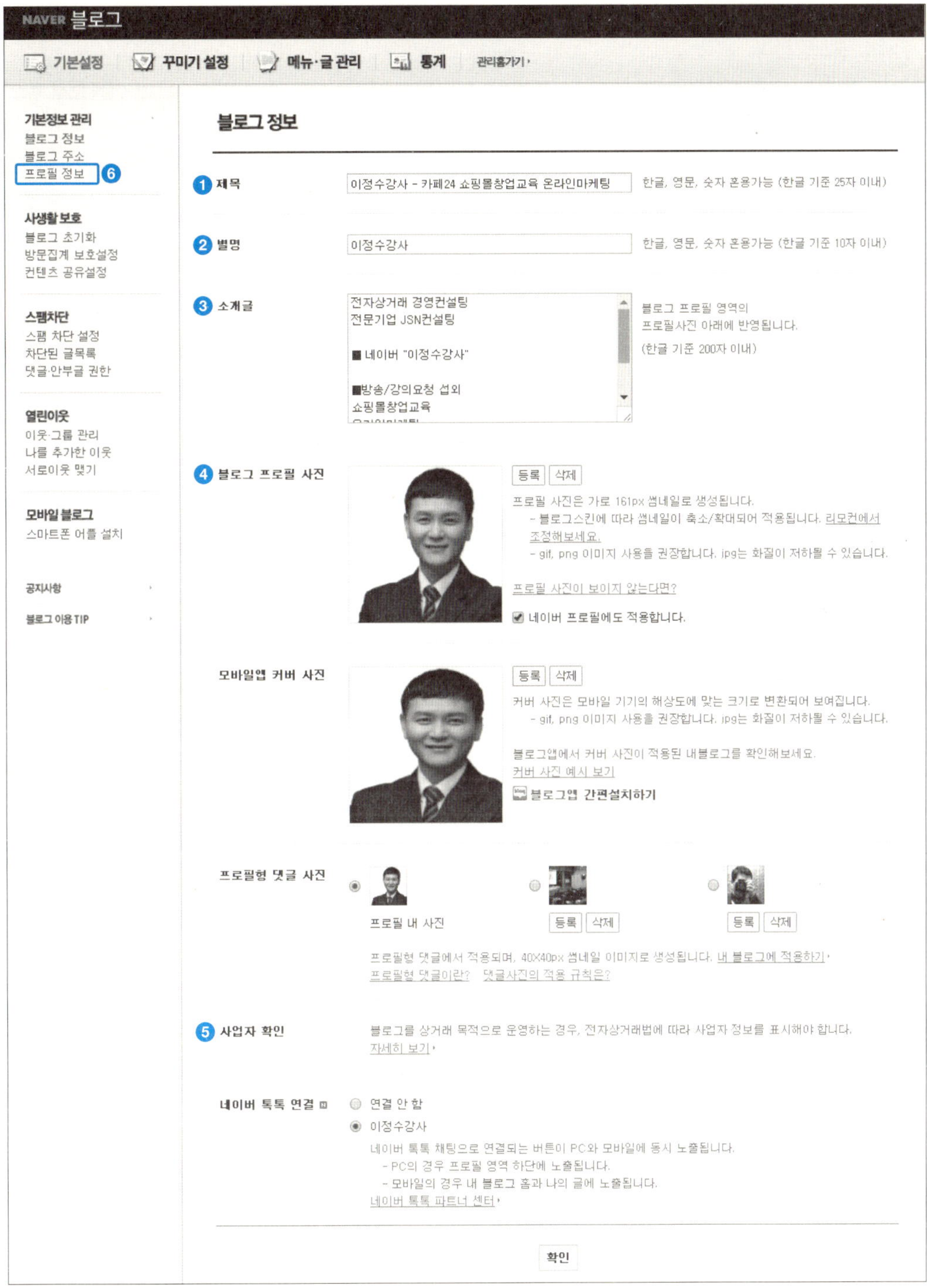

▲ 네이버 블로그 – 관리모드의 블로그정보 기본 설정화면

❶ 제목 : 제목은 블로그를 대표하는 키워드를 등록하는 곳이다. 즉, 네이버 통합검색에서 검색을 했을 경우 제목의 키워드를 확인하고 검색 노출을 한다는 것이다. 제목은 25자 이내로 작성할 수 있으며 한글, 영어, 숫자를 개별적으로 또는 혼용할 수 있다. 선별한 키워드를 기준으로 최대 25자 이내에 많은 키워드를 등록하면 좋다. 필자는 '이정수강사'라는 핵심키워드를 등록하고 서브 키워드로 카페24 쇼핑몰창

업교육 온라인 마케팅 등을 등록하였다. 앞으로 '이정수강사'라는 키워드로 포스팅하고 강사에게 맞는 주제로 포스팅한다.

❷ 별명 : 별명은 보통 이름 외에 새로운 닉네임을 많이 사용한다. 하지만, 필자가 권한다면 이름으로 별명을 등록하기를 권한다. 이름으로 모든 온라인 마케팅의 별명을 통일한다면 SNS(소셜 네트워크 서비스)의 활동도 좀 더 원활해진다.

❸ 소개글 : 소개글은 제목과 같이 키워드로 검색 노출이 되지 않지만, 블로그에 방문한 이웃에게 내 블로그를 소개하고 홍보할 수 있는 공식적인 공간이 된다. 회사(학원)명이나 전화번호 프로모션(promotion)의 정보 등을 소개할 수 있는 공간으로 소개글에 서로 이웃을 요청하는 글을 삽입하는 것도 좋다.

〈참고〉

－이웃 : 이웃의 글은 내가 구독을 하게 되지만, 나의 글은 이웃이 구독을 하지 않는다.

－서로 이웃 : 나의 글과 이웃의 글을 서로 구독하게 된다.

　즉, 서로 이웃이 되어야 내 글이 홍보되고 소통할 수 있다. 소개글을 통해 서로 이웃을 요청하면 좋다.

❹ 블로그 프로필 사진 : 소개 사진은 특별한 경우가 아니면 개인 사진을 등록하기를 추천한다. 기업용이나 기관, 단체인 경우는 어렵겠지만, 개인 용도(사업 포함)인 경우는 대표자나 원장님의 얼굴을 프로필 사진(profile picture)으로 사용하는 것이 신뢰성에 큰 도움이 된다.

❺ 사업자 확인 : 사업자등록증이 있다면 사업자등록을 하는 것이 좋다. 특히 상업적 목적으로 운영할 경우는 전자상거래법에 따라 필수적으로 사업등록 정보를 표기해야 한다.

① 사업자정보 설정하는 법

블로그 관리 〉 꾸미기 설정 〉 레이아웃 위젯 설정

사업자정보를 등록하기 위해서는 우측 관리홈가기를 클릭하여 블로그 관리에서 레이아웃 위젯 설정을 클릭하면 된다. 사업자정보는 위젯을 통해 블로그의 상단이나 하단에 노출된다.

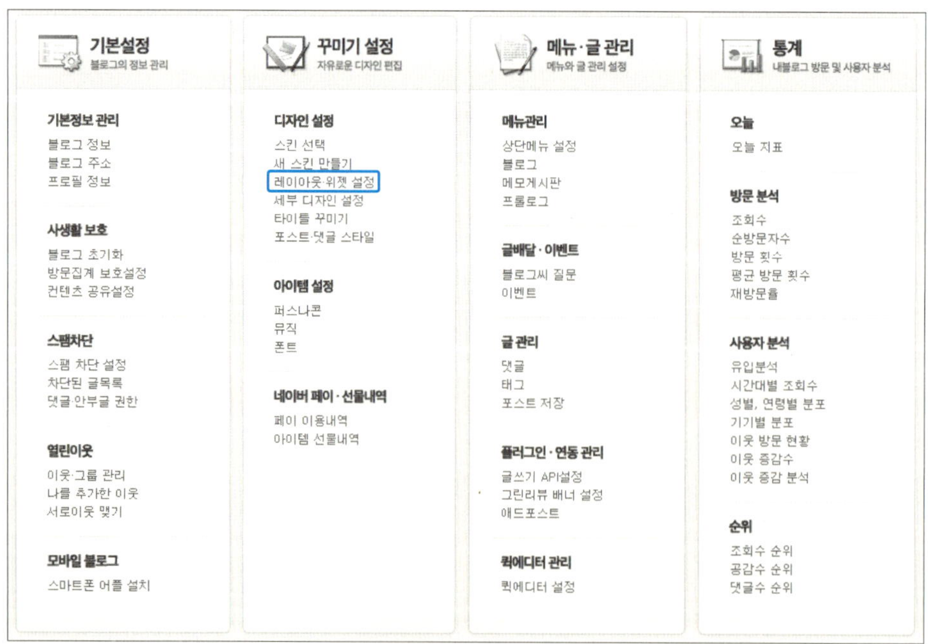

▲ 네이버 블로그 – 꾸미기의 레이아웃 위젯 설정화면

우측하단에 위젯 사용 설정의 첫 번째에 '사업자정보'를 체크한다.

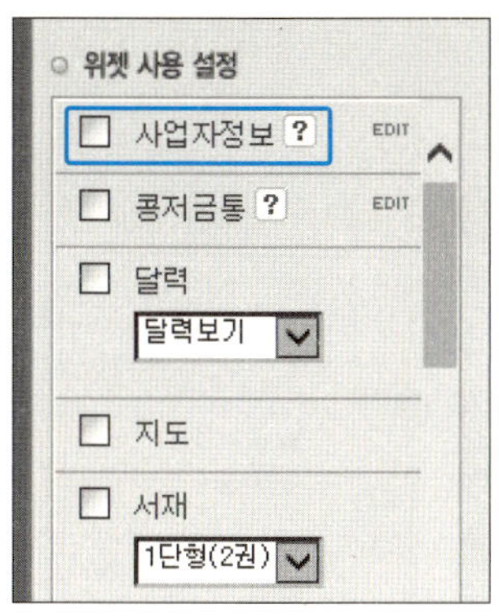

▲ 네이버 블로그 – 블로그가 상업적 목적이고 사업자등록증이 있다면 꼭 해두는 것이 좋다.

사업자정보를 체크하면 다음과 같이 사업자정보를 입력하면 된다. 특히 전자상거래 활동을 할 경우는 현행 법률에 따라 블로그 홈에 사업자정보를 필수적으로 노출시켜야 한다.

▲ 네이버 블로그 – 사업자정보 등록화면

설정을 마치고 블로그 홈에서 확인할 수 있다. 필자의 블로그 하단에 노출된 사업자정보 위젯이다.

▲ 네이버 블로그 – 메인화면에 사업자정보가 등록된 예제화면

③ 프로필 정보

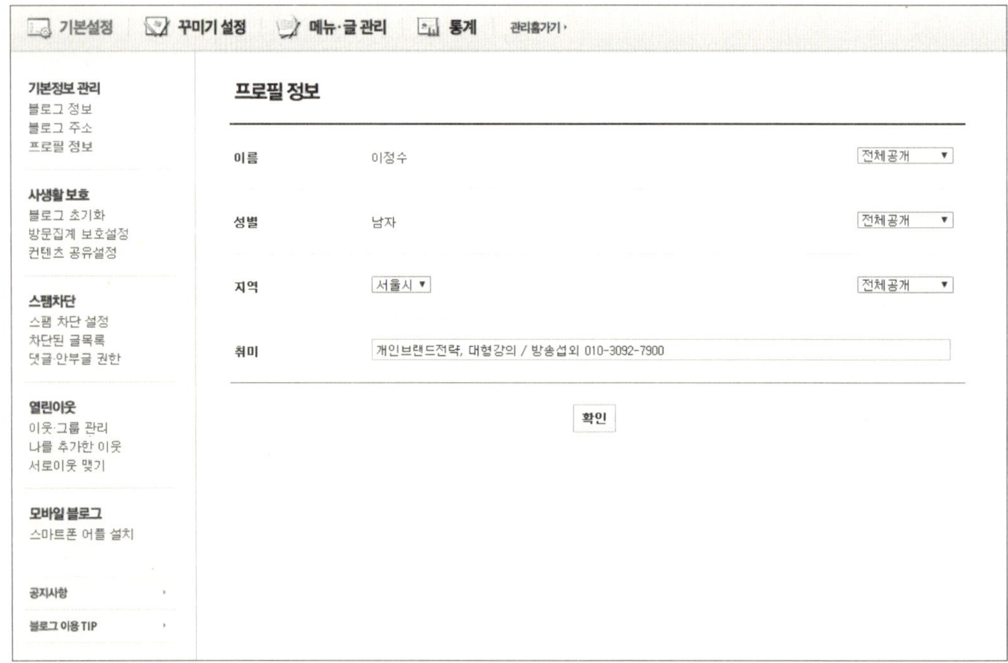

▲ 네이버 블로그 – 프로필 정보는 특별한 경우가 아닌 이상 전체 공개로 하는 것이 좋다.

프로필 정보에 이름, 성별, 지역 등은 특별한 경우가 아니면 전체 공개로 하는 것이 좋으며, 비공개로 하면 노출이 제한될 수 있다. 또한, 취미의 경우 간단한 소개는 홍보문구를 넣는 것도 좋으며, 취미는 한글 25자 영문 50자까지 가능하다.

2) 꾸미기 설정

꾸미기 설정에서 제일 중요한 것은 레이아웃, 위젯 설정이다. 블로그는 레이아웃의 설정에 따라 개인 블로그로 보일 수도, 기업용 홈페이지처럼 보일 수도 있다. 이 장에서는 기업용 홈페이지형 블로그로 세팅하는 방법을 공부해보자.

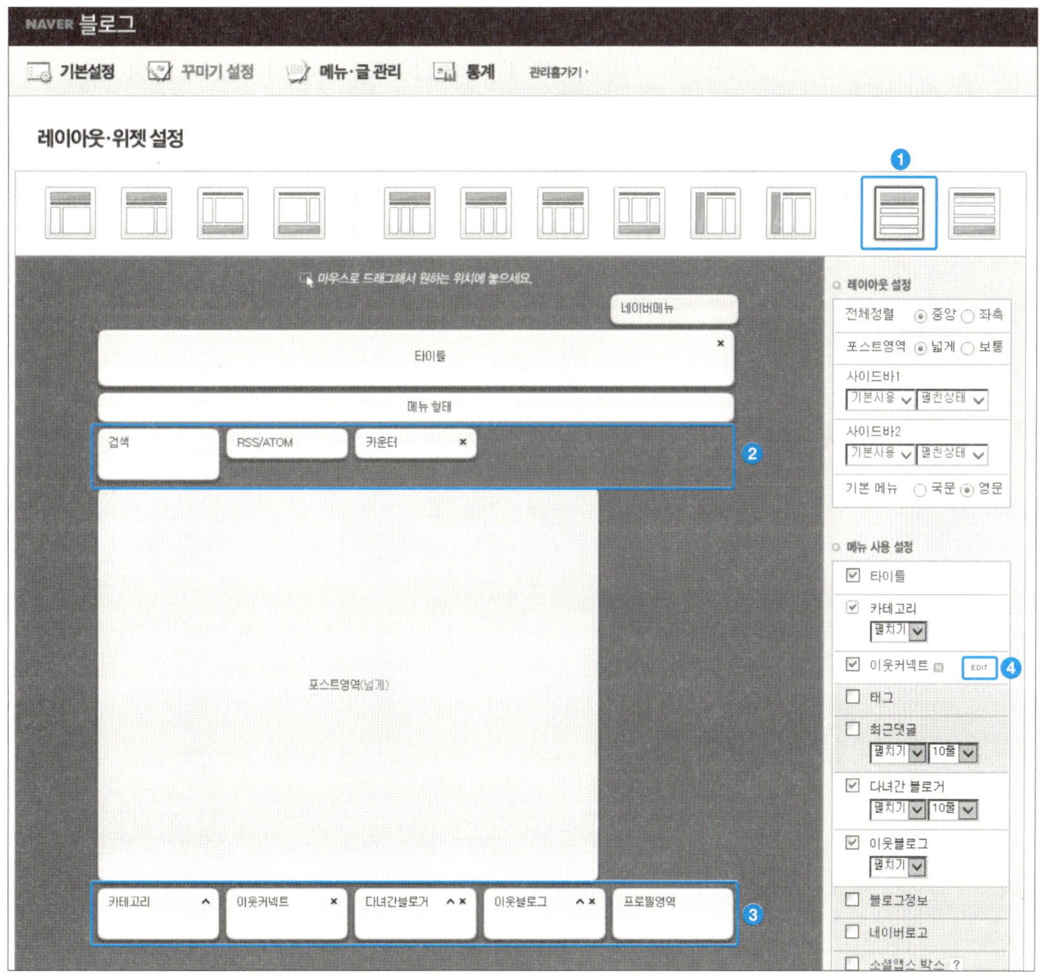

▲ 네이버 블로그 – 꾸미기 설정의 레이아웃 설정화면이다.

❶ 레이아웃은 1단 구조가 적합하다. 요즘 트렌드는 왼쪽이나 오른쪽에 메뉴가 있는 2단이나 3단 구조가 아니라 상단이나 하단에 메뉴를 진열하는 1단 구조가 적합하다. 모바일의 경우는 모바일용으로 최적화 되어 보이지만, PC와 노트북 태블릿의 경우 1단 구조 외에는 적합하지 않다.

❷ 1단 구조로 레이아웃을 정하면 상단 메뉴를 정해야 한다. 상단메뉴의 경우는 검색과 RSS/ATOM, 그리고 카운터로 설정한다. 3개에 메뉴 모두 높이가 작은 메뉴로 모아 두었으면 검색과 RSS/ATOM은 필수 위젯이라 삭제는 불가능하다. 카운터가 없는 경우는 우측의 위젯 사용설정에서 선택할 수 있다.

❸ 하단 메뉴는 카테고리와 프로필 영역을 기본으로 이웃과 소통할 수 있는 위젯으로 설치한다. 사업자정보를 추가할 경우 이웃커넥트나 다녀간 블로그, 이웃 블로그 중에 하나와 변경하면 된다.

❹ 이웃커넥트 설정하기 : 이웃커넥트는 이웃의 최신정보를 확인할 수 있다. 먼저 위젯의 유형을 심플위젯으로 설정한다. 기본위젯의 경우 위젯의 높이가 다른 위젯보다 높아 크기가 맞지 않는다. 다음은 기본탭 설정에서 '내가 추가한 이웃'보다는 '나를 추가한 이웃'을 설정하고 설정한 이웃을 먼저 관리하는 것이 유리하다.

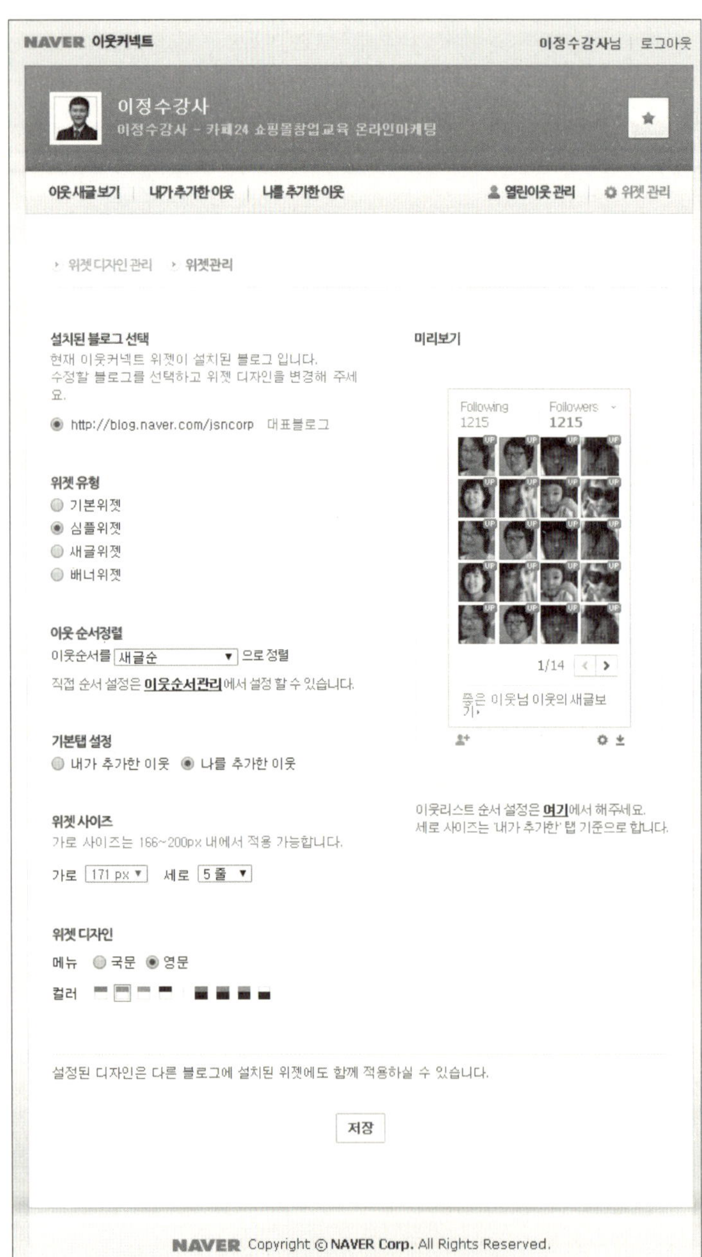

◀ 네이버 블로그 – 이웃커넥트 설정화면이다.

위젯의 사이즈는 다른 위젯과 유사한 높이로 설정하는 것이 좋은데, 보통 4줄이나 5줄로 하면 보기 좋다. 마지막으로 위젯 디자인은 전체 블로그의 색에 맞춰 선택하면 된다.

3) 메뉴 · 글관리

관리 홈 설정의 마지막은 메뉴관리와 카테고리 관리이다. 메뉴관리의 선택에 따라 블로그의 전체 레이아웃이 변경되기도 한다.

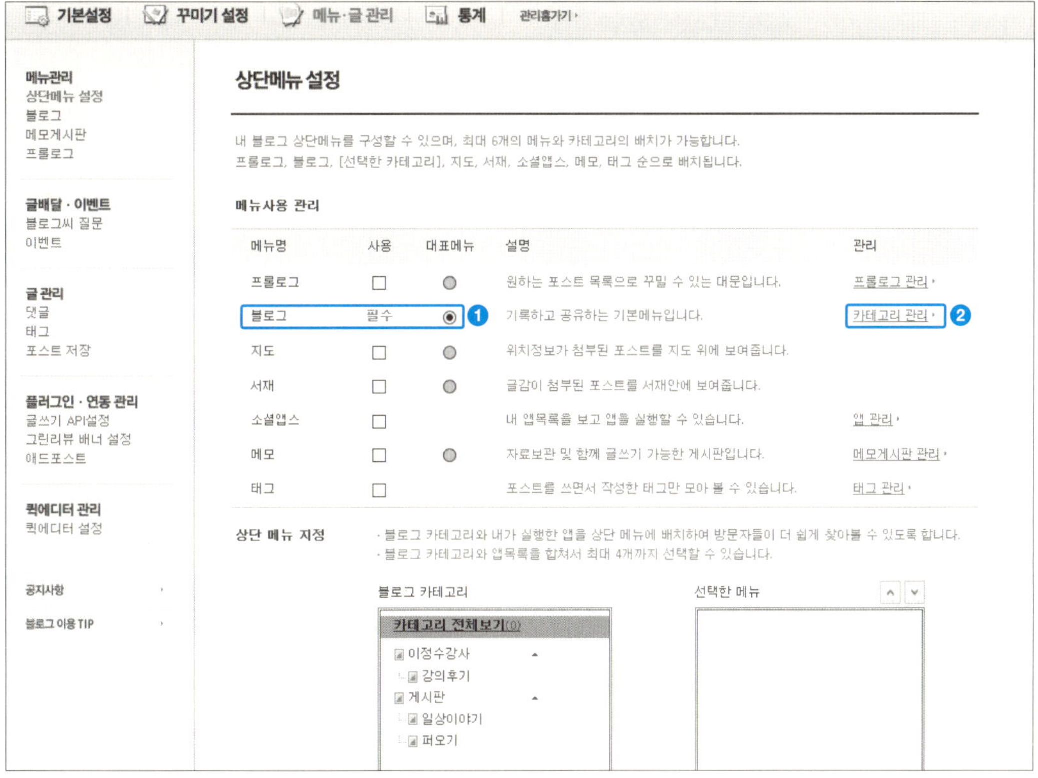

▲ 네이버 블로그 – 포스팅된 글이 노출될 메인화면 레이아웃을 설정하는 곳이다. 블로그를 대표메뉴로 하면 한 번에 4개의 포스팅이 노출된다.

❶ 설정과 같이 대표메뉴를 블로그로 설정하는 것이 좋다. 다수의 포스팅이 있다 하더라고 복잡하지 않고 한 줄에 4개의 정렬된 포스팅을 만들 수 있다. 기타 지도나 서재 등은 포스팅한 내용 중 포함된 내용이 다수 있으면 선택을 하면 된다.

❷ 카테고리 관리 : 카테고리 관리는 카테고리(메뉴)를 생성하고, 메인화면에 진열하는 곳이다.

카테고리는 사용자의 목적에 맞도록 카테고리를 추가하면 된다. 하지만, 처음 생각과 다르게 많은 카테고리를 분리해서 추가해두고 정작 각 카테고리에 글 작성이 자주 일어나지 않는다면 좋지 않다. 처음에는 카테고리를 1개 정도로 단순화해서 블로그 포스팅 등을 모으는 것이 좋다.

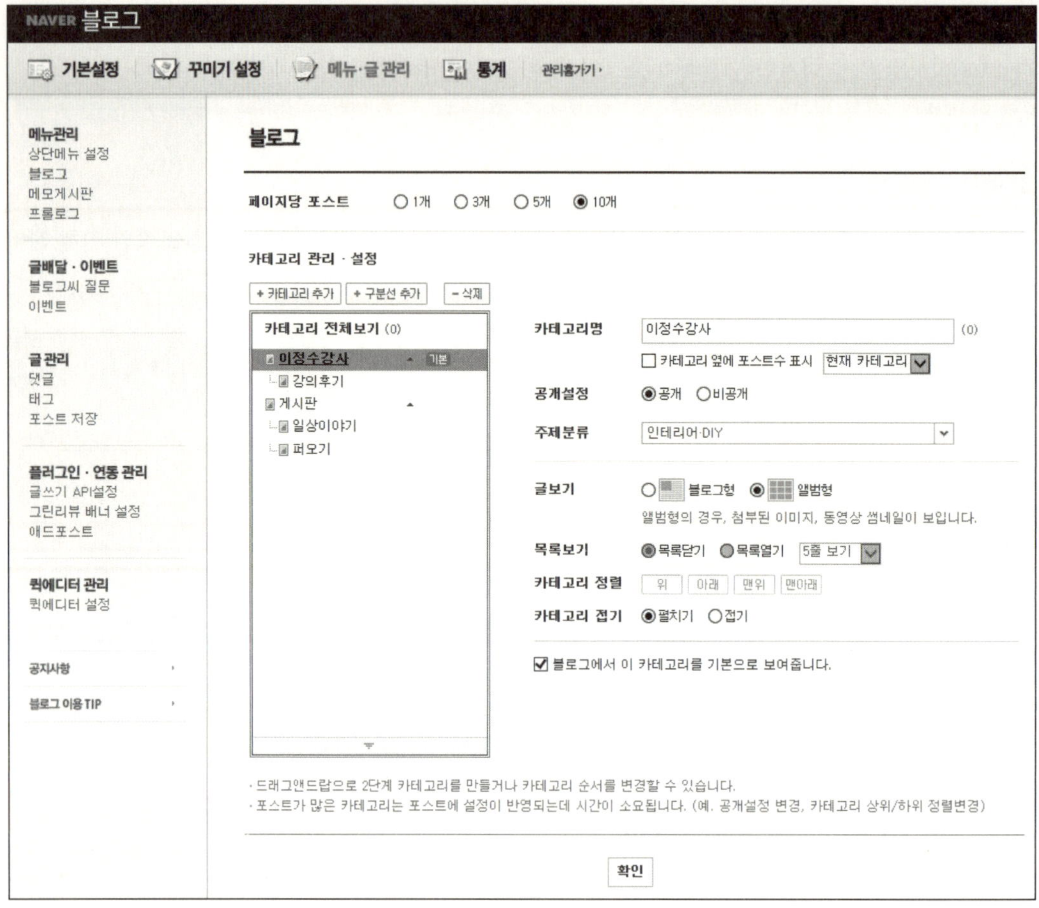

▲ 네이버 블로그 – 카테고리의 설정화면이다.

카테고리 분류는 한 카테고리에서 많은 블로그 포스팅이 누적되었을 경우 새로운 카테고리를 만들어 개설하는 것이 좋다. 메인 카테고리의 경우는 당연히 블로그 제목과 똑같아야 하며, 유사해서도 안 된다. 같은 키워드가 블로그의 제목과 카테고리 명과 같다면 포스팅의 제목이 상위 노출될 확률이 높아지게 된다.

● 페이지당 포스트

페이지당 포스트는 최대 10개를 선택한다.

● 카테고리 관리 · 설정

카테고리 관리와 설정에서는 카테고리를 추가하고 삭제, 그리고 카테고리 명을 변경할 때 사용한다.
 – 추가 : '+카테고리 추가'로 클릭하여 새로운 카테고리를 생성한다.
 – 삭제 : 삭제하고자 하는 카테고리를 선택하고 '+삭제'를 클릭한다.
 – 수정 : 수정하고자 하는 카테고리를 선택하고 카테고리 명을 수정하면 된다.
 – 순서 : 카테고리의 순서 변경은 원하는 카테고리를 선택하고 마우스 드래그로 이동하면 된다.

카테고리는 대분류와 중분류로 구분되는데, 메인화면에 노출할 카테고리와 비노출 카테고리를 대분류로 분류하는 것이 좋다. 메인화면에 노출되는 카테고리는 옵션 하단에 '블로그에서 이 카테고리를 기본으로 보여줍니다.'를 체크하면 점검한 카테고리 기준으로 중분류까지 메인화면에 노출된다.

예제 그림은 '이정수강사'의 대분류 카테고리에 '기본'이 선택되어 있고, 메인에 노출되는 것은 이정수 강사와 강의후기가 노출된다. (카테고리의 글보기 설정은 꼭 '앨범형'으로 해야 한다.)

● 카테고리 관리의 옵션 핵심 설정사항

- 너무 많은 카테고리를 생성하지 말자.
- (중요)카테고리를 생성 후 글보기는 '앨범형'으로 선택한다.
- 카테고리 접기는 펼치기로 한눈에 보이도록 한다.
- 메인화면에 노출할 카테고리는 대분류 기준으로 선택한다('블로그에서 이 카테고리를 기본으로 보여줍니다.').
- 일상게시판을 만들어 한 달에 3번 정도는 일상적인 포스팅을 하는 것이 좋다.
- 퍼오기는 서로 이웃의 글이나 관련된 글을 퍼오기 위한 목적의 게시판이다.

● 퀵에디터 설정

블로그 관리〉메뉴－글 관리〉퀵에디터 관리〉퀵에디터 설정

퀵에디터 설정은 블로그 메인화면 상담에 바로 글쓰기를 할 수 있는 창이 열리는 글쓰기 에디터이다. 주로 간단한 글과 사진을 등록할 수 있으며, 일상이야기나 간단한 게시판 등의 글을 작성할 경우 쉽게 작성할 수 있다.

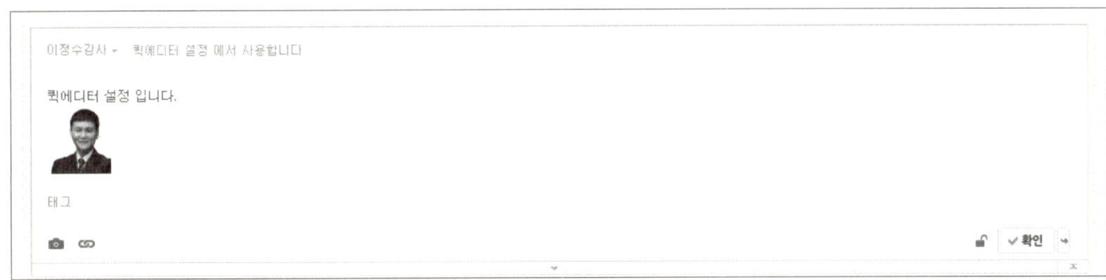

글, 사진, 그리고 링크를 걸어 둘 수 있으며, 메인화면에 노출되지 않는 간단한 게시글 작성으로 활용하면 좋다.

● 사진 첨부 기능

퀵에디터 하단에 사진 아이콘을 클릭한 후 원하는 이미지나 사진을 찾아 첨부할 수 있다. 등록된 사진은 포스팅 중에는 작은 섬네일 형태로 삽입되어 보이나 정상적인 포스팅이 완료되면 큰 크기로 출력된다. 등록한 이미지는 Delete로 삭제할 수 있으며, 사진첨부 개수 제한과 1일 용량 제한은 없다. 단, 1회 첨부 용량제한은 10MB이다.

- **링크 삽입 기능**

본문에 링크를 직접 삽입할 수 있다. 링크는 글이나 이미지 등을 선택한 후 링크 아이콘을 클릭하면 링크 주소를 등록하여 삽입할 수 있다.

- **태그 입력 기능**

[태그]라고 쓰인 글을 클릭하면 태그를 작성할 수 있는 창이 생긴다. 원하는 태그를 입력하면 된다.

- **공개 설정 기능**

우측하단에 자물쇠 모양을 클릭하여 글의 공개 여부를 선택할 수 있다.

3. 블로그 마케팅 글쓰기 전략

블로그 마케팅의 핵심전략은 바로 글쓰기이다. 글쓰기는 네이버 검색엔진이 쉽고 빠르게 정확한 검색 키워드를 선별하고, 사용자의 의도에 맞게 정해진 알고리즘에 적용이 될 수 있도록 작성하는 것이 좋다.

1) SmartEditor3.0 변경하기

스마트폰과 PC 환경에 최적화된 스마트에디터3.0을 기준으로 글쓰기로 설명한다. 혹시 다음과 같은 글쓰기 에디터 화면이라면 스마트에디터3.0으로 변경하기를 권한다.

지금 보고 있는 화면은 스마트에디터2.0의 화면이다. 스마트에디터3.0으로 변경하려면 우측에 'SmartEdit 3.0에서 글쓰기>'를 클릭하거나 '설정'을 클릭하여 변경하면 된다. 설정에서 한 번 설정을 해두면 다음에는 자동으로 스마트에디터3.0으로 글쓰기를 할 수 있으니 설정으로 하기를 권한다.

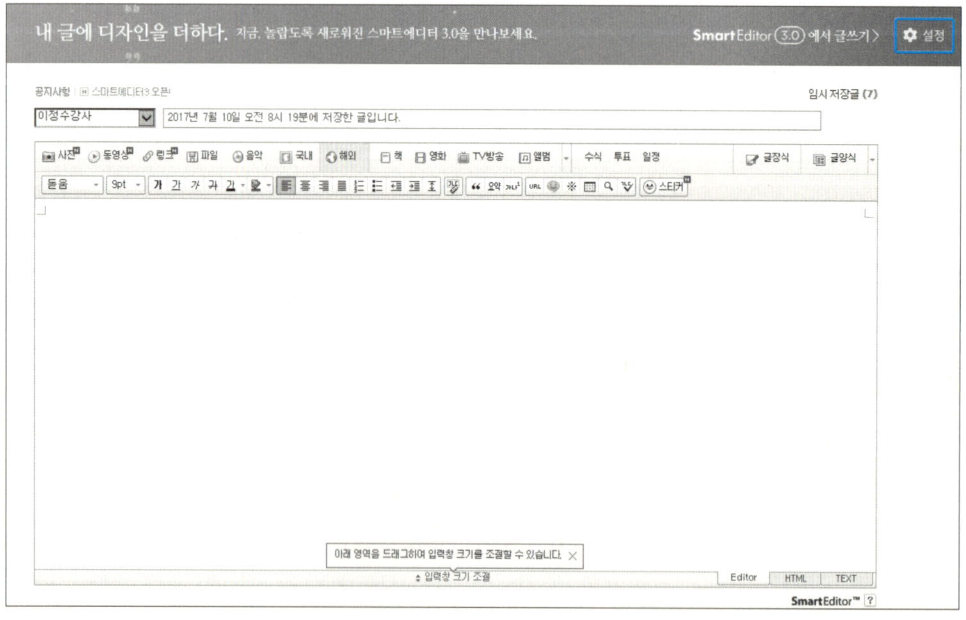

▲ 네이버 블로그 – 스마트에디터2.0의 구형편집기 모양이다. 우측의 설정을 클릭하여 스마트에디트3.0으로 변경해야 한다.

설정을 클릭하면 기본으로 사용할 에디터를 선택하는 창이 열린다. 여기서 '새 버전 SmartEditor3.0'을 선택하고 확인하면 된다. 한번 설정해두면 글쓰기는 스마트에디터3.0으로 작성할 수 있다.

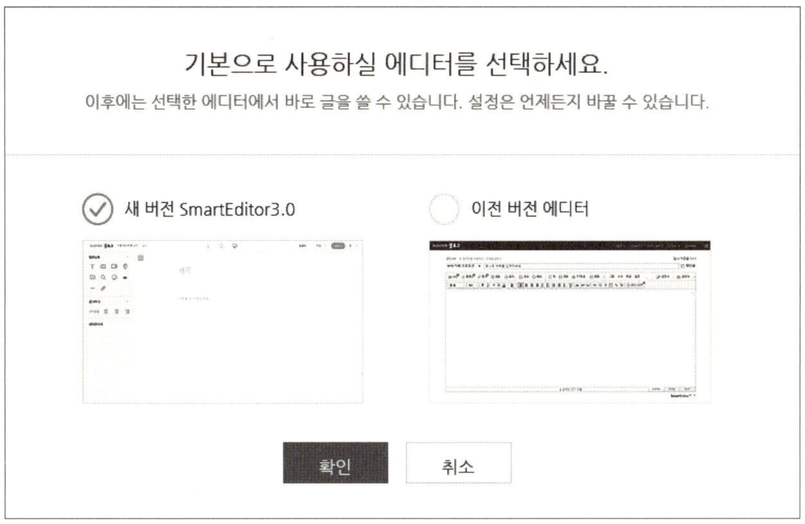

▲ 네이버 블로그 – 스마트에디터2.0 구버전에서 우측상단의 설정을 클릭하면 새 버전으로 변경할 수 있다.

2) 스마트에디터3.0 주요 기능 설명

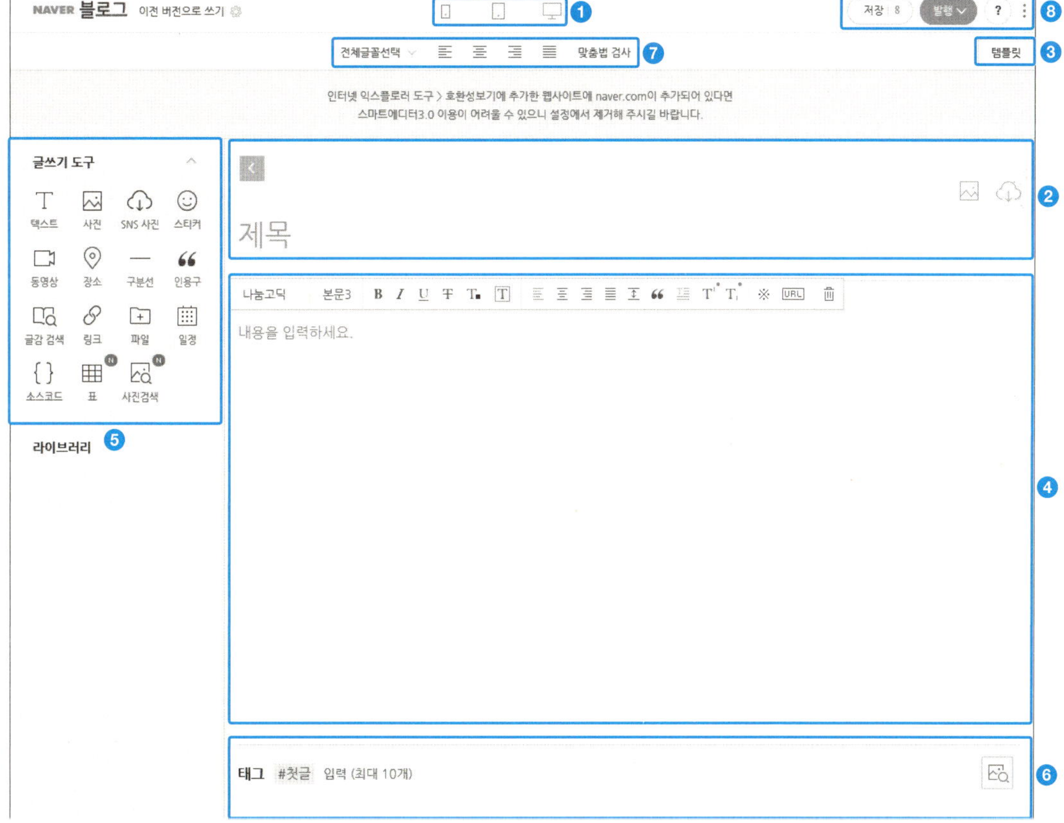

▲ 네이버 블로그 – 글쓰기 레이아웃이다.

스마트에디터3.0에는 다양한 기능이 추가되어 있고 사용자가 간단히 글을 작성하는 것만으로도 잡지 디자인처럼 만들 수 있다.

❶ 글 작성 시 모바일, 태블릿, PC에서의 미리보기 기능을 이용하여 해당 디바이스 기준으로 포스팅 할 수 있다.

❷ 제목을 작성하는 곳으로 스마트에디터에는 제목에 잡지처럼 배경을 넣을 수 있다.

❸ 템플릿은 네이버에서 기본적으로 제공하는 9개 추천템플릿과 내 템플릿을 보관할 수 있는 곳이다. 미리 받은 템플릿을 활용하여 용도에 맞도록 빠른 편집이 가능하다.

❹ 본문을 작성하는 곳으로 본문에는 다양한 글쓰기 도구를 활용해 작성할 수 있다.

❺ 사진, 스티커, 동영상, 장소는 본문 글쓰기에 필요한 도구가 모여 있는 글쓰기 도구 모음이다.

❻ 태그(#)를 작성하는 곳으로 최대 10개까지 가능하다.

❼ 포스팅의 전체 글꼴 선택과 본문 정렬 그리고 맞춤법검사를 할 수 있다. 미리 전체 글꼴과 정렬을 해두고 작성하면 편리하다. 발행하기 전에 맞춤법 검사는 필수사항이다.

❽ 마지막으로 임시저장이나 발행을 하는 곳이다.

스마트에디터3.0의 주요사항을 설명하였다. 앞에 주요기능의 설명 순서대로 포스팅을 작성하면 좀 더 빠르고 정확하게 작성할 수 있다.

그러면 각 기능을 좀 더 구체적으로 알아보도록 하자.

3) 미리보기

미리보기의 기능은 모바일(mobile)과 태블릿(tablet) 그리고 PC에서 작성한 포스팅의 미리보기 화면을 제공하고 있다. 필자가 추천하는 방법은 작성 후 미리보기로 재수정을 하기보다는 목적에 맞는 디바이스를 정해서 미리보기를 한 후 포스팅 작성을 하는 것이 좋다.

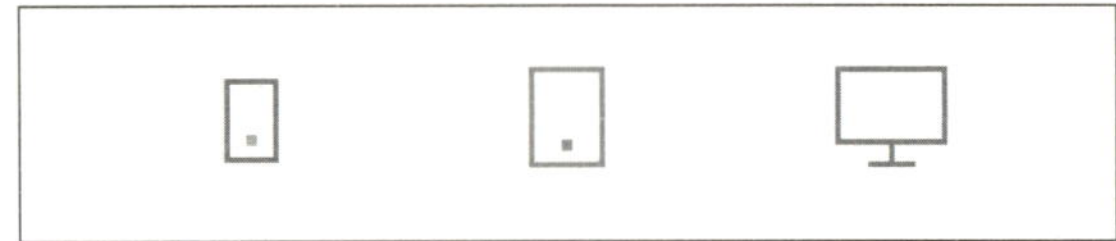

▲ 네이버 블로그 – 기본은 PC버전으로 작성된다. 필자는 가운데 태블릿 버전으로 포스팅하기를 권한다.

왼쪽에 있는 아이콘이 모바일 최적화로, 미리보기를 화면 좌우의 크기가 축소되어 휴대폰에서 보는듯한 느낌으로 작성할 수 있다. 작성하는 글을 모바일 최적화로 하고 싶을 때 선택하면 좋다.

가운데 있는 아이콘이 태블릿의 미리보기이다. 또는 해상도가 낮은 PC나 모니터에서도 적합하게 보인다. 필자가 추천하는 미리보기는 바로 태블릿으로 작성해 둔 글을 모바일에만 최적화하기도, 그렇다고 PC에 최적화하기도 어려움이 많을 때 태블릿으로 미리보기를 설정하고 모바일과 PC를 고려해 작성한다.

우측이 PC용이다. PC의 경우는 선택하지 않아도 기본값으로 선택되어 있다.

4) 제목

블로그 포스팅에서 가장 중요한 곳인데, 제목이 블로그의 전체 키워드를 결정하기 때문이다. 제목을 작성하지 않으면 제목이 오늘 날짜로 자동등록 된다. 아무리 좋은 본문 내용이라도 주제 글, 즉 키워드가 없으면 검색되지 않는다.

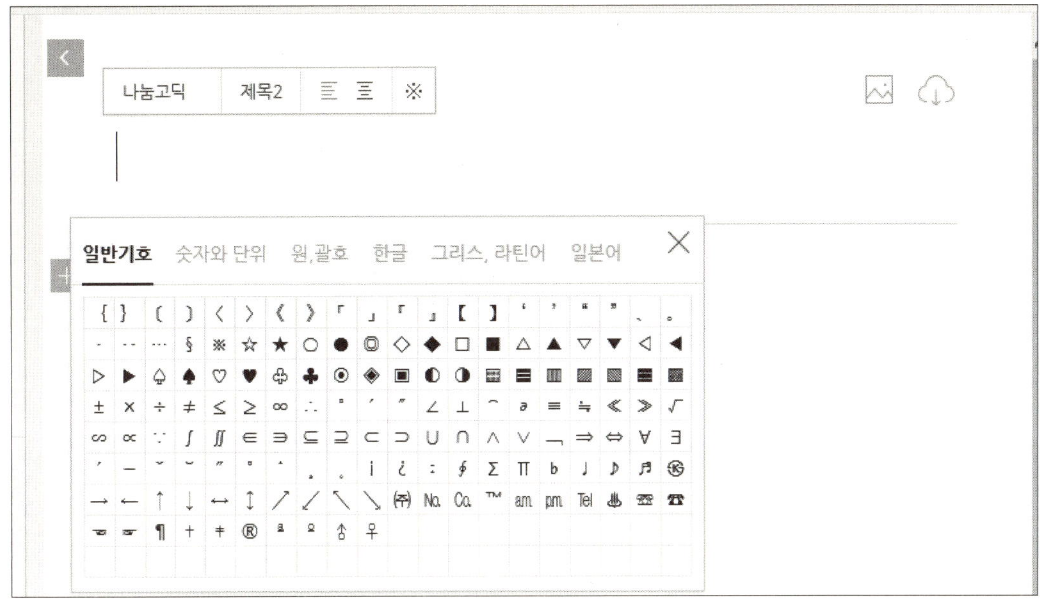

▲ 네이버 블로그 – 제목을 작성하는 곳이다. 다양한 기호를 등록할 수 있다.

제목을 클릭하면 글씨체와 크기 그리고 정렬 방법 등을 선택할 수 있다. 그리고 다양한 기호문자를 제공하는데, 키워드 기준으로 본다면 기호는 도움이 되지 않는다. 잡지의 글처럼 예쁘게 제목을 만들고 싶다면 배경 이미지를 넣으면 된다. 배경 이미지는 우측의 아이콘을 이용하여 삽입하면 되고, 삽입된 이미지는 이미지 편집기를 이용해 수정할 수 있다. 배경 이미지로 PC에 있는 이미지를 등록할 때 왼쪽에 있는 그림 아이콘을 클릭하며, 준비된 이미지가 있다면 바로 사용할 수 있다.

두 번째로 우측상단 오른쪽에 있는 클라우드(구름모양) 아이콘을 클릭하면, 네이버 클라우드, 페이스북, 콜라, 인스타그램에 있는 이미지를 불러올 수 있다. 페이스북과 인스타그램은 최초 한 번은 연동해야 한다.

▲ 네이버 블로그 – 클라우드(구름모양) 아이콘을 클릭한 화면

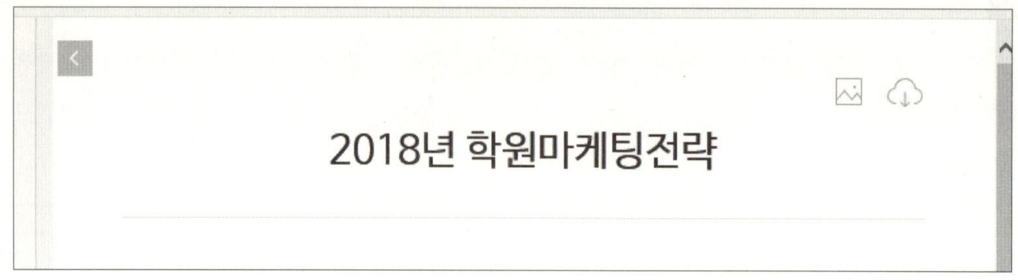

▲ 네이버 블로그 – 제목에 배경 이미지를 넣지 않았을 경우

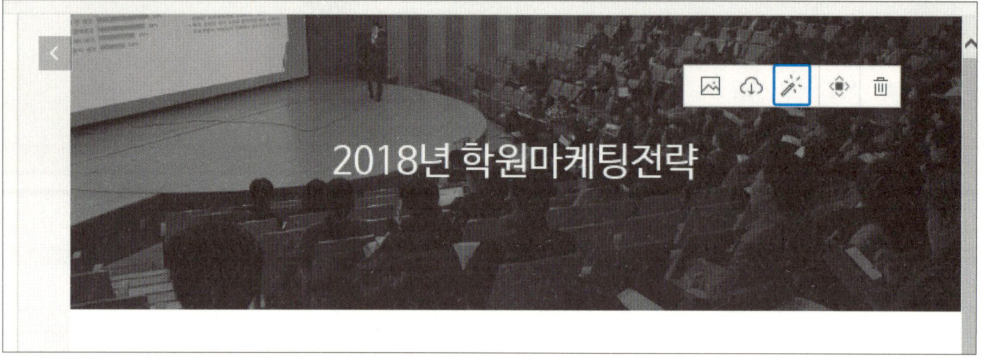

▲ 네이버 블로그 – 제목에 배경 이미지를 넣었을 경우

● 편집기 사용

배경 이미지는 편집기 사용으로 이미지 편집을 할 수 있다.

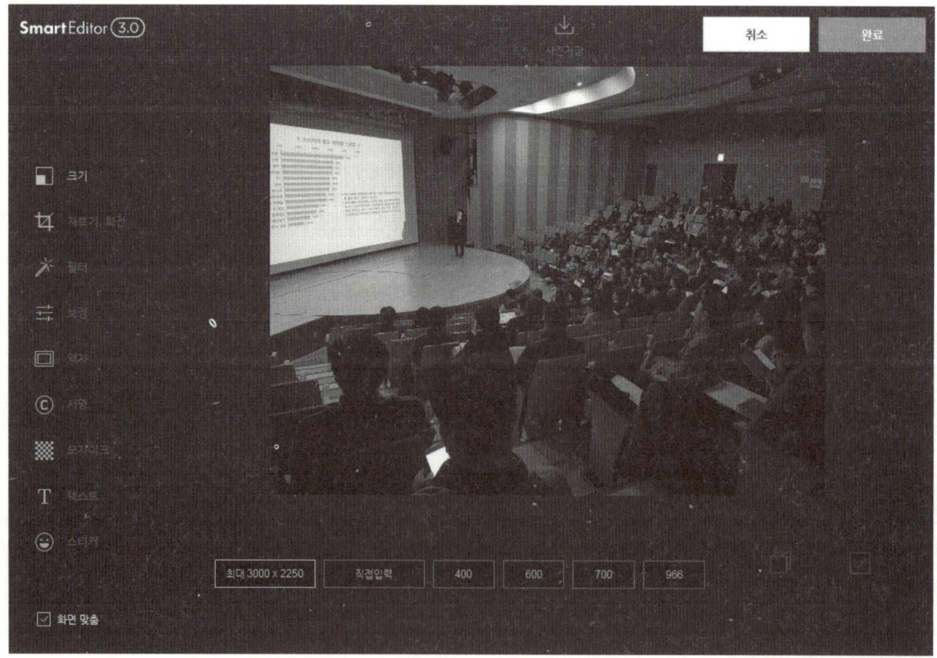

▲ 네이버 블로그 – 편집기 사용방법

이미지 편집기는 크기, 필터, 액자, 모자이크, 스티커 등 다양한 편집기능을 제공하고 있으며, 제목뿐만 아니라 본문에서도 같이 적용된다. 목적에 맞는 효과적인 이미지로 만들 수 있다.

- 마케팅

  - 제목을 먼저 작성하고 본문을 작성한다.

  - 제목은 2줄 이상 너무 길지 않도록 한다.

  - 제목은 3개 이상의 키워드가 등록되지 않도록 한다.

  - 등록된 키워드는 2번 이상 반복하지 않는다.

  - 제목에 제시된 글을 기본으로 본문 글을 작성한다.

5) 글쓰기 도구

◀ 네이버 블로그 – 다양한 글쓰기 도구이다.

❶ 텍스트

텍스트는 글쓰기 도구이다.

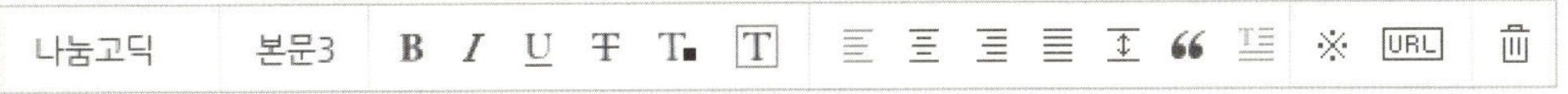

▲ 네이버 블로그 – 본문 글쓰기 도구 메뉴이다.

본문을 클릭하면 자동으로 글쓰기 도구 메뉴 창이 열린다. 글씨체와 글씨 크기 그리고 옵션을 지정할 수 있고, 정렬과 글씨의 다양한 효과도 가능하다. URL기능을 사용하면 글씨에 링크도 넣을 수 있다(외부 링크 가능). 스마트에디터3.0에 모두 적용되는 기능 중 하나는 작성한 글을 마우스 드래그로 원하는 위치로 변경할 수 있으며, 너무 긴 글보다 문단형식의 짧은 글로 글 중간마다 적절한 사진이나 삽화, 스티커 등으로 꾸미면 좋다.

❷ 사진

사진 기능은 스마트에디터3.0으로 업그레이드된 후에도 지속적으로 개선되고 있다.

● 드래그&드롭(Drag & Drop)으로 사진을 첨부한다.

사진 아이콘을 클릭하여 내 PC에 있는 사진을 불러올 수도 있지만, 바탕화면에 있는 사진을 마우스로 드래그(drag)하여 본문에 바로 등록할 수 있다.

● 드래그&드롭으로 사진을 정렬한다.

한 줄에 총 3장의 사진을 등록할 수 있다. 용도에 따라 1장, 2장, 3장까지 여유롭게 배치할 수 있으며 사진의 순서, 위치 등도 드래그&드롭으로 쉽게 변경할 수 있다

● 포토에디터 사용

포토에디터는 본문에 등록된 사진을 클릭하여 왼쪽 상단 메뉴의 아이콘을 이용해서 사용할 수 있다. 사진을 좀 더 효과적으로 표현하고 모자이크나 텍스트 등을 삽입하여 사진을 활용하고자 할 경우에 좋다. 포토에디터가 없다면 포토샵(photoshop)과 같은 사진편집프로그램을 이용해야 하는데, 기술적인 부분도 필요하지만 많은 시간이 소요되는 것을 클릭 한 번으로 수정할 수 있다는 큰 장점이 있다. 편집한 이미지는 완료를 클릭하여 바로 등록이 가능하고, 사진저장 아이콘을 클릭하여 별도로 저장도 가능하다.

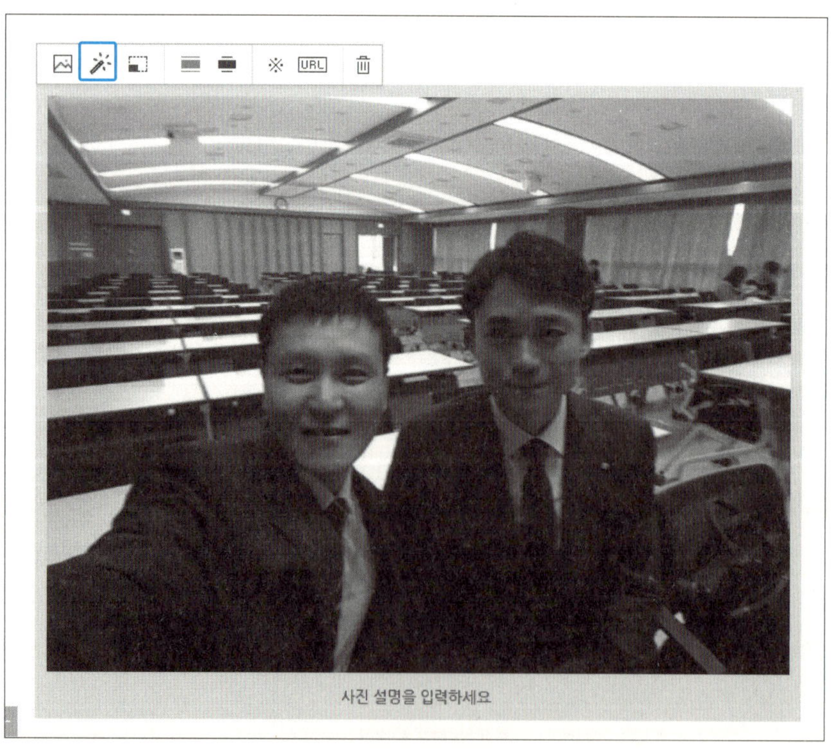

▲ 네이버 블로그 – 사진을 클릭하면 포토에디터 메뉴가 열린다.

❸ SNS사진

내 컴퓨터에 있는 사진 외에 네이버 클라우드(N드라이브)와 폴라에 있는 사진도 불러올 수 있고, 페이스북이나 인스타그램의 SNS에 있는 이미지도 가능하다.

▲ 네이버 블로그 – SNS사진을 불러 올 수 있다.

❹ 스티커

네이버 블로그는 다양한 스티커를 기본으로 제공하며, 마켓을 통해 스티커를 구매할 수도 있다. 키워드가 아니면 스티커로 감동을 전해 보는 것도 좋을 듯하다.

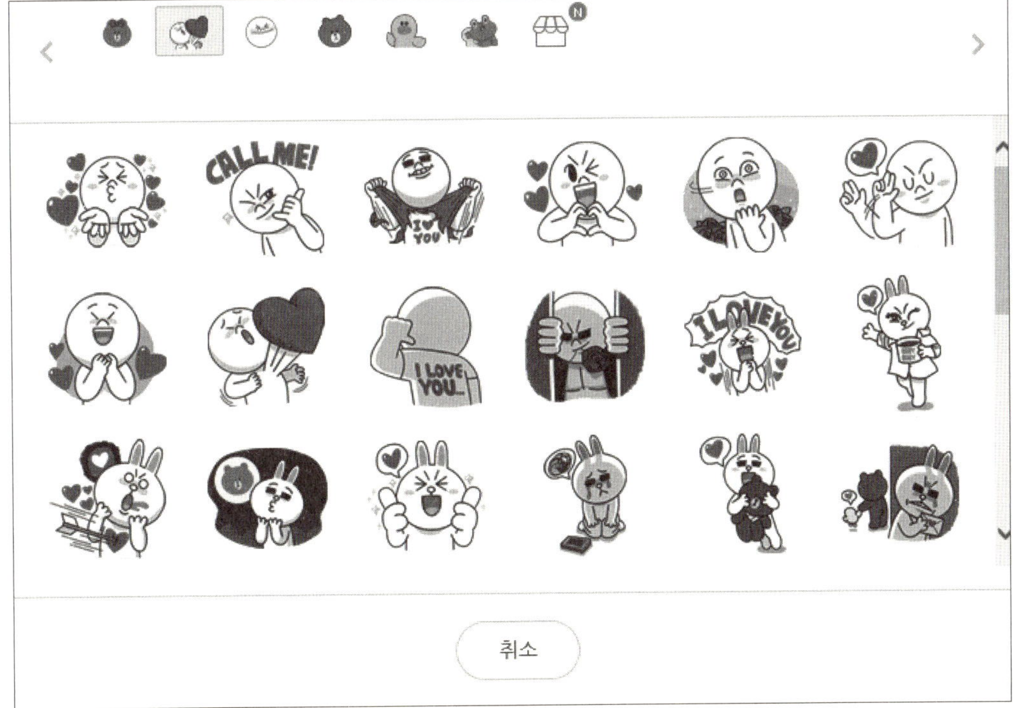

▲ 네이버 블로그 – 다양한 아이콘이 유료와 무료로 제공된다.

글쓰기는 가독성이 매우 중요하며, 블로그 글쓰기는 논문이 아니기 때문에 하루에도 수많은 글이 등록되고 관심을 가질 수 있도록 하는 방법은 구독자가 빠른 시간 안에 직감적으로 글의 내용에 관심을 가지도록 하는 것이다. 이러한 용도로 본다면 스티커는 매우 중요한 역할을 한다.

❺ 동영상

동영상은 이제 선택이 아니라 필수 글쓰기 도구이다. 앞으로 텍스트나 사진보다 동영상으로 검색을 하는 것이 더 많을 것이다.

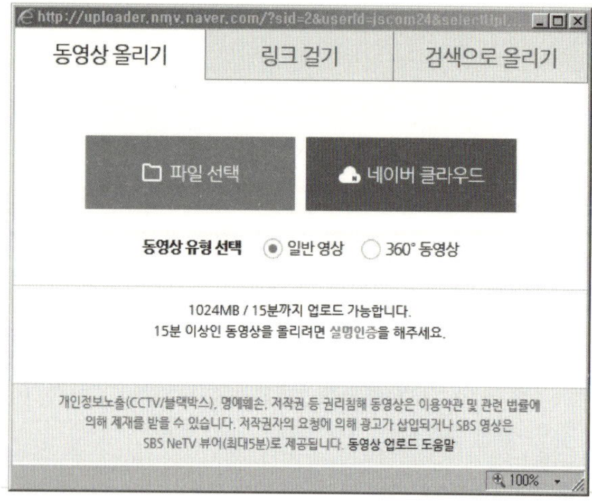

▲ 네이버 블로그 - 동영상을 올리는 화면이다.

동영상 올리기에는 3개의 메뉴가 있다. 첫 번째 '동영상 올리기'는 네이버 클라우드에서 올리는 방법이 있고, 그 외의 '링크 걸기', '검색으로 올리기' 등이 있다. '검색으로 올리기'는 네이버 TV 영상만 검색된다. 블로그 마케팅에서 동영상이 네이버 통합검색에서도 검색되려면 동영상 올리기를 이용해 올리는 것이 좋다. 참고로 유튜브의 영상을 올리려면 동영상링크로 올리면 된다.

동영상은 최대 1,024MB까지 가능하며, 15분까지 업로드가 가능하다. 15분 이상 등록은 '실명인증'을 해주어야 승인이 된다. 아이핀 혹은 휴대전화로 본인인증 방법을 선택하고 [인증 버튼]을 클릭하면 된다. 인증이 완료되면 4,096MB(4G)까지 가능하며, 업로드 영상도 60분(1시간)까지 가능하다. 지정된 용량을 초과하면 자동으로 등록된 시간으로 편집되어 등록된다.

특히 요즘은 동영상 저작권에 관한 분쟁이 많으므로 방송 영상이나 저작자의 저작권 침해가 우려되는 영상은 올리지 않는 것이 좋다. 직접 제작하지 않더라도 배포할 때 저작자의 허락을 받아야 한다는 것을 꼭 기억해야 한다(배경음악 포함).

동영상의 업로드 가능 파일은 다음과 같다.

AVI, WMV, MPG, MPEG, MOV, ASF, SKM, K3G, FLV, MP4, 3GP, WEBM 파일 형식을 지원한다.

❻ 장소

지도검색을 통해 네이버로 유입되는 경우가 많으며, 특별한 경우가 아니면 지도검색을 본문에 삽입
할 수 있도록 해야 한다.

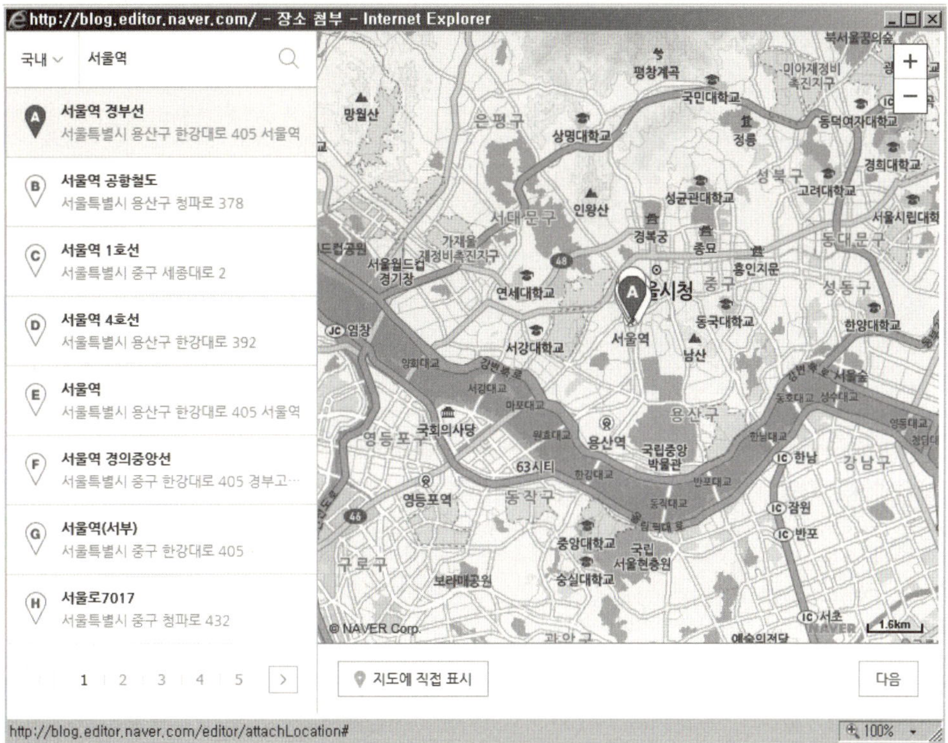

▲ 네이버 블로그 - 지도검색 화면

주소나 장소를 등록하고 지도를 선택한 후 [다음]을 클릭하면 이미지형이나 텍스트형으로 용도에 맞
게 선택할 수 있다. 필자는 이미지형을 추천하는데, 이미지형의 경우 구독자가 바로 지도를 클릭하
여 검색할 수 있기 때문이다.

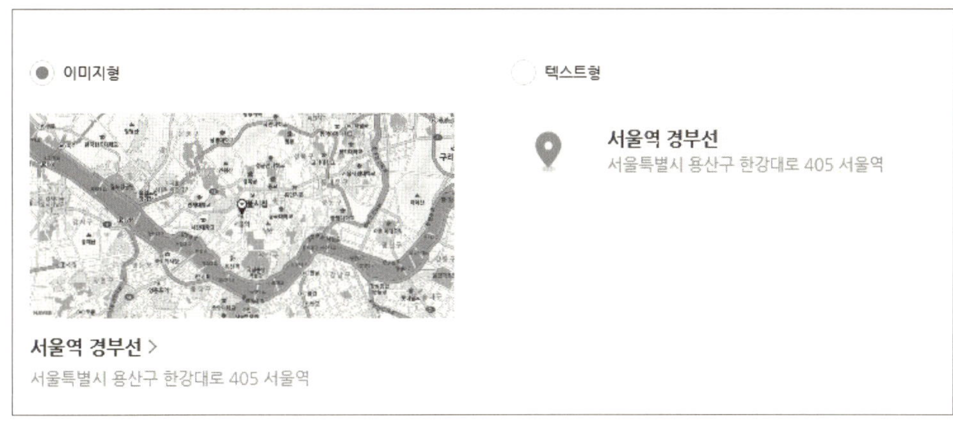

▲ 네이버 블로그 - 이미지형과 테스트형을 선택할 수 있다.

❼ 구분선

다양한 구분선을 제공한다. 문단의 가독성을 높이는 데 좋은 도구로 사용할 수 있다.

▲ 네이버 블로그 – 다양한 구분선이 생겼다.

❽ 인용구

인용구는 글을 강조하거나 구분선과 같이 글을 분류하는 목적으로도 좋은 도구이다. 인용구는 6가지를 제공하며, 본문 전체 글 내용과 맞춰 이용하면 된다. 너무 많은 구분선과 인용구는 오히려 가독성에 방해가 되므로 적절하게 사용하기를 권한다.

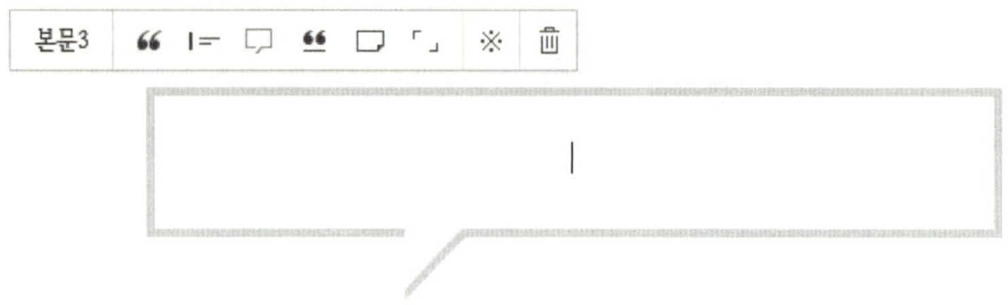

▲ 네이버 블로그 – 인용구를 활용하면 긴 글도 집중도를 높일 수 있다.

❾ 글감 검색

글감 검색은 책, 영화, 방송, 음악, 상품, 뉴스 등의 글감을 검색 키워드로 분류하여 본문에 삽입 가능하도록 한다. 저작권이 가능한 범위에서 등록되는 만큼 충분히 활용해도 좋을듯하다. 반면에, 본문의 글을 읽다가 구독자가 이탈할 수도 있으니 신중히 생각하고 사용하기를 권한다.

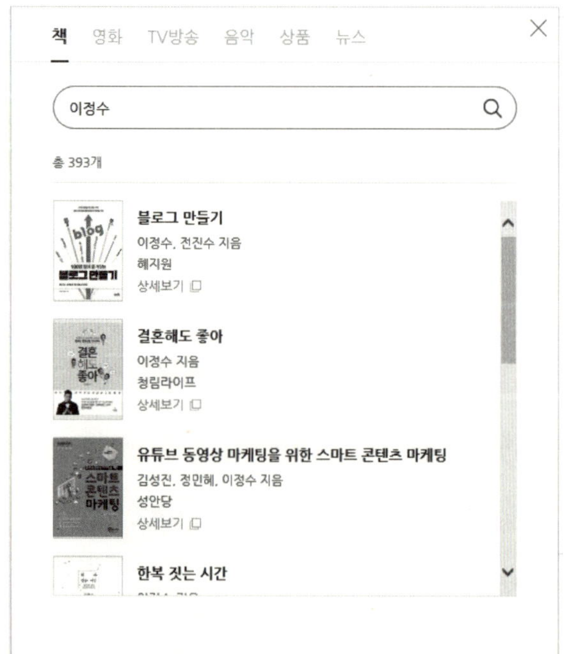

▶ 네이버 블로그 – 글감 검색에서 이정수로 책을 검색하니 출간된 책이 나열된다.

❿ 링크

링크는 자체 링크도 가능하고 글이나 사진이미지 등에 링크도 가능하다.

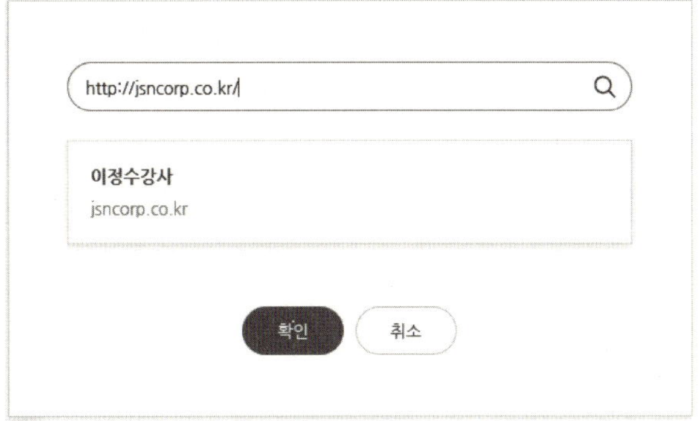

▲ 네이버 블로그 – 블로그의 링크 화면

⓫ 파일

외부 첨부파일을 등록할 수 있으며, 내 컴퓨터나 네이버
클라우드의 파일을 파일당 최대 10MB까지 첨부할 수
있다.

▶ 네이버 블로그 – 파일 등록은 내 컴
퓨터와 네이버 클라우드를 활용한다.

⓬ 일정

일정등록은 제목, 시간, 장소, 링크, 설명 등을 기재하여 등록하면 되며, 등록된 일정은 본문에 지도
검색과 함께 등록된다.

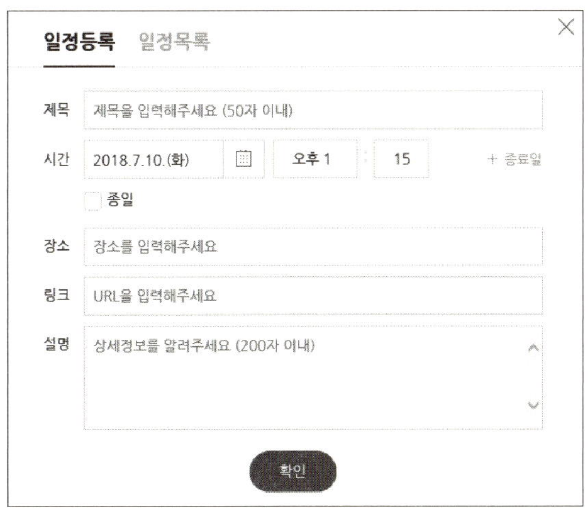

▲ 네이버 블로그 – 일정등록 화면

⑬ 소스코드

소스코드는 글 타이틀과 같은 느낌의 목차이다. 글씨 크기와 배경을 적절히 사용하면 전체 레이아 웃에 큰 도움이 된다.

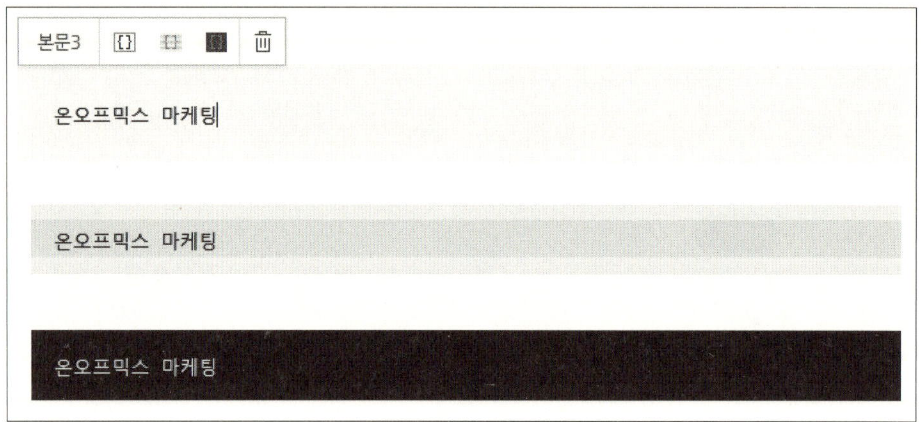

▲ 네이버 블로그 – 소스코드, 본문의 단락제목으로 사용하면 좋다.

⑭ 표

표 도구를 이용하여 문서에서 어렵게 만들었던 도표기능을 쉽게 만들 수 있게 되었다. 또한, 쉽게 디자인을 선택해서 멋진 표를 만들 수도 있다.

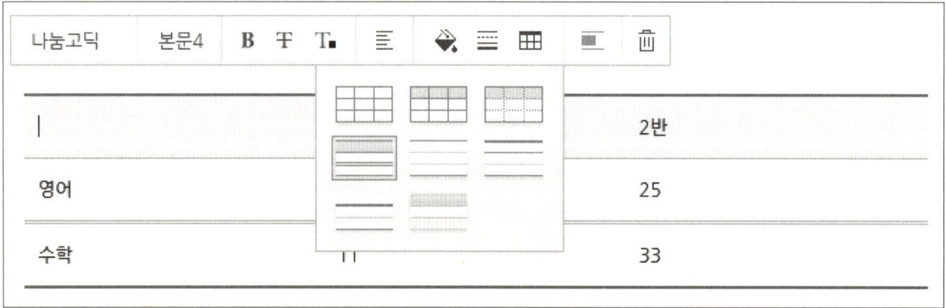

▲ 네이버 블로그 – 블로그의 새로운 도표기능

⑮ 사진 검색

저작권 때문에 공개이미지라도 사용을 못하는 경우가 종종 있다. 블로그의 사진 검색 이미지는 저 작권 걱정 없는 CC0 사진들을 검색해준다. 이미지 제공은 Unsplash, Pixabay에서 제공하며, 필 요한 사진을 검색하고 끌어서 본문에 추가하면 된다.

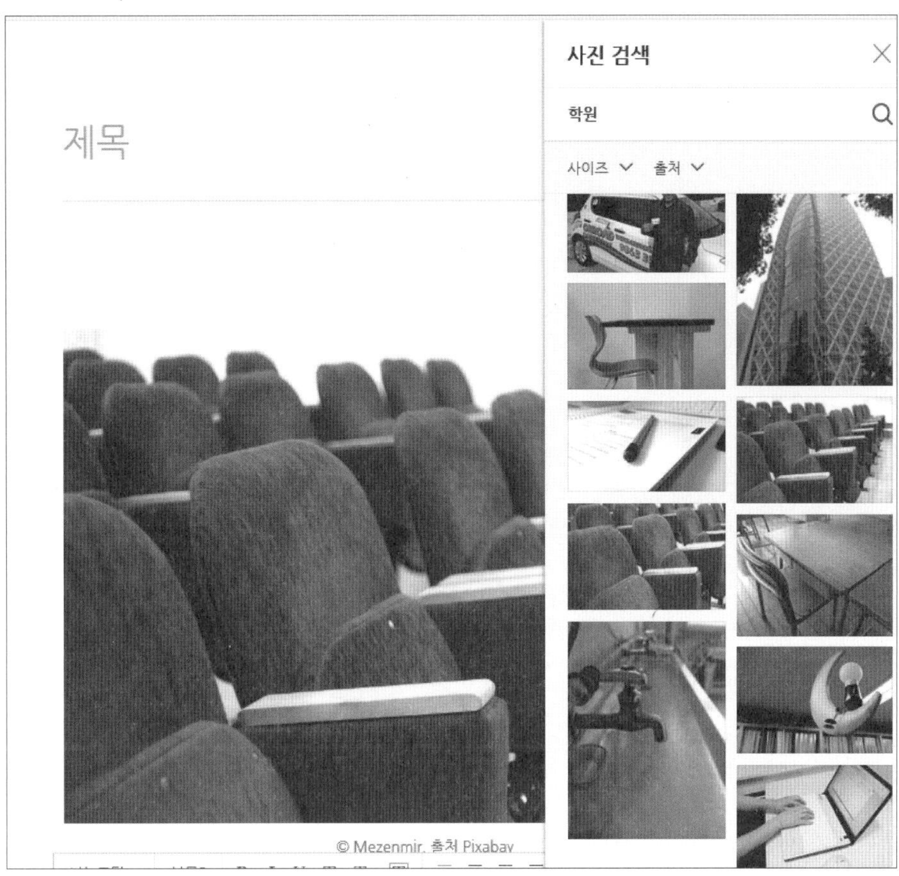

▲ 네이버 블로그 – 무료이미지 검색 후 적용된 화면

사진 검색을 클릭하면 우측에 사진 검색 메뉴가 나오고, 검색어를 등록하면 관련 키워드의 사진이 나온다. 사진을 마우스로 드래그 해서 본문으로 가져오면 자동으로 출처가 등록되고 저작권도 신경 쓰지 않아도 된다.

지금까지 본문의 글쓰기 도구를 공부하였다. 글쓰기 도구는 앞으로도 새로운 기능이 계속 나올 것으로 기대하며, 글쓰기 도구를 최대한 활용해서 멋진 포스팅을 기대한다.

6) 태그

아래 부분 태그를 클릭하여 작성하면 된다. 태그는 포스팅당 최대 10개까지 가능하다.

7) 전체 글꼴 선택, 맞춤법 검사

포스팅 전체의 글꼴과 정렬을 하는 곳으로 필자는 일단 제목과 본문을 작성하고 저장 전에 글꼴과 가운데 정렬을 한다. 맞춤법 검사는 발행 전에 꼭 해야 하는 필수 도구이며, 맞춤법 검사 후 꼭 다시 한 번 전체 글을 확인하고 문맥이나 단어에 문제가 없는지 확인해야 한다.

▲ 네이버 블로그 – 전체 글꼴과 맞춤법 검사를 선택하는 화면

8) 저장 및 발행

이제 글 작성을 마무리하고 발행을 하는 단계이다. 먼저 발행을 클릭하면 새 창으로 다양한 메뉴가 나온다.

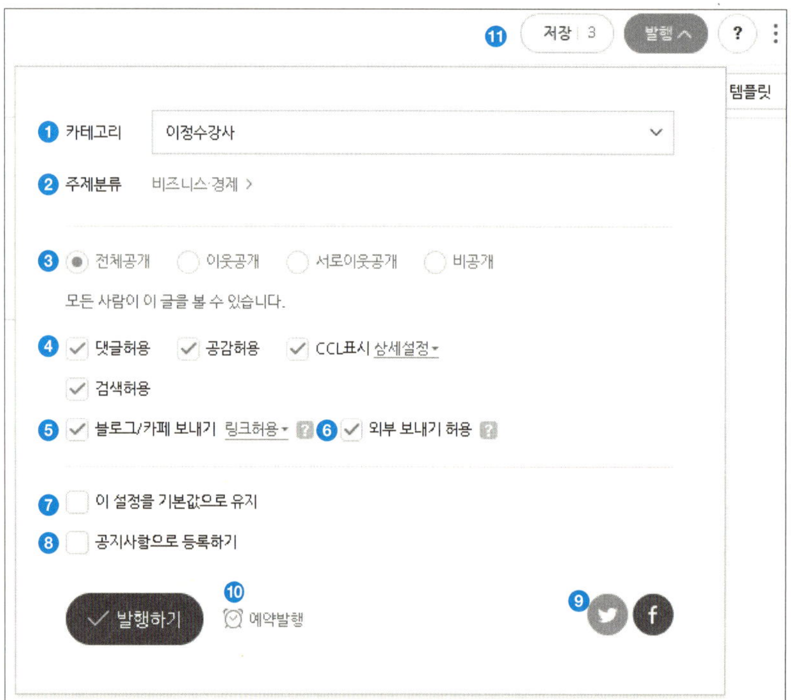

▲ 네이버 블로그 – 마지막으로 최종 발행하는 화면

❶ 카테고리 : 지금 작성하는 글의 카테고리를 선택하면 된다.

❷ 주제 분류 : 주제를 분류하면 내 블로그와 블로그 홈에서 주제별로 글을 볼 수 있으며, 글 포스팅 내용에 적합한 주제를 등록한다. 자주 사용하는 주제는 '이 카테고리의 글은 항상 이 주제로 분류'를 체크하면 된다.

표 내용:

엔터테인먼트·예술	생활·노하우·쇼핑	취미·여가·여행	지식·동향
문학·책	일상·생각	게임	IT·컴퓨터
영화	육아·결혼	스포츠	사회·정치
미술·디자인	애완·반려동물	사진	건강·의학
공연·전시	좋은글·이미지	자동차	● 비즈니스·경제
음악	패션·미용	취미	어학·외국어
드라마	인테리어·DIY	국내여행	교육·학문
스타·연예인	요리·레시피	세계여행	
만화·애니	상품리뷰	맛집	
방송	원예·재배		

주제선택안함   □ 이 카테고리의 글은 항상 이 주제로 분류

주제를 선택하면, 내블로그와 블로그 홈에서 주제별로 글을 볼 수 있습니다.
전체공개, 검색허용 글은 주제를 선택하지 않아도 블로그 홈 > 주제별 글보기 > 전체에서 볼 수 있습니다.

확인   취소

▲ 네이버 블로그 – 주제 분류 화면

❸ 공개여부

전체공개, 이웃공개, 서로 이웃공개, 비공개를 선택할 수 있으며, 특별한 경우가 아니면 전체공개를 한다.

❹ 허용범위를 설정한다.

허용범위는 댓글허용, 공감허용, 검색허용 등이 있으며, 네이버 검색 노출이 목적이라면 당연히 모두 허용 체크를 해야 한다.

❺ 블로그/카페 보내기

'링크허용'과 '본문허용'이 있다. '링크허용'인 경우는 제목에 링크가 걸린 형태로 클릭해야만 볼 수 있고, '본문허용'인 경우는 포스팅한 본문의 내용이 보이도록 허용하는 것이다. 홍보가 목적이라면 '본문허용'을 해야 한다.

❻ 외부 보내기 허용

외부 보내기는 본문의 글이 페이스북이나 트위터, 그리고 메일 등을 외부로 보내는 기능이다. 외부 보내기 허용을 하면 링크형태로 발송된다.

❼ 이 설정을 기본값으로 유지

'이 설정을 기본값으로 유지'를 설정하면 설정해둔 값이 다음 발행을 클릭할 때 기본값으로 유지된다.

❽ 공지사항으로 등록

포스팅의 내용을 공지사항으로 등록할 경우 사용한다.

❾ 트위터, 페이스북

트위터와 페이스북을 최초 한 번 로그인을 해두면 회색 아이콘이 칼라로 변경되고, 변경된 경우에 포스팅을 발행하면 자동으로 페이스북과 트위터에 링크형태로 자동 발송된다. 블로그에 글을 작성하고 SNS와 자동연동이 된다는 것은 마케팅 입장에서는 아주 효과적인 방법이다.

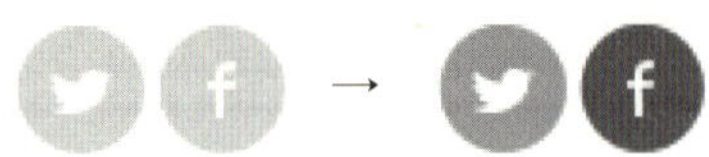

▲ 네이버 블로그 – 페이스북의 로그인 화면

❿ 예약하기

예약하기를 클릭하면 예약시간을 설정할 수 있다. 날짜와 시간을 설정하고 발행하기를 하면 예약된 시간에 자동으로 발행된다. 예약기능을 충분히 이용하면 정확한 고객목적에 맞게 발행할 수 있다.

▲ 네이버 블로그 – 시간을 정해 예약발행을 할 수 있다.

⓫ 저장

저장을 클릭하면 임시저장이 된다. 포스팅하면서 임시저장 기능을 자주 클릭하면 예기치 않은 사고를 예방할 수 있다.

▲ 네이버 블로그 – 임시로 저장할 경우나 저장된 이미지를 수정할 때 사용한다.

저장 옆의 숫자를 클릭하면 임시 저장된 글과 예약 발행글을 볼 수 있다. 임시 저장된 글과 예약 발행글은 발행되기 전 언제든지 수정과 삭제, 변경이 가능하다.

▲ 네이버 블로그 – 저장의 숫자를 클릭하면 임시 저장글과 예약 발행글이 나온다.

4 블로그 마케팅 핵심전략 6

1) 요령은 없다. 정석으로 하자(There is no point. Let's be a quest.).

인터넷을 검색하면 다양한 방법의 블로그 마케팅 전략들이 소개되어 있다. 필자 역시 경험을 토대로 다양한 방법들을 공유하고 있지만, 몇 개 키워드의 전략적 방법이 네이버검색에 적용된다고 모든 업종의 모든 키워드가 적용된다는 보장이 없다. 네이버의 검색엔진 기술이 다양한 알고리즘으로 발전하고 개발되고 있고, 이러한 알고리즘은 사용자의 검색 의도에 맞도록 검색결과가 노출되고 있다. 즉, 정해진 규칙에 똑같은 검색결과를 출력하지는 않는다.

참고로 100만 명이 즐겨찾는 블로그만들기를 보면 다양한 네이버 알고리즘을 소개하고 있는데, 이 중에서 딥러닝(deep learning) 알고리즘을 소개하자면 컴퓨터가 인공지능을 가지고 학습 하는 방법의 하나이다. 즉, 인공신경망에 가까운 음성 인식과 이미지(사진) 등의 사물이나 데이터를 군집화하고 분류하는데 사용되는 알고리즘이다. 딥러닝(deep learning) 알고리즘은 풍부한 빅데이터로 정확한 질문의 이해와 답변을 위해 사용한다고 한다. 즉. 똑같은 검색어라도 사용자의 다양한 환경에 따라 사용자의 검색 의도에 맞는 검색결과를 딥러닝(deep learning)의 기술로 제시된다. 딥러닝의 인공지능기술은 사람을 보다 편리하고, 외롭지 않게 할 것으로 기대한다.

똑똑한 포스팅보다는 현명한 포스팅을 하자.

2) 키워드를 분석하자(Let's analyze keywords).

네이버 통합검색의 컬렉션 랭킹에서 블로그 부분이 초기 검색화면에서 노출이 되지 않는 키워드인지 모르고 블로그 포스팅을 하는 사용자를 볼 수 있다. 그래서 블로그 포스팅을 하기 전에 키워드 분석과 노출 여부를 먼저 확인해야 한다.

노출될만한 키워드로 포스팅하자.

3) 같은 장소와 같은 PC가 좋다.

블로그 마케팅은 SNS와 같이 이동하며 작성하는 채널이 아니다. 즉, 정해진 장소에서 정해진 PC로 꾸준히 포스팅하는 것이 중요하다. 물론 가끔은 커피숍에서 노트북으로 작성할 때도 있지만, 매일 매번 지역과 장소 그리고 PC가 바뀐다면 노출에 문제가 있을 때도 있다. 불법으로 포스팅하거나 포스팅을 의뢰하여 작성하는 경우는 좋지 않다.

오해 받을 포스팅은 하지 말자.

4) 하루 한 번 꾸준히

하루에 한 번 꾸준히 포스팅하자. 특히 블로그를 처음 하시는 분은 100일 정도 꾸준히 포스팅을 해주는 것이 좋다.

- 하루 3번 이하 포스팅이 좋다.

- 사용한 이미지는 재사용하지 말자.

- '좋아요'를 넘어 '퍼가기' 할 수 있는 포스팅을 하자.

- 1탄, 2탄 시리즈 포스팅을 기획하자.

- 정확한 주제를 정하고 주제에 맞는 글로만 작성하자.

5) 동영상이 대세다(The video is in full swing).

앞으로 모든 검색은 동영상을 통해 소통된다. 포스팅의 주제를 동영상을 기준으로 포스팅하고 홍보를 한다고 생각하면 된다. 스마트폰의 간단한 동영상을 촬영해 올리는 것만으로도 큰 역할을 한다. 복잡한 편집 프로그램보다 간단한 어플이 지금은 더 효과적일 수 있으며, 잘 만든 하나의 동영상보다 최신 정보의 동영상 한편이 좋다. 모든 콘텐츠를 동영상으로 집중해야 한다.

- 동영상은 60초 이내! 간단하게 올리자. 3분 이상을 넘기지 말자.

- 동영상의 섬네일은 통일감 있게 만들자(동영상보다 더 중요할 수도 있다).

- 음원, 사진은 저작권이 있는 것은 생각도 하지 말자.

- 블로그에 올린 동영상은 유튜브에도 꼭 올리자.

6) 블로그를 활용한 SNS 연동

지금까지 블로그의 기본적인 핵심전략을 배웠다. 하지만, 다양한 SNS의 광고 전략을 무시할 수는 없다. 블로그를 활용한 SNS 콜라보레이션 전략을 간략하게 소개한다.

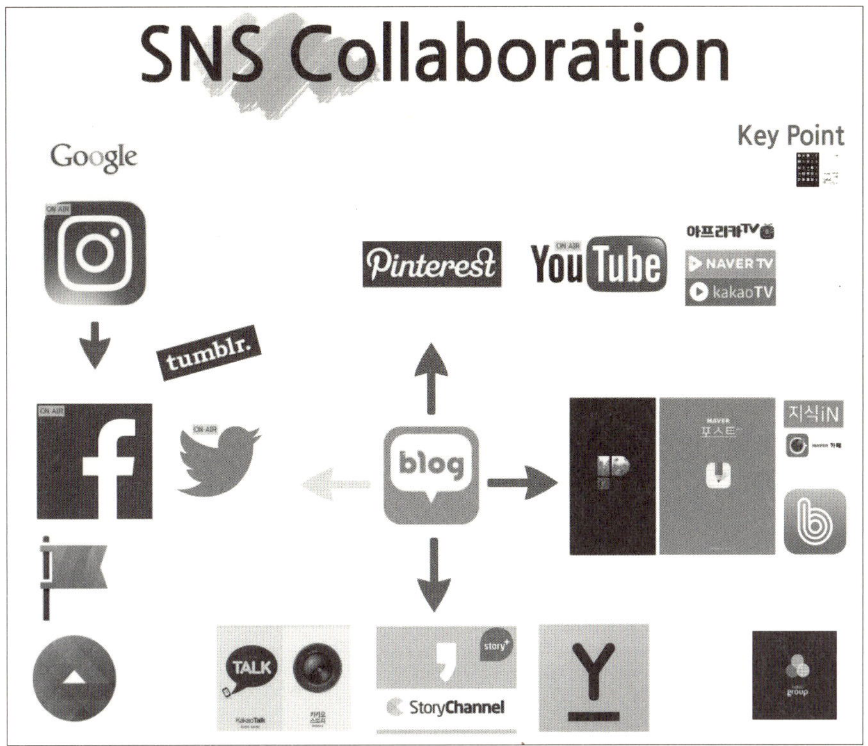

▲ 이정수강사의 SNS 콜라보레이션 구조도

블로그에 포스팅하면 발행단계에서 페이스북과 트위터에 자동으로 연동된다는 것은 앞에서 배웠다. 블로그에 포스팅 내용을 폴라나 포스트, 그리고 카페 등에는 퍼가기를 한다. 마지막으로 인스타그램의 글을 작성하면 페이스북과 트위터, 그리고 텀블러에 글이 등록된다. 즉, PC에서는 블로그를 기준으로 포스팅하고, 모바일에서는 인스타그램을 기준으로 활동하면 된다.

앞으로는 동영상뿐만 아니라 실시간 방송(Live Broadcasting)이 광고 콘텐츠의 대부분을 차기하게 된다. 학원의 소식이나 수업과정과 내용을 방송을 통해 소비자와 소통할 수 있는 마케팅이 전략적으로 필요하다. 또한 실시간 방송을 통해 언제, 어디에서든 유명 강사와 만날 수 있는 서비스를 준비하는 것이 좋다는 것이 필자의 의견이다. SNS 콜라보레이션은 이젠 선택이 아니라 필수이다. 한 채널뿐만 아니라 다양한 채널의 서비스를 목적과 대상에 맞도록 적절하게 사용할 수 있는 마케팅 전략이 필요하다.

Tip

- PC : 블로그마케팅
- 모바일 : 인스타그램

Chapter 05

카페24로 학원쇼핑몰을 만들자.

필자는 전자상거래수출마스터 1,2급의 저자 및 출제위원으로 앞으로 교육시스템에 전자상거래가 큰 역할을 할 것으로 기대하고 있다.

• 학원에서 쇼핑몰을 만든다?

생각의 전환이 필요한데 무형상품이든 유형상품이든 앞으로 모든 거래는 전자상거래를 통해 형성된다. 필자의 교육 신청이나 컨설팅 신청도 쇼핑몰을 통해 주문하고, 주문된 내용을 보고 상담일정을 계획한다. 물론 강의 모집도 쇼핑몰로 진행한다.

• 외상이 없다.

무엇보다 좋은 것은 전자상거래는 바로 결제에 관한 문제를 해결한다는 것이다. 쇼핑몰의 특성상 결제를 해야 주문을 할 수 있기 때문에 결제를 받지 못하는 미수 문제가 발생하지 않는다. 앞으로 학원에서의 유료 및 무료특강, 교육원 유료 및 무료컨설팅 등 다양한 조건에서 전자상거래는 활용될 것으로 보인다. 전자상거래에서는 상품의 가격 제한이 없으며, 사업자등록증의 종목에 '전자상거래업'만 추가하면 된다.

• 쇼핑몰을 개설하는 데 돈이 많이 든다?

쇼핑몰은 네이버의 블로그처럼 개설과 유지비용이 전혀 들지 않는다. 블로그에 네이버가 있다면 전자상거래에는 카페24라는 업체가 있다. 카페24를 활용해 무료로 쇼핑몰을 만들고 실제로 운영하는 방법을 배워보자.

• 교육상품을 쇼핑몰로 만들기 어렵다?

무형상품인 교육상품도 쇼핑몰로 거래할 수 있다. 실제로 필자도 쇼핑몰을 통해 수강생을 모집하고 바로 결제까지 받고 있다. 교육상품도 쇼핑몰로 가능하다.

1) 카페24 쇼핑몰센터 방문하기

① 네이버검색에서 '카페24 쇼핑몰센터'를 검색하면 첫 페이지에 나오는 사이트를 클릭한다.

▲ 쇼핑몰을 개설하기 위해 카페24로 방문하는 화면

② 카페24 쇼핑몰센터 홈페이지를 방문하면 우측상단 '로그인'에서 회원가입을 한다.

▲ 카페24 쇼핑몰센터에서 회원가입을 하기위한 화면

2) 회원가입하기

① 로그인을 클릭하면 로그인 화면과 회원가입 아이콘이 나온다. '회원가입'을 클릭하여 카페24 회원에 가입한다. 회원에 가입해야만 쇼핑몰을 개설할 수 있다.

▲ 카페24 쇼핑몰센터 회원가입 화면

② 회원가입을 클릭하면 회원가입 화면이 나오고 회원 유형에 맞게 선택하면 된다. 보통 일반회원으로 가입 후 개인사업자 회원으로 변경해도 된다.

▲ 카페24 쇼핑몰센터 회원가입 화면, 일반회원으로 가입하면 된다.

③ 일반회원을 클릭하면 약관 동의가 나오고 필수약관을 모두 동의한 후 휴대폰 인증이나 아이핀 인증으로 본인인증을 하면 된다. 본인인증을 마치고 회원정보를 입력하면 가입이 완료된다.

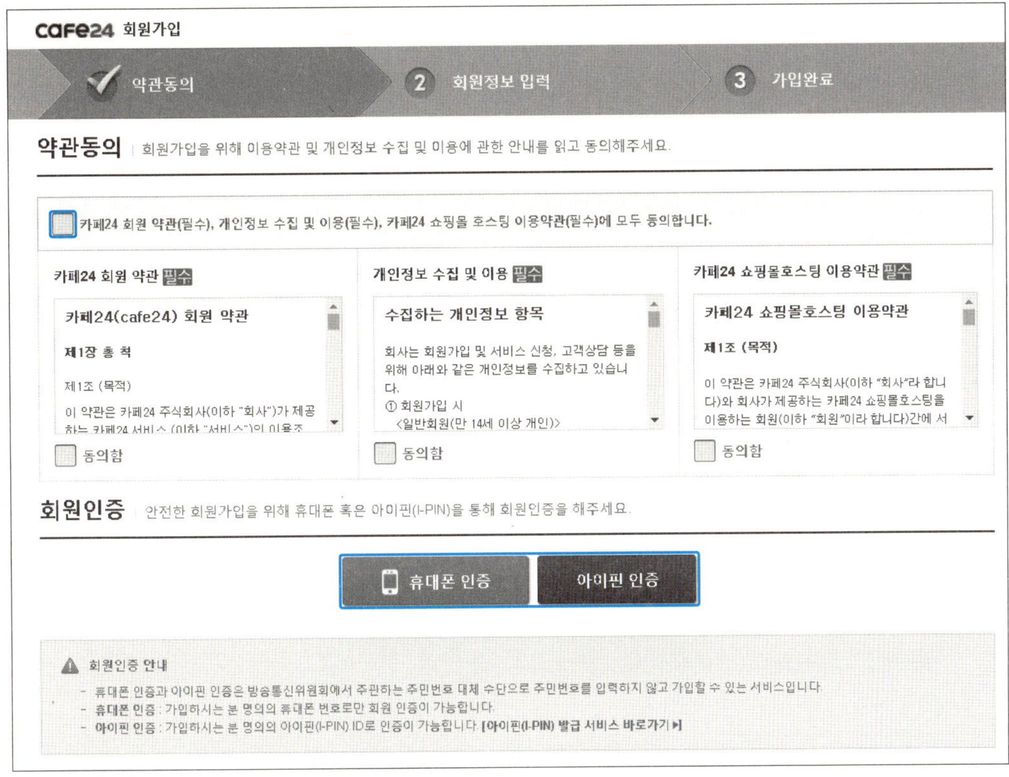

▲ 카페24 쇼핑몰센터 회원가입 약관동의 화면

3) 무료 쇼핑몰 만들기

카페24에 회원가입을 마치고 이제 무료 쇼핑몰을 만들어 보도록 하자. 쇼핑몰 개설은 앞의 순서대로 로그인하여 카페24에 가입 후 가능하다.

① 우측 상단에 방금 가입한 아이디로 로그인한다. 로그인 후 왼쪽 아래의 '무료 쇼핑몰 만들기'를 클릭한다. 여기서 잠깐, 최초 가입한 아이디를 기준으로 무료 쇼핑몰을 여러 개 만들 수가 있다. 즉, 카페24에 최초 가입한 대표 아이디(모아이디) 기준으로 무료 쇼핑몰 아이디(자아이디)가 하나씩 추가된다고 생각하면 된다.

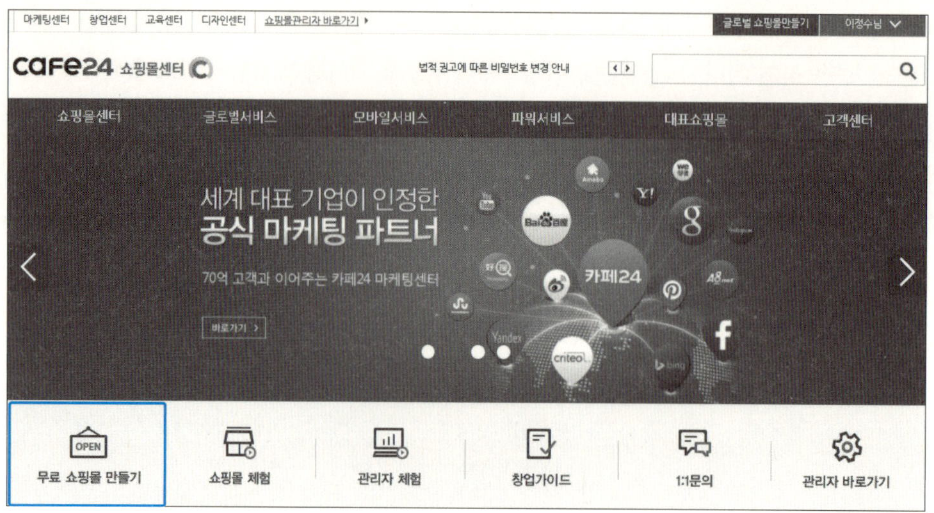

▲ 카페24 쇼핑몰센터에 회원가입 완료 후 쇼핑몰 개설을 위해 로그인 하고 다시 무료 쇼핑몰만들기를 한다.

② '무료 쇼핑몰 만들기'를 클릭하면 다음과 같이 다시 아이디와 비밀번호를 등록하고 약관 동의를 해야 한다. 이번에 만들어지는 아이디와 비밀번호가 쇼핑몰의 아이디와 비밀번호가 된다.

▲ 카페24 쇼핑몰 개설을 위한 무료 쇼핑몰 개설 기본정보 입력화면

③ 아이디와 비밀번호를 등록하고 약관 동의를 하고 '다음 단계로'를 클릭하면 쇼핑몰 만들기가 완료
된다.

이제 내 쇼핑몰이 하나 생성되었다. 카페24의 쇼핑몰은 네이버 블로그와 달리 모든 재산적 권리가
가입한 가입자에게 있다. 임대몰이지만 법적으로 내 쇼핑몰이 되는 것이다.

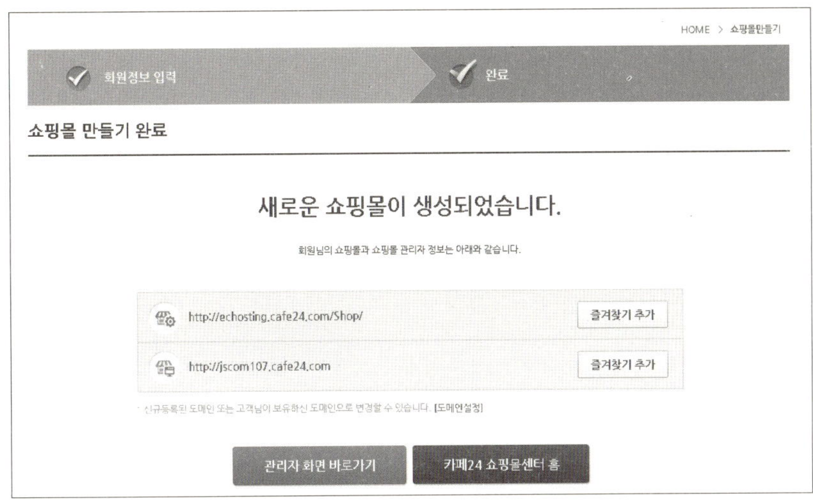

▲ 카페24 쇼핑몰의 개설 후 완료된 화면

4) 관리자모드 로그인하기

회원가입을 했으면 이제 관리자모드로 로그인 해보자. 관리자모드 로그인은 쇼핑몰 생성 후 '관리자 화
면 바로가기'를 클릭해서 들어갈 수 있다. (https://eclogin.cafe24.com/Shop/)

① 관리자 바로가기를 클릭하면 관리자 로그인화면으로 이동한다.

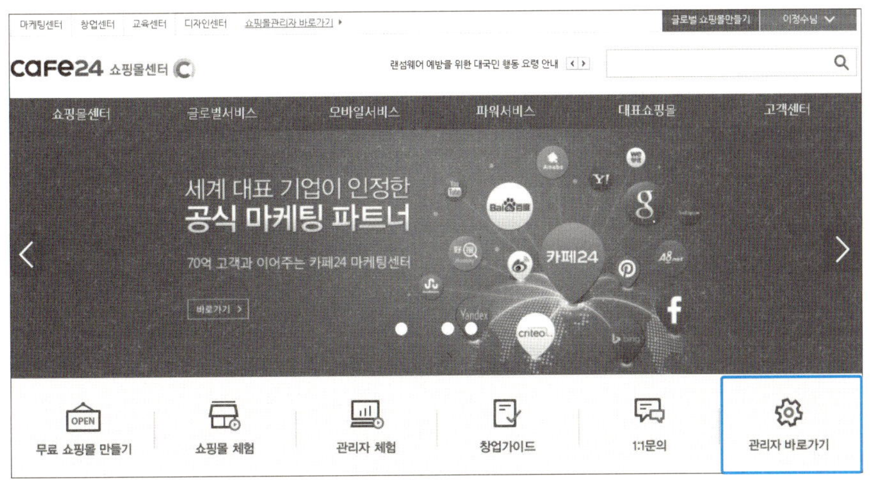

▲ 관리모드 로그인을 위해 카페24 쇼핑몰센터에서 '관리자 바로가기'를 클릭한다.

② '관리자 바로가기'를 클릭하면 쇼핑몰관리자 로그인 화면이 나온다. 로그인 화면은 대표운영자와 부운영자 그리고 공급사의 3개의 로그인 화면을 제공하며, 대표운영자가 부운영자와 공급사의 아이디와 비밀번호를 부여할 수 있다. 부운영자와 공급사는 대표 운영자의 관리자 메뉴 권한을 임의 설정할 수 있다. 예를 들어, 부운영자가 디자이너인 경우는 디자인 부분만 권한을 설정하면 된다. 공급사 계정의 경우는 택배번호를 등록하는 권한만 부여할 수도 있다. 이러한 모든 권한은 대표운영자가 로그인 후 각각 등록할 수 있다.

로그인 하단의 '관리자 바로가기 만들기'를 클릭하면 쇼핑몰관리자 로그인의 바로가기 아이콘이 바탕화면에 생성된다. 후에는 바로 아이콘을 클릭하여 쇼핑몰관리자 로그인을 하면 된다. 이제 다음 장에서 관리자모드의 필수 환경설정을 배워보도록 하자.

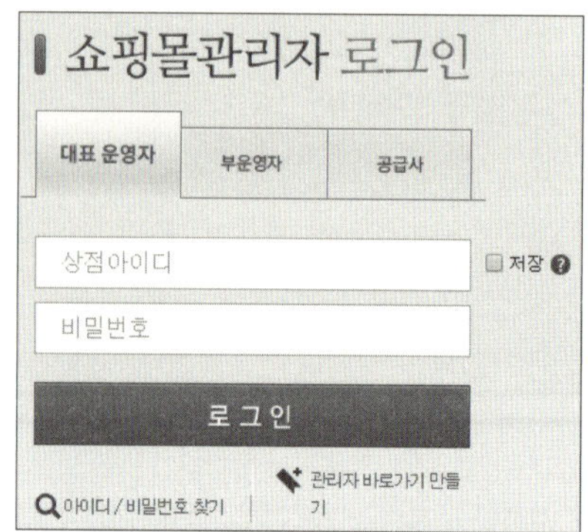

▶ 카페24 쇼핑몰관리자 로그인화면. 쇼핑몰 개설 시 입력한 아이디와 비밀번호를 등록하고 로그인을 하면 된다.

2 관리자모드 환경설정

관리자모드는 쇼핑몰의 모든 정보를 관리하는 화면이다. 쇼핑몰의 기본정보에서 상품등록, 배송, 고객 CS까지 관리자모드에서 진행된다. 쇼핑몰을 운영하기 위한 관리자모드는 생각보다 단순하며, 지금 당장 꼭 필요한 기본기능 설정만으로도 바로 쇼핑몰 운영이 가능하다. 관리자모드의 주요 화면을 먼저 소개한다.

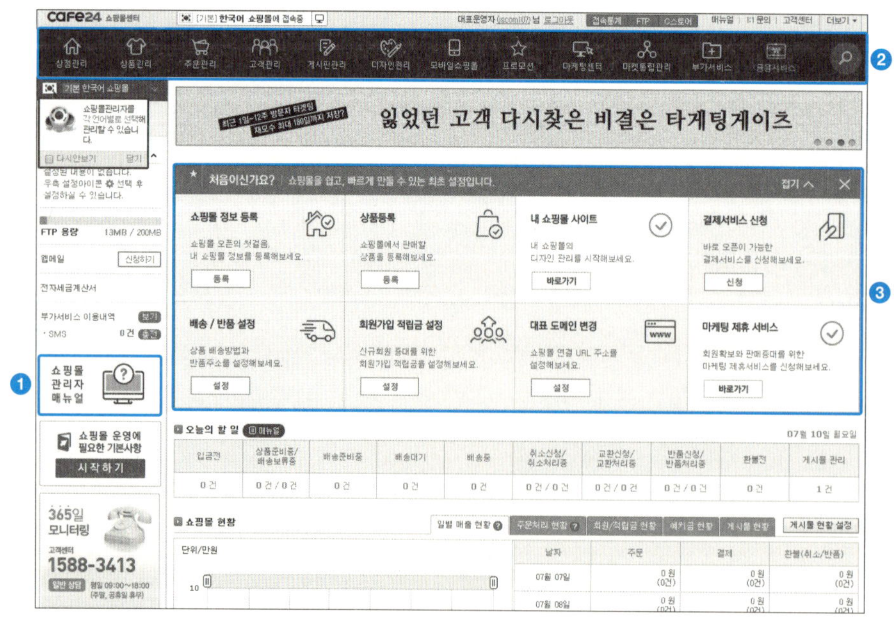

▲ 카페24 관리자모드 전체 레이아웃

❶ 쇼핑몰관리자 매뉴얼

책 한 권 분량의 쇼핑몰 사용설명서를 이 아이콘에 넣었다. (http://ecsupport.cafe24.com/manual_map/list_pop.html)

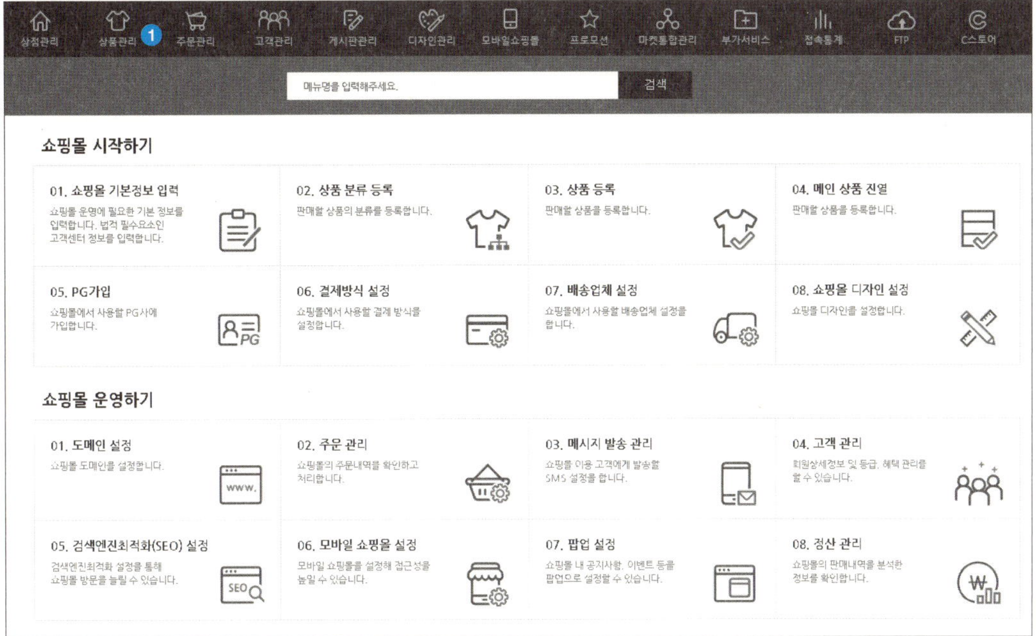

▲ 카페24 관리자모드 간단 사용하기

상점관리에서 부가서비스까지 관리자모드의 모든 사용설명서를 준비해 두었다. 쇼핑몰을 운영하면서 추가적인 부분은 쇼핑몰관리자 매뉴얼을 통해 충분히 학습되리라 생각한다.

❷ 관리자모드 메뉴 : 관리자모드의 전체 메뉴이다. 전체 사용설명은 쇼핑몰관리자 매뉴얼을 참고하면 된다.

❸ 쇼핑몰 초기세팅 가이드 : 이 장에서는 쇼핑몰의 초기 세팅 가이드 기준으로 사용자가 쉽게 등록할 수 있도록 설명하였다.

● 쇼핑몰 정보 등록

쇼핑몰 정보 등록은 사업자등록증의 법적 부분을 해결하는 중요한 부분이다. 통신판매업 신고나 카드 결제 등의 신청을 하면 제시한 사업자등록증과 쇼핑몰의 정보가 일치해야 한다. 즉, 쇼핑몰 정보 등록은 사업자등록증 기준으로 등록하면 된다.

▲ 카페24 관리자모드 – 쇼핑몰 사업자 정보 등록화면

- **상품등록**

상품등록 예제 화면이다. 상품등록은 유형상품과 무형상품 모두 가능하다. 기본적인 상품등록을 하고 추가적인 옵션 등은 수정을 통해 등록할 수 있다.

– 상품명 : 상품의 제목을 등록한다.

– 판매가 : 판매가격을 등록한다.

– 상품이미지 등록 : 권장 이미지는 500px × 500px 로 정사각형 이미지를 등록한다.

– 상품 상세설명 : 간단한 설명을 등록하고 추후에 사진 등을 등록하여 수정한다.

상품등록 화면 (다이얼로그):

- 상품등록 메뉴에서는 상품 상세정보를 등록할 수 있습니다. [상품 등록]

상품명	전자상거래 경영컨설팅 120분
판매가	300000 원

상품이미지등록

상품상세설명

[1:1 맞춤상담및 컨설팅] 7200회 이상 컨설팅과 강의경력으로 귀사의 성공을 도와 드립니다 맞춤 경영컨설팅으로 창업에서 광고 경영까지 시간별 전문 컨설팅을 지원합니다. 이제 맞춤컨설팅(교육)으로 성공창업을 준비하세요 네이버에서 " 이정수강사"

확인   취소

▲ 카페24 관리자모드 – 상품등록 화면

● 내 쇼핑몰 사이트

내 쇼핑몰 사이트는 쇼핑몰을 디자인하는 곳이다. 아무리 쉽게 쇼핑몰을 디자인한다고 해도 디자인 자체가 쉬운 일은 아니다. 필자의 경우는 디자인을 직접 제작하거나 수정하는 것보다 전문디자인 센터에 위임하여 제작하기를 권한다. 디자인제작 비용은 30,000원부터 가능하나 필자가 추천하는 디자인은 70,000원~200,000원 미만의 디자인을 추천한다.

그럼 카페24 디자인센터를 방문하여 디자인을 선별하는 방법을 알아보자.

– 카페24 디자인센터 : https://d.cafe24.com

디자인센터는 많은 전문디자인 업체와 개인디자이너들이 활동하고 있고, 디자인의 가격도 다양하게 형성되어 있다. 일단 다음과 같이 클릭을 하고 확인해보자.

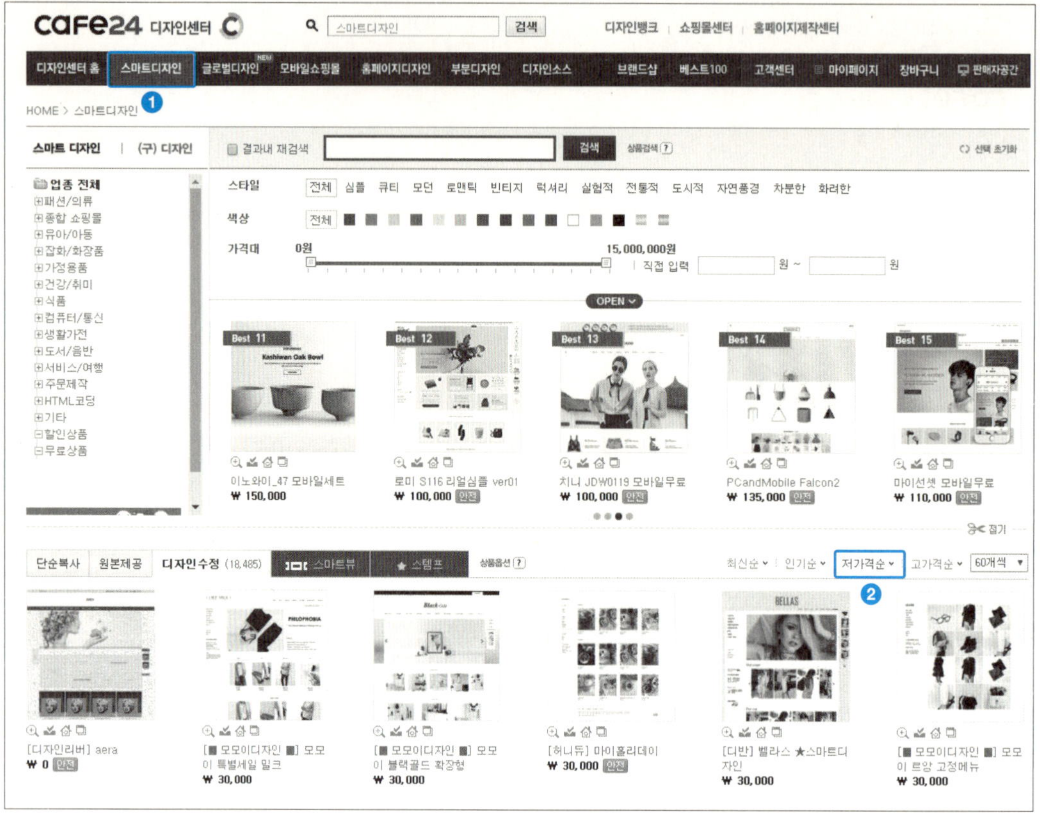

▲ 카페24 관리자모드 – 디자인 구입을 위한 디자인센터 화면

❶ 스마트디자인→❷저가순 : 저가순으로 디자인이 정렬되고 정렬된 디자인에서 선별하기를 권한다.

추천하는 쇼핑몰디자인

- 간단해야 한다. 메뉴나 배너가 복잡하고 다양하면 그만큼 준비해야 하는 일도 많아지므로 최대한 심플하고 간단한 디자인을 선택한다. 배너 1~2개

- 1단 구조 스킨을 선택하자. 2단 구조인 경우는 카테고리가 왼쪽이나 오른쪽에 위치한다. 요즘 트렌드는 1단 구조로 메뉴가 상단에 위치한다.

- 흰색이나 회색 등 무색계열이 상품을 돋보이게 한다. 디자인이 화려하면 화려한 만큼 상품은 돋보이지 않는다.

- 20만 원 안쪽에서 기본세팅+모바일이 가능하고 커스터마이징을 해주는 상품으로 선택한다. 구입후 디자이너가 준비해달라는 것만 준비해주면 모든 디자인을 알아서 제작해준다.

• 샘플로 준비한 디자인으로 적용해보자.

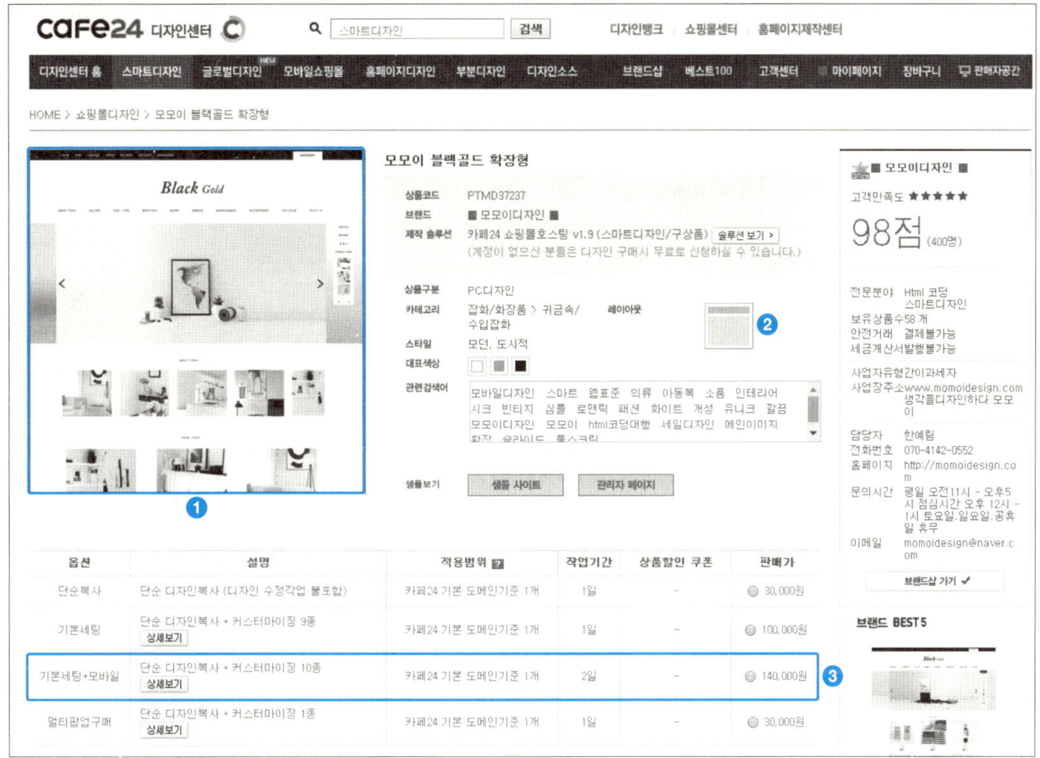

▲ 카페24 관리자모드 – 추천 디자인의 구입정보 설명

❶ 디자인 스킨이 심플하고 단색이다. 또한, 배너가 1개뿐이다.

❷ 디자인 레이아웃 구조가 1단 구조이다.

❸ 기본세팅에 모바일 디자인까지 제공하고 커스터마이징 가격이 14만 원이다.

앞에서 이야기한 추천 쇼핑몰의 디자인에 적합한 디자인으로 보인다.

• 결제서비스 신청

PG사의 결제는 선택이 아니라 필수항목이다. 전자상거래의 필수 결제인 카드결제는 꼭 해야 한다.

PG사(카드결제사)의 신청은 최초 단 한번 220,000원의 설치 가입비를 납부하면 국내 전 카드사가 내 쇼핑몰에 연결된다. 또한 PG신청을 하면 안전거래 확인서를 발부받을 수 있으며, 통신판매 신고 시 필수적으로 제출해야 한다. 결제서비스 신청을 하면 카드사마다 승인 기간이 달라 약 7일~ 14일 정도 소요되며, 사무실이나 가게, 학원의 카드 단말기가 있더라도 PG사는 별도로 신청해야 한다.

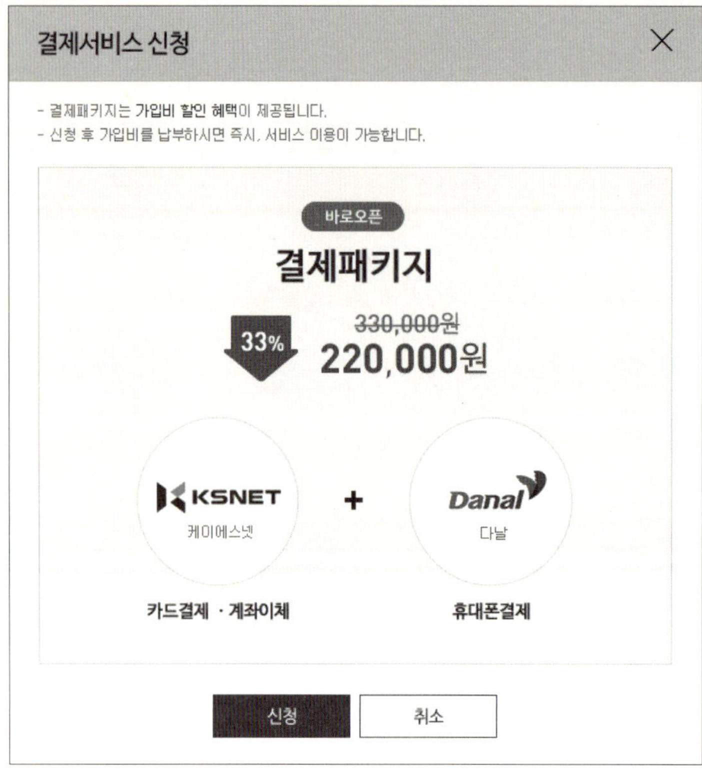

▲ 카페24 관리자모드 – 카드결제 신청화면

● 배송/반품 설정

배송비를 등록하지 않으면 무료배송이 된다.

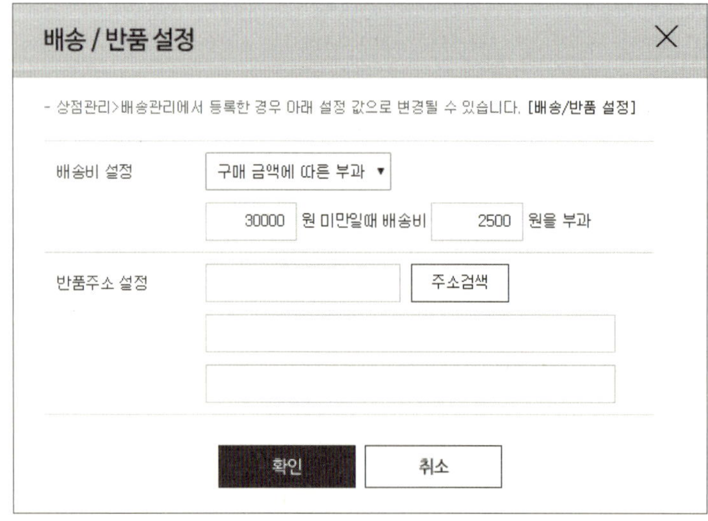

▲ 카페24 관리자모드 – 배송관련 정보 설정화면

배송비는 경쟁업체와 비슷한 가격으로 측정하면 된다. 보통은 3만 원 이상 무료택배인 경우는 배송비 설정에서 '구매 금액에 따른 부과'를 선택하고, 30,000원 미만 일때 배송비 2,500원 부과로 등록하면 된다. (교육기관인 경우는 무형상품이므로 무료 배송으로 하면 된다.)

● 적립금 설정

적립금은 신규회원 가입 시 적립해주는 금액이다. 요즘은 회원가입을 하지 않고 비구매로 하는 구매자가 많다. 운영자로서는 회원등록이 되어야 회원관리를 할 수 있으므로 최대한 회원을 유도하는 것이 좋다.

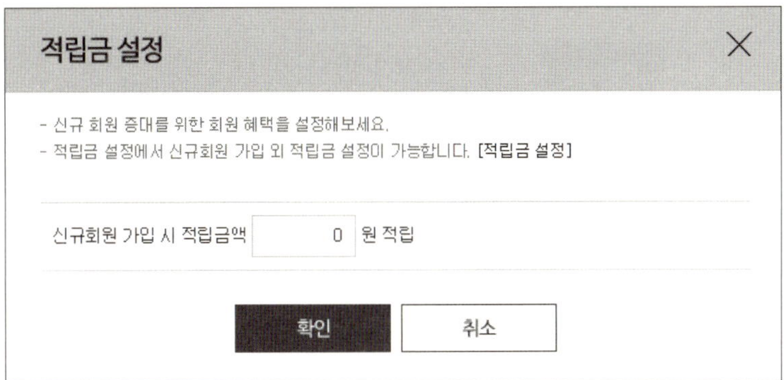

▲ 카페24 관리자모드 – 적립금 설정 화면

● 대표 도메인 등록

카페24의 기본도메인은 ID.cafe24.com이다. 하지만, 별도로 구입한 도메인이나 보유한 도메인이 있다면 등록을 하면 된다.

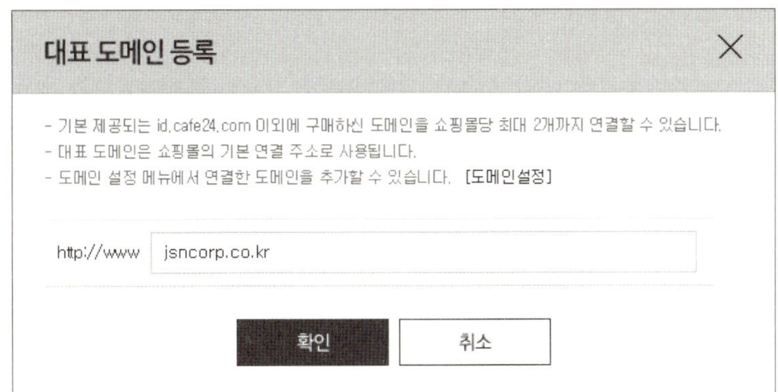

▲ 카페24 관리자모드 – 대표 도메인 등록화면

● **마케팅 제휴 서비스**

마케팅 제휴서비스는 네이버 지식쇼핑이나 네이버페이, 크레테오서비스 등 쇼핑 매치 입점 및 광고 서비스를 신청하는 곳이다. 초기에 바로 가입하는 것보다 어느 정도 쇼핑몰이 완성되고 전문가와 상의 후 적절한 곳에 가입하기를 권한다.

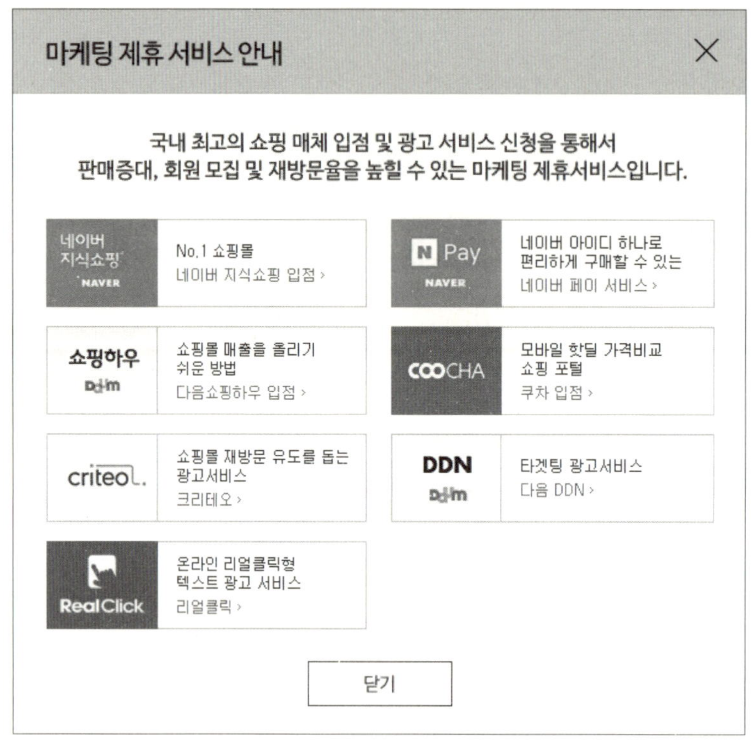

▲ 카페24 관리자모드 - 광고를 하기 위한 마케팅 제휴서비스 안내

지금까지 쇼핑몰관리자 모드의 기본 설정을 하였다. 기본 설정만으로 완성된 쇼핑몰을 운영할 수는 없지만, 이제 쇼핑몰을 가지고 운영을 해볼 수 있는 기초는 다지게 된 것이다. 특히 교육시스템인 경우 수많은 상품 사진 촬영과 재고의 부담을 가지고 운영하는 것이 아니기 때문에 프로그램을 개발하여 상품등록을 하는 것만으로도 큰 역할을 할 수 있다.

기본 설정이 끝났으면 이제 필요한 상품을 추가등록하고 쇼핑몰을 오픈하면 된다. 벌써 많은 교육기관이 온라인쇼핑몰을 응용해 교육생을 모집하고 신청과 동시에 결제를 받고 교육이나 강의를 하는 경우가 많다. 특히 월별 결제를 연간 결제로 유도해서 적극적인 마케팅을 펼치는 곳도 증가하고 있다. 블로그를 통해 홍보만 하고 있다면, 이제는 쇼핑몰을 제작하여 홍보와 결제가 함께 될 수 있도록 유도하는 것이 좋다.

▲ 카페24로 제작한 이정수강사 교육관련 쇼핑몰 미리보기

쇼핑몰의 마케팅 전략은 블로그 광고와 키워드 광고를 병행하며 진행해야 한다. 네이버 광고의 파워링크와 비즈 사이트는 유료광고이므로 광고비 예산이 준비되면 진행해야 한다. 하지만, 앞장에서 배운 블로그 마케팅은 지금이라도 바로 포스팅을 통해 회원과 매출의 결과를 만들 수 있다.

블로그를 통해 홍보에만 집중하지 말고, 이제 고객이 바로 쇼핑몰을 보고 결정할 수 있도록 충분히 사이트에 집중하면 좋다.

쇼핑몰의 다양한 상담은 네이버 밴드(네이버 밴드에서 '이정수강사' 또는 http://band.us/@jsncorp)를 통해 저자 무료교육을 진행하고 있으니 이번 기회에 꼭 개설하여 온라인교육 시장을 선점하기를 기대한다.

쇼핑몰을 통해 앞에서 배운 다양한 마케팅 전략이 실제 매출로 연결될 수 있는 기회가 될 것이며, 마케팅과 쇼핑몰을 연동하면 매출에 큰 효과를 볼 수 있습니다.

학원의 경우 다양한 상담을 위한 컨설팅 예약을 미리 결제 받을 수 있고, 다양한 특강을 온라인 마케팅으로 홍보하고 바로 결제와 함께 신청할 수 있도록 할 수 있으며, 수강생들에게 다양한 결제 서비스와 프로모션을 제공함으로써 안정적인 운영이 가능하게 된다.

온라인과 오프라인의 접목은 온라인을 기반으로 시작한다면 더 큰 결과를 만들 수 있다. 관련 특강이나 강의, 컨설팅 문의는 메일(jsncorp@naver.com)을 이용하면 된다.

오프라인 마케팅

지금과 같이 치열한 경쟁 구조 속에서 마케팅은 사업 규모와 상관없이 매우 중요하다. 또한 마케팅에 대해 대표나 마케팅 담당자만 고민하는 것이 아니라, 조직 내 모든 구성원이 마케팅 활동을 해야 한다. 왜냐하면 차별화 된 콘셉트는 내부 구성원들이 하나의 목소리를 낼 수 있어야 가능하기 때문이다. 이제 여러분은 오프라인 마케팅에 대해 접하게 될 것이다. 먼저, 나만의 차별화 된 마케팅 전략 수립을 위해 기본적으로 알아야 하는 마케팅 기법을 제시하였다. 단순히 이론을 제시하기보다는 현장에서 쉽게 적용할 수 있도록 설명하였다. 또한 실제 컨설팅 사례를 통해 경험하였던 마케팅 성공 전략과 현장에서 바로 적용할 수 있도록 마케팅 실행 방안에 대해 제시하였으니, 각자 상황에 맞게 적용한다면 분명 도움이 될 것이다. 그럼 이제부터 본격적으로 오프라인 마케팅에 대해 살펴보도록 하자.

Chapter 01 나만의 차별화 된 마케팅 전략 수립

원장님들과 상담을 하다보면 많은 분들께서 다양한 광고를 진행했음에도 마케팅 효과가 없다고 말씀하시는 분들이 많다. 그렇다면 아래와 같은 생각을 하고 있는지에 대해 확인해보고, 해당되는 항목이 많다면 마케팅 전략이 부재할 가능성이 높다.

- 학원 마케팅과 원생 등록을 동등하게 생각한다.
- 우리 학원만의 차별화 된 Concept 없이 각각의 광고 홍보를 진행하고 있다.
- 고객 및 시장을 이해하지 않고 학원 운영 자체에 중점을 두고 있다.
- 고객 관리보다 고객 유치에 중점을 두고 있다.
- 고객의 가치 만족도를 높이기보다는 강의 매출 이익을 올리려는 경향이 있다.

이제부터 우리는 마케팅 전략에 대해 살펴볼 것이다. 혹시라도 전략이란 단어가 익숙하지 않아 잘 이해하지 못할까 걱정한다면, 그럴 필요가 없다. 전략이란, 정확한 현재 상황 진단을 통해 올바른 방향성을 제시하는 것이라고 이해하면 된다.

▣ 목표 달성을 위한 문제해결기법

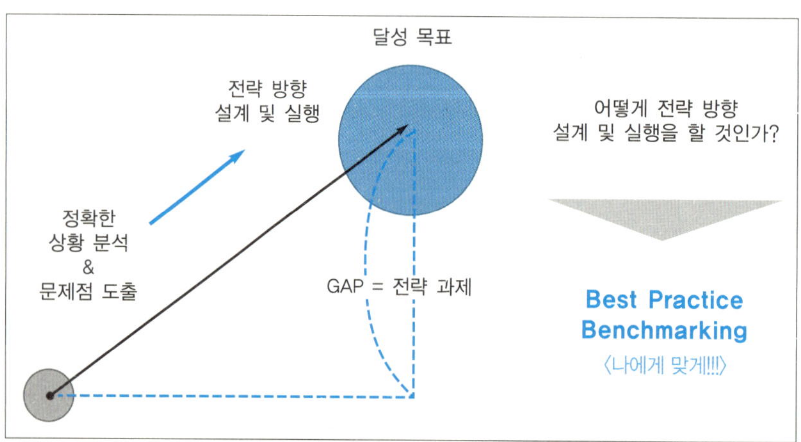

현재 나의 상황을 정확하게 분석하고 명확한 목표 설정은 매우 중요하다. 그리고 달성하고자 하는 목표와 현 상황의 GAP이 전략 과제가 된다. 그래서 구체적인 목표와 자신의 현 상황을 정확히 알 필요가 있는 것이다. 목표를 달성하기 위해 가장 쉽게 할 수 있는 방법이 나와 비슷한 상황에서 성공한 사례를 벤치마킹하는 것인데, 여기서 중요한 것은 자신에게 맞게 적용해야 한다는 것이다. 그렇지 않으면 오히려 부작용이 초래될 수 있기 때문이다. 그럼, 어떻게 하면 나에게 적합하게 적용할 수 있을까? 나를 둘러싼 외부 요소를 변화시킬 수 있을까? 아마도 외부 환경을 바꾸기는 어려울 것이다. 따라서 나의 강점과 약점 등 내부 요소를 변화시키는 것이 올바른 선택일 것이다. 다시 말해, 마케팅 전략이란 변화하는 외부환경에 내부의 한정된 자원을 효율적으로 적용시켜 시장 내에서 경쟁우위를 창출하고 원하는 목표를 달성하는 것이라 할 수 있다. 그럼 마케팅 전략 체계에 대해 살펴보겠다.

1 마케팅 전략 체계 이해하기

학원 시장을 중심으로 마케팅 전략 체계에 대해 살펴보고, 환경 분석 단계에서 반드시 파악해야 하는 3C 분석 기본 개념을 'Simple 3C 분석표 작성'을 통해 제시하고자 한다.

※ 3C : Customer–고객, Company–자사, Competitor–경쟁사

▣ 학원 마케팅 전략 체계

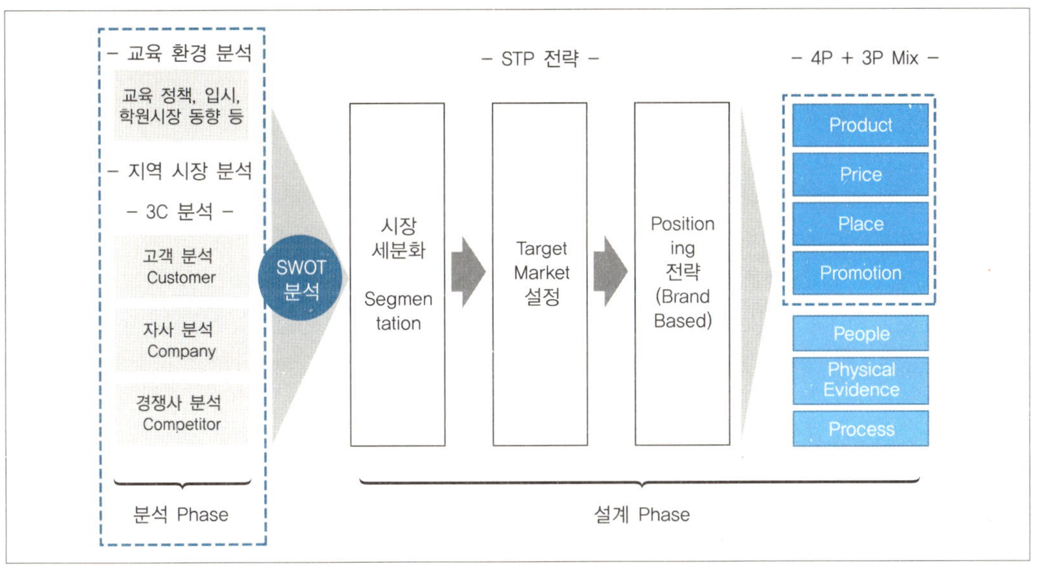

1) 개념 이해

위 그림에서 제시한 '학원 마케팅 전략 체계'는 가능한 자주 보면서 이해 할 필요가 있다. 흔히들 마케팅하면 우측 4P+3P Mix에 있는 '프로모션(Promotion)'만 생각하는 경향이 있다. 하지만, 정말 효과적인 프로모션을 하기 위해서는 환경 분석과 STP 전략 등을 통해 명확한 콘셉트 도출이 이뤄져야 한다. 내가 생각하고 고객이 생각하는 우리 회사에 대한 단 한 줄의 메시지가 명확하지도 않은데, 광고 홍보를 한다는 것은 정말 의미 없는 일이기 때문이다. 다시 말하지만 과거와 달리 이제는 아주 작은 사업이라도 전략이 필요하다. 따라서 마케팅 전략의 첫 번째는 나를 둘러싼 환경 분석을 먼저 진행해야

하는 것이다. 학원 시장을 기준으로 살펴보면, 교육 시장을 둘러싼 『정책/입시/학원시장 동향』과 같은 거시적인 분석과 해당 지역 특징, 그리고 3C(고객, 경쟁사, 자사) 분석이 필요할 것이다. 이 책에서는 미시적 관점인 고객 분석, 경쟁사 분석, 자사 역량 분석에 대해 중점적으로 다루도록 하겠다.

마케팅 전략 체계에 대해 생소한 분들을 위해 간략하게 정리하면 아래와 같으며, 항상 이 부분에 대해 고민한다면 나만의 전략 수립에 도움이 될 것이다.

① 고객이 원하는 것은 무엇이고, 경쟁사 동향은 어떠하며, 우리는 무엇을 잘 하는가?

② 외부 환경 변화에 따른 내부 역량은 어떻게 변화시켜야 하는가?

③ 우리 학원(회사)만의 차별화 된 콘셉트는 무엇이고, 어떻게 실행할 것인가?

2) 주요 정보 수집 방법

마케팅 전략은 원하는 정보를 파악하는 것부터 시작한다. 하지만 알다시피 대부분의 사장, 원장들은 정말 바쁘다. 바빠서 따로 정보를 수집하고 분석할 시간이 없다. 하지만 훌륭한 마케터는 자신의 바쁜 일상 속에서 정보를 얻는다. "정보는 찾는 것이 아니라, 스스로 내게 오게 하는 것이다."란 말이 있다. 특히 요즘과 같이 SNS가 발달되어 있는 세상에서는 쉽게 정보를 얻을 수 있으니 원하는 정보를 평소에 잘 정리하는 습관을 갖는 것이 필요할 것이다. 여기서는 필요한 정보를 어떤 방식으로 파악하는지에 대해 제시하고자 한다.

① 학원 운영에 따른 주요 정보원

구분	정보원
교육 동향	신문, 월간 매거진(앤써通), 인터넷 기사, 교육 통계 자료, 인적네트워크, 온라인 커뮤니티(네이버 밴드: 학원 휴지통교육, 앤써통 등)
고객 분석	학부모 온라인 동호회(지역 맘 카페), 학원 내부 자료(상담 보고서, 퇴원 현황, 만족도 조사 등), 설명회 및 간담회, 학부모 좌담회(FGI)
경쟁사 분석	경쟁학원 홈페이지 및 광고 내용, 경쟁학원 설명회 참석, 학원장 모임, 내부 강사를 통한 정보 파악, 강사 채용 시 인터뷰, 학부모 좌담회(FGI)
내 학원 분석	지역별/학년별/기간별 학생 현황, 학원 수입-지출 현황, 마케팅 활동 현황, 우리 학원만의 포지셔닝 점검, 학부모 좌담회(FGI)

② 구글 알리미 기능 활용

개인적으로 '구글 알리미' 기능을 많이 활용하는 편인데, 구글 계정이 있다면 적극 추천하는 정보 수집 방식이다. www.google.com/alerts 사이트에 들어가서 '키워드'를 등록하면 받고 싶은 메일로 매일 관련 정보를 전달해준다. 즉, 알아서 원하는 정보를 가져다주는 것이다. 중요한 건 원하는 정보를 얻기 위해 키워드 설정을 잘 해야 한다.

3) 3C 분석에 대한 기본 개념

① 마케팅 방향 수립의 중요성

흔히 마케팅하면 어떤 광고를 어디서 해야 할 지에 대해 생각하는 경우가 많다. 다시 말해 현수막, 전단지 등 마케팅 방법에만 관심을 갖고 있다는 것이다. 물론 오랜 경험을 갖고 있거나 직관적으로 마케팅 역량이 뛰어난 경우에는 마케팅 매체만 잘 선택해도 좋은 결과가 나올 수 있다. 예를 들면 마케팅 전략을 체계적으로 배우지 않았지만 이런 생각을 감각적으로 하는 분들이 있다. "우리가 다른 곳보다 잘 하는 것이 무엇이고, 이 시기에는 이런 내용을 고객들이 원할 것이니 이런 식의 광고를 이 매체에 하면 효과적일 거야." 하지만 경험과 직관만으로 늘 성공할 수 없기 때문에, 필자와 같은 전략 컨설턴트들은 현 시점의 FACT를 바탕으로 마케팅 방향을 도출한 후에 구체적인 마케팅 방법을 선정 및 실행한다. 즉, 마케팅 매체를 선택하기 전에 우리 학원만의 마케팅 방향을 정해야 보다 효율적으로 실행하면서 효과적인 결과를 얻을 수 있다. 그래서 우리는 3C(Customer, Company, Competitor) 분석에 대해 반드시 살펴봐야 하는 것이다.

② 3C 분석의 개념

▣ 3C 분석 체계

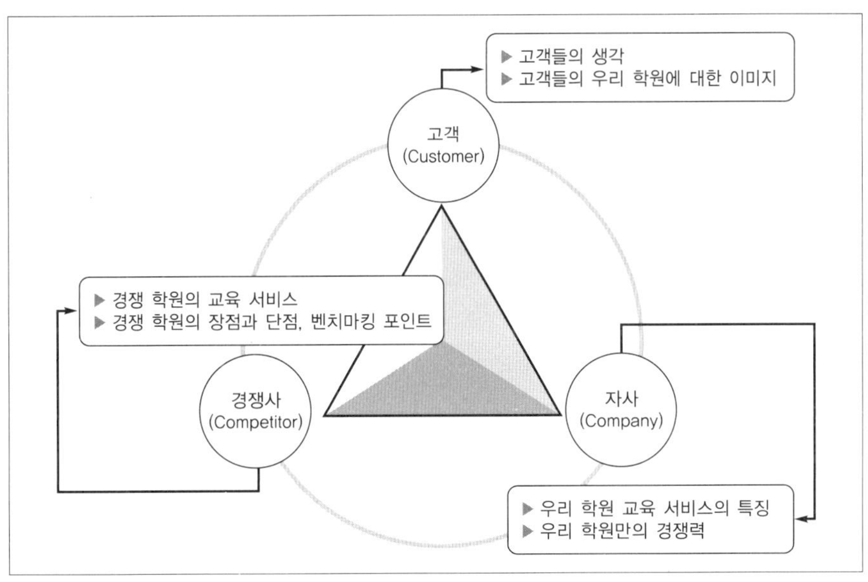

"知彼知己 百戰不殆"

『적을 알고 나를 알면 백 번을 싸워도 결코 위태롭지 않다』란 뜻으로, 손자병법에 나오는 우리에게 잘 알려진 말이다. 이렇듯, 성공적인 경영을 원한다면 반드시 우리 학원과 경쟁사 그리고 고객(학부모, 학생)에 대해 정확히 파악하고 있어야 한다. 따라서 3C 분석이란 고객이 원하는 교육 서비스를 제공하기 위해서 경쟁사와 비교하여 우리 학원이 어떻게 차별화할 것인가를 '내 회사(Company)',

'경쟁사(Competitor)', '고객(Customer)' 분석을 통해 전략 방향을 찾아내는 것이다. 이러한 방법에 대해 흔히 어려운 경영 기법으로 생각해서, 실제 적용시키기 어렵다고 생각하는 경향이 있다. 또한 혼자 사업하는 소규모 사업장에서는 불필요한 일이라고 생각할 수 있지만, 안정적으로 사업을 운영하는 분들은 평소에 늘 생각하는 것이 "고객이 무엇을 원할까? 경쟁사는 무엇을 잘 하나? 우리만의 차별점은 무엇일까?"이며, 이것이 바로 3C 분석이라 생각하면 된다.

③ 컨설팅 사례 : 명확한 Target이 없는 학원

3C 분석의 중요성에 대해 쉽게 알 수 있는 사례를 살펴보자. 이 사례를 통해 우리는 아무 계획 없이 창업을 하면 안 된다는 것을 알 수 있으며, 최소한 3C 분석을 해야 한다는 것을 알 수 있다. 먼저 아래 그림을 통해 학원 현황에 대해 살펴보겠다.

● 학원 경영 현황(명확한 Target 부재 학원)

개원한지 1년이 다 되어 가는데도 원생 수가 10명이며, 월 평균 매출 300만 원에 월 평균 지출 600만 원이다. 원장이 자신의 인건비도 못 가져가고 있는 상황이다. 나름 해결책으로 원장이 다른 학원에 출강하고 강의실 하나를 임대함으로써 자신의 인건비를 벌어들이고 있다. 일부 수입이 생기겠지만, 득(得)보다는 실(失)이 더 크기 때문에 바람직한 행동은 아니다. 또한 더욱 놀라운 것은 수학학원인데 원장은 논술 선생님 출신이라는 것이다. 그래서 다른 사람들이 잘 안하는 '수학과 논술의 만남'이라는 콘셉트로 토론식 수학학원을 운영하고자 했던 것이다. 의도는 나쁘지 않았지만, 문제는 이 지역 고객들이 무엇을 원하는지 제대로 파악하지 않고 원장 자신이 하고 싶은 대로 했다는 것이다. 고객들은 아이들 내신 성적과 입시 실적을 원하고 있는데, 소그룹 형태의 토론식 수학이라는 프로그램은 광고를 해도 눈에 잘 띄지 않을 가능성이 높다. 잘 알아야 하는 것 중 하나가 대체로 사람들은 자신이 듣고 싶은 말만 기억한다는 것이다. 먼저 고객들이 원하는 상품과 서비스를 전달하고 그래서 신뢰도가 쌓여 고객들을 이끌 정도의 영향력이 있다면 그때 변화시켜도 될 것이다. 이 사례에서도 알 수 있듯이 마케팅 방향이 명확하지 않으면, 어떤 광고를 하더라도 무의미한 비용 지출만 된다는 것이다. 자신이 정말 자본이 많아 하고 싶은 것이 조금 무모할 지라도 고객들이 알아 줄 때까지 무한대로 광고 홍보를 할 수 있다면 그렇게 해도 된다. 하지만 대부분의 사람들은 한정된 자원을 가지고 있다. 따라서 고객 성향, 경쟁사 동향, 내 학원의 강점 등을 고려하여 명확한 타깃과 콘셉트를 가지고 사업을 해야 하는 것이다. 만약 여러분들 중 '내 상황이네'라고 생각하는 분이 있다면, 정말 위급한 상황이니 빠르게 해결 방안을 찾아야 할 것이다.

● 해결 방안

이 학원의 경우 핵심 고객이 명확하지 않으며, 지역 학부모 성향을 고려하지 못한 프로그램과 서비스로 구성되어 있다. 그래서 간단한 3C 분석표를 활용하여 학원 운영의 방향성을 제시해주었다.

■ 3C 분석을 통한 학원 운영 방향 수립

구분	고객 Needs	경쟁사 동향	내 학원 역량				핵심 성공 요인
			원장	강사	콘텐츠	관리	
초등부	학습 흥미 유발 및 내신 관리	공부방 및 소규모 학원	중	중	강	중	학습 흥미유발 및 학생 관리, 콘텐츠
중등부	내신 및 입시 실적	유명 대형 학원 및 다수의 소규모 학원	강	강	강	강	내신/입시실적 및 관리 역량
고등부	내신 및 입시 실적	다수의 원장 직강 및 소규모 학원	강	약	약	강	원장&강사 역량

위 표를 통해 학생 연령별로 고객 Needs와 경쟁사 주요 형태 그리고 자신의 학원이 무엇을 잘 하는지에 대해 알아볼 수 있다. 그리고 고객 연령별로 핵심 성공 요인에 대해서도 간략하게 살펴 볼 수 있을 것이다. 결론적으로 이 학원은 초등 고학년과 중등 대상의 수학 전문학원이 적합하다. 현재의 강의실 형태나 수업 모델을 최대한 활용하여, 고객들에게 '소수 정예 수업으로 1 대 1 맞춤식 관리를 하는 그리고 내신 대비를 확실히 책임지는 초중등 수학학원'으로 인지시킬 수 있도록 마케팅 방향을 수립하였다. 이처럼 고객과 경쟁사 그리고 내 학원의 역량을 고려하여 통할 수 있는 마케팅 방향을 수립하였다면 그 다음은 마케팅 매체를 정해서 일관된 메시지를 전달하면 된다. 이 학원의 경우 근처 아파트 단지를 중심으로 게시물 부착과 현수막 광고 그리고 학교 앞 기념품 배포, 내부 간담회 등을 진행하였고, 그 결과 3개월 후 원생 수가 30명까지 증가하게 되었다.

④ 참고 서식

3C 분석을 간단하게 작성하는 TOOL로 사업을 함에 있어 최소한 이 정도는 고민하고 작성해야
한다. Simple Version으로 제시하였으니 한 번쯤 자신의 상황에 맞게 작성하기를 바란다.

■ 3C 분석을 통한 학원 운영 방향 수립 TOOL (Simple Version)

구분	고객 Needs	경쟁사 동향	우리 학원 역량	핵심 성공 요인

※ **작성법**
- 구분 : 학생들의 학년 기준으로 구분(예 초등/중등/고등, 초등 1~3학년/4~6학년, 중등 1~3
  학년 등)
- 고객 Needs 분석 : 학년별 고객들이 학원 선택 시 가장 중요시 하는 내용을 적는다.
- 경쟁사 동향 : 학년별 주요 경쟁사들의 특징 및 성공하는 학원의 장점 등을 적는다.
- 우리 학원 역량 : 우리 학원의 장·단점을 기입(원장, 강사, 콘텐츠, 상담, 관리 등 영역별 고
  려), 작성 시 내부 구성원 또는 주변 사람들과 상의해서 객관적으로 기입한다.
- 핵심 성공 요인 : 고객-경쟁사-자사의 내용이 정리되면, 어떻게 하면 성공적으로 학원 운영
  을 할 수 있을지 방향성이 나오게 되고, 그 내용을 기입한다.

2 마케팅 기본은 고객 Needs 분석

지속가능한 사업 운영을 위해서는 정기적으로 고객 Needs 분석을 해야 하며, 분석 Data를 객관적으
로 볼 수 있는 논리적 사고가 필요할 것이다. 이를 위한 고객 관리 시스템에 대해 살펴보고, 또한 실질
적인 고객 목소리를 파악할 수 있는 FGI(Focus Group Interview)에 대한 실무 정보를 제공하고자
한다.

1) 고객 Needs 분석의 필요성

저성장, 저소비 시대가 지속됨에 따라 가장 큰 특징은 고객의 요구가 고도화되었다는 것이다. 이런 특징은 학원가에서도 눈에 띄게 나타나고 있는데, 학부모들의 요구 사항이 다양화 · 개별화 · 지역화 되었다고 할 수 있다. 다시 말해, 학원 선택 시 프로그램의 우수성 및 성적 향상은 기본으로 생각하면서 우리 아이에게 맞는 맞춤형 학습과 밀착 관리, 교과 학습 이외의 학습코칭과 진로 · 진학 상담 등의 서비스를 받기를 원하고 있다는 것이다. 또한 이러한 서비스들이 지역별 · 연령별로 조금씩 다르게 요구되고 있다. 따라서 전국적으로 동일한 매뉴얼에 의해 운영되는 프랜차이즈 학원들은 지역별 특징을 고려하여 운영하지 않는다면 학원 경영에 어려움을 겪을 수 있다. 그렇다고 해서 교육 서비스의 본질인 학습 프로그램의 우수성과 성적 향상이라는 것을 소홀히 하라는 것은 아니다. 학원 사업의 본질은 반드시 제공되어야 하며, 본질만으로 학원 성장의 어려움이 있다면 추가적인 서비스를 통해 차별화된 우리학원만의 경쟁력을 만들어야 한다는 의미이다. 그리고 지역에 따라 고객의 요구 사항을 받아들이고 개선해야 하는 곳도 있지만, 반대로 고객의 생각을 변화시켜 새로운 형태의 서비스를 통해 지역 선점을 하는 경우도 있다. 교육 시장 Trend, 우리 학원의 보유 역량, 고객들의 변화 가능성 등을 고려하여 경쟁사들이 하지 못하는 서비스를 적절한 타이밍에 제공함으로써 시장을 선점하는 경우가 있다. 그래서 고객의 요구사항을 어떻게 받아들이고 어떻게 대처할 것인지에 대한 고민은 끊임없이 해야 한다. 만약 과거 성공의 경험으로만 미래를 예측한다면 분명 어려운 시기가 발생할 수 있으니, 정기적으로 고객 Needs 분석을 통해 객관적으로 Fact를 볼 수 있는 논리적 사고가 필요할 것이다.

2) 고객 만족도 향상을 위한 고객 관리 시스템 구축

■ 학원의 고객 관리 시스템 Framework

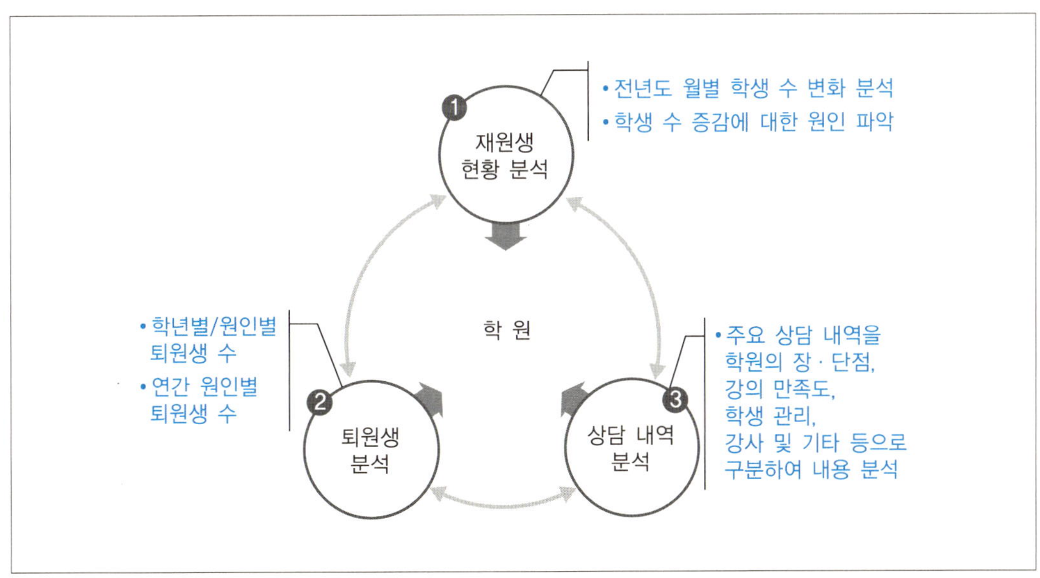

『학원의 고객 관리 시스템』은 '재원생 현황 분석', '퇴원생 분석', '상담 내역 분석' 3개의 영역으로 구분하여 기초 자료를 수집/분석하는 것이며, 이를 통해 고객 만족도를 향상시킬 수 있게 된다. 하지만 현실적으로 바쁜 업무로 인해 위와 같은 Data 파악을 하기 어려울 수도 있다. 만약 그러하다면 최소한 '재원생 현황 분석'은 꼭 파악하기를 부탁드린다. 월별 고객 현황 파악을 통해 증감에 대한 원인을 확인한다면 분명 마케팅 포인트를 찾을 수 있을 것이다. 그럼 각각에 대해 살펴보자.

① 재원생 현황 분석 작성 방법

■ 재원생 현황 분석 서식

	1월	2월	3월	4월	5월	6월	7월	8월	9월	10월	11월	12월	평균
원생 수													
초등													
중등													
고등													

CHART

▶

- 엑셀을 활용하여 위와 같이 서식을 만든다.
- 전년도 학생 수를 학년별(예 초등, 중등, 고등), 월별로 구분하여 작성한다.
- 학년별로 기입되어 있는 항목은 학원 상황에 맞게 수정하여 기입할 수 있다(예 초등 4, 초등 5, 초등 6 등).
- 표에 작성한 수치를 한 눈에 보기 쉽게 CHART로 전환하여 아래에 입력한다.
- 월별 학생 수 추이에 따른 핵심 포인트를 도출하여 기입한다. (예 특정 시기 증감 이유 등)

② **퇴원생 분석 작성 방법**

학년별 / 원인별 퇴원 현황

원인	초4	초5	초6	중1	중2	중3	합계	%
타 학원 이동								
학원 부적응								
개인 사정								
과외								
내신 대비								
성적 향상 부진								
건강상								
캠프/유학								
교과 부담								
이사								
기타								
합계								

연간 원인별 퇴원 현황

원인	1	2	3	4	5	6	7	8	9	10	11	12	합계	%
타 학원 이동														
학원 부적응														
개인 사정														
과외														
내신 대비														
성적 향상 부진														
건강상														
캠프/유학														
교과 부담														
이사														
기타														
합계														

- 엑셀을 활용하여 위와 같이 서식을 만든다.

- 전 년도 퇴원생 수를 『학년별－원인별』, 『원인별－월별』로 구분하여 작성한다.

- 퇴원 발생 원인을 파악하여 대처 방안을 마련한다.

③ 상담 내역 분석 작성 방법

- 상담 내역 분석은 상담 내용을 기록했는지가 가장 중요하다.

- 상담 일지 등 주요 상담 내용을 『학원의 장·단점』, 『강의 만족도』, 『학생 관리』, 『강사 및 기타 사항』 등으로 구분하여 내용을 정리한다. (학원 상황에 맞게 항목을 수정·보완할 수 있다.)

- 항목별 주요 원인 파악 및 대처 방안을 마련한다.

3) FGI(Focus Group Interview)를 통한 진정한 고객 Needs 파악

① 학부모 FGI에 대한 정의

집단 심층토의(Focus Group Interview)는 일반적으로 FGI로 불리며, 학원가에서는 '학부모 좌담회'란 이름으로 많이 진행된다. 보통 5~10명의 학부모를 모아 사회자의 진행에 따라 학원 선택 요인 등 고객을 통해 알고자 하는 사항에 대해 허심탄회하게 이야기하면서 정보나 아이디어를 수집하는 방식이다. 현재 학원을 다니고 있는 재원생 학부모를 대상으로도 진행할 수 있지만, 더 효과적인 건 비재원생 학부모를 대상으로 실시할 수 있다는 것이다. 지역 내 잠재 고객들의 목소리를 통해 학원 운영상 필요한 정보를 파악하고 그에 따른 마케팅 전략 방향을 도출할 수 있다는 것이다. 여기서 주의해야 할 점은 비재원생 대상 FGI 진행 시 학원 관계자가 참석하지 않는다는 것을 보여줘야 학부모들은 마음속에 있는 말을 편하게 할 수 있다는 점이다. 그럼 컨설팅 회사에서만 가능했던 FGI 세부 내용에 대해 살펴보도록 하자.

② 학부모 FGI 기대효과

- 학부모들의 지역 내 학원 선택 시 핵심 요인 파악

- 내 학원에 대한 만족도 및 불만 사항 파악

- 지역 내 타 학원의 장·단점 파악

- 지역 학부모들의 사교육 인식 수준 확인

- 지역 내 효과적인 마케팅 전략 수립

- 기타 원하는 사항에 대한 내용 파악

③ 학부모 FGI 진행 방법

학부모 FGI의 진행 방식은 『기본 계획 및 질문지 구성』, 『학부모 모집 및 장소 대관』, 『참석자 대상 설문지 설계』, 『학부모 좌담회 진행』, 『FGI 분석 보고서 작성 및 기획 회의』, 『FGI 진행 이후 사후 관리』 순서로 진행된다. 그럼 아래 그림을 보고 자세히 살펴보자.

■ 학부모 FGI 진행 절차

● 기본 계획 및 질문지 작성

– 기본 계획 : FGI를 진행하는 목적과 핵심 이슈 그리고 진행 일정에 대한 사항을 작성하면 된다.

– 질문지 작성 : FGI를 통해 무엇을 얻고자 하는지가 명확하다면 질문지 설계는 어렵지 않을 것이다. 예를 들어, 특정 지역 내 초·중등 학부모를 대상으로 수학학원 운영과 관련하여 고객 Needs를 파악하고자 한다면, 대체로 '사교육에 대한 인식 및 학습 방법', '수학학원 선택 요인 및 타 학원 수강 경험', '효과적인 학원 마케팅 방법 및 기타' 등에 대한 내용으로 진행하면 될 것이다. 질문 사항은 아래와 같으며, 가능하면 순서대로 진행하지만 참석자 답변 내용에 따라 적절하게 순서를 변경해서 답변을 유도할 수도 있다.

1. 사교육에 대한 인식 및 학습 방법 (20분)	비고
– 최근 교육 정책에 대한 관심도는? (비교과 학습, 문·이과 통합, 수능 절대평가 전환, 자유 학기제 등)	사교육 인식 수준 확인
– 자녀가 진학하기 바라는 학교 유형은? (외고/자사고/과고/영재학교, 국제학교, 대입 정시/수시 등)	
– 지역 학부모들이 선호하는 교육 방식은? (학원, 과외, 공부방, 온라인, 홈스쿨링 등)	연령별 선호 학습 방식
– 선택 이유는?	
– 지역 내 전업 주부의 비중은? (소득 수준 및 교육열 확인)	
– 학원은 종합학원 또는 영수 전문학원? 기타 학습 방법에 대한 생각은?	스마트 러닝에 대한 인식 정도
– 스마트 러닝 학습에 대한 인식과 필요성은?	

<table>
<tr><td>2. 수학학원 선택 요인 및 타 학원 수강 경험 (70분)</td><td>비고</td></tr>
<tr><td>

– 학원 선택 시 주요 의사결정권자는?

– 이 지역 학원 형태는? 잘되는 학원 유형은?

  (초등/중등/고등 등 연령별, 수학/영어/국어 등 과목별)

– 일반적으로 학원 선택 시 중요한 기준은?

  (학원 시스템, 실적, 브랜드, 관리, 강사, 수강료, 교통의 편의성 등)

– 학원을 그만두게 되는 주요 이유는?

– 실적이 좋은 학원은? 유명 브랜드 학원은?

– 지역 강사 수준은? 수강료 수준은?

– 학원 위치가 어느 정도 거리까지는 다닐 수 있는지?

  (특히 초등 저학년 학생의 수강 가능한 학원 위치는?)

– 수학학원을 선택하는데 있어 상대적으로 중요하게 생각하는 요소는 무엇인가?

– 현재 거주 지역에서 대표적으로 떠오르는 수학학원은?

– 효과적인 수학 선행 정도는? (학생 수준별)

– 자녀가 초등학교/중학교 졸업시점에서 성취하기를 희망하는 수학 선행 정도는?

– 온라인 교육 프로그램에 대한 효과성? 인식 수준?

– 수학에서의 스마트 러닝 학습에 대한 인식 수준?

– 연령별 수학 학습 방식은?

  (예 초등 저학년 창의수학, 초등 고학년/중등 내신/입시 대비)

– 예습 및 복습(숙제)이 필요한가요? 필요하다면 어느 정도의 분량을 선호하나요?

– 타 과목 수강 여부? (연령별 평균 학원 수강 과목은?)

– 비교과 학습 프로그램 도입이 필요한지 여부?

  (학원에서 하는 진로/진학 상담, 학습 코칭, 비교과 관리 서비스 등)

– 학원에서 중점적으로 제공해줬으면 하는 것은?

– 학원의 학습 환경에 대한 중요성은? (반 정원, 자습실, 인테리어 등)

– 타 학원의 장 · 단점은? (주요 학원명 파악)

– (자신이 운영하는) 학원에 대한 인식 파악(학원 선택 이유, 장 · 단점 / 들어내지 않고 파악)

– 소개해주고 싶은 학원은? (지인이 이 근처로 이사 왔을 때 과목별 추천 학원)

</td><td>

학원 선택 기준

수학학원 선택 시 중요한 요소

수학학원 프로그램에 대한 세부 요구 사항 타 학원에 대한 정보 (장 · 단점)

내 학원에 대한 인식

</td></tr>
</table>

<table>
<tr><td>3. 효과적인 학원 마케팅 방법 및 기타 (30분)</td><td>비고</td></tr>
<tr><td>

– 학원 관련 정보는 어떤 경로를 통해 얻는가?

– 학원 선택 시 가장 영향력 있는 매체 또는 커뮤니케이션 채널(지인)은 무엇인가?

– 선호하는 광고 매체 및 형태?

– 학원 광고물 중 기억에 남는 메시지가 있는가? (실적, 프로그램 등)

– 학원 관련 프로모션 행사(설명회) 참여 빈도는 어떤가? (1년에 00회)

</td><td>

학원 선택 시 영향력 있는 매체 및 설명회에 대한 평가

</td></tr>
</table>

– 참석했던 학원 설명회 중 그 동안 가장 도움이 되었던 내용은? (설명회를 잘 하는 학원은?) – 학원에서 진행하는 다양한 활동 중 기억에 남는 행사가 있다면 무엇이었는지? – 모바일을 통한 학원 정보 제공 및 관리 App은 필요한가? (모바일 사용 행태 확인) – 본인이 수학학원 운영 시 이것만큼은 꼭 하고 싶은 것이 있는지? – 기타 마지막으로 하고 싶은 말은?	기타 하고 싶은 말

● **비재원생 학부모 모집 및 장소 대관**

FGI 실무 중 가장 힘든 일이 비재원생 학부모 모집이다. 수도권 및 광역 도시에서 모집은 대체로 수월하지만, 지방의 경우는 어려움을 겪는 것이 현실이다. 하지만 아래 방법들을 참고하여 진행한다면 최소 1~2명의 학부모께서 참석 신청을 할 것이고, 그 1~2명을 통해 소개를 받을 수 있을 것이다. FGI 진행 장소는 재원생 학부모인 경우에는 학원 내에서 진행하면 되겠지만, 비재원생 학부모라면 학원 밖 공간에서 진행해야 할 것이다. 예를 들면, 토즈 등 모임 공간이나 카페 내 미팅 룸을 이용하면 된다.

– 주부 모니터(www.jubumonitor.com)를 통한 모집 : 학부모 모집에 있어 가장 유용한 방법 중 하나이다. 회원 가입은 무료이지만 게시글 등록을 하기 위해서는 유료 서비스를 이용해야 한다. 모집 공고는 『좌담회&리서치』 게시판에 다른 게시글을 참고하면 어렵지 않게 작성할 수 있을 것이다. 참고로 신청서 접수는 구글 또는 네이버 설문을 통해 받으면 관리하기가 편할 것이다.

– 지역 '맘 카페' 활용 : 만약 '주부 모니터'를 통해 모집이 어렵다면 '지역 맘 카페'를 활용한 모집 활동이 필요할 것이다. 사전 승인을 받아야 하는 카페도 있으니 최소 3~4주 전에는 알아보는 것이 좋다.

– 재원생 학부모 소개 : 위에서 소개한 사이트를 통해서 모집이 힘들다고 판단이 되면, 재원생 학부모를 통해 비재원생 학부모 소개를 받아야 할 것이다.

● **참석자 대상 설문지 설계**

본격적인 토의를 진행하기 전 참석자를 대상으로 작성하게 할 설문지를 준비하면 효과적이다. 설문 내용은 질문지 내용을 기반으로 작성하면 되는데, 부록에 설문지 샘플이 제시되어 있으니 참고하면 된다.

● **학부모 좌담회 진행**

일반적으로 2시간 정도 소요되며, 진행자의 역량이 매우 중요하다. 기본적으로 자녀 교육에 대해 관심이 높은 학부모께서 참석하기 때문에 사전에 준비한 질문지 내용에 맞춰 대화를 이끌어 나가면 크게 어려움은 없을 것이다. 다만, 질문에 대한 대답이 학부모 자신의 주관적인 내용인지, 지역의 전반적인 것인지에 대해 구분하여 확인하면 좋다. 그리고 FGI의 단점 중 하나가 토의하는 집단 전체 분위기에 소수 의견이 묻히는 경우가 있는데, 모든 사람의 의견은 다를 수 있음을 상기시켜주면서 다양한 의견을 제시할 수 있는 분위기를 만들어야 할 것이다.

● FGI 분석 보고서 작성 및 기획 회의

FGI 진행 시 참석자들에게 양해를 구하고 녹취를 진행하는 것이 좋다. 그래야 진행자가 대화 내용에 집중할 수 있기 때문이다. 일반적으로 보고서 작성 진행 순서는 『FGI 녹취록 작성 → 카테고리별 내용 정리 → 카테고리별 핵심 이슈 도출』 순서로 작성하면 되고, 결과물이 나오면 학원 관계자와 기획 회의를 통해 내용 공유를 하는 것이 효과적이다.

■ 학부모 FGI 결과 분석 보고서 사례

	일반 초등생 학부모	사교육(학원) 관심 학부모
교육정책 변화 반응	• 영어학습의 변동은 대부분 없을 것 • 영어 내신관리(쓰기, 문법)를 좀 더 빨리 시작할 것	• 영어학습의 변동은 대부분 없을 것 • 수학을 좀 더 빠른 시기에 시작할 것
영어학원 선택 기준	• 소득이 높지 않은 지역에서는 수강료가 상당히 중요하며 원장, 강사의 능력, 학습 방식 등을 우선 고려	• 브랜드 어학원은 커리큘럼이 비교적 잘 구축되었다고 믿음 • 학원 선택과 변경 시 자녀의 성향과 의견 반영
영어학원 이탈 및 불만 이슈	• 학생관리와 학원 분위기 • 학원비	• 학생의 특성(흥미 위주, 학습 위주) • 강사의 잦은 교체 • 아이의 수준과 연령에 적합하지 않는 학습 Contents
선호하는 학습방법	• 관리 중심의 한국형 학원을 상대적으로 선호함 • 문법을 위해 과외를 진행하기도하나 학원 특강도 이용함	• 저학년일수록 흥미 위주의 Reading, Speaking을 선호하며, 고학년으로 갈수록 내신관리를 위한 쓰기, 문법 준비 • 어학원을 기본적으로 보내나, 문법과 같은 경우 한국식 문법교육의 필요성으로 고학년에 과외와 병행함 • Activity 수업 선호(적절한 시수일 경우)

● FGI 진행 이후 사후 관리

참석한 학부모들에게 지속적으로 교육 정보를 제공한다면 우호적인 관계를 유지할 수 있을 것이다. 학원 홍보에 있어 직·간접적인 홍보 채널로 활용 가능하니, 사후 관리에 대해 반드시 신경 쓰는 것이 좋다.

4) 고객 Profiling 기법

우리 제품 및 서비스를 구매하는 주요 고객 중 대표하는 가상의 인물을 설정하고, 가상의 핵심 고객이 진정 원하는 것이 무엇인지에 대해 고객 입장에서 살펴보는 기법이다.

■ 고객 Profiling 작성 사례

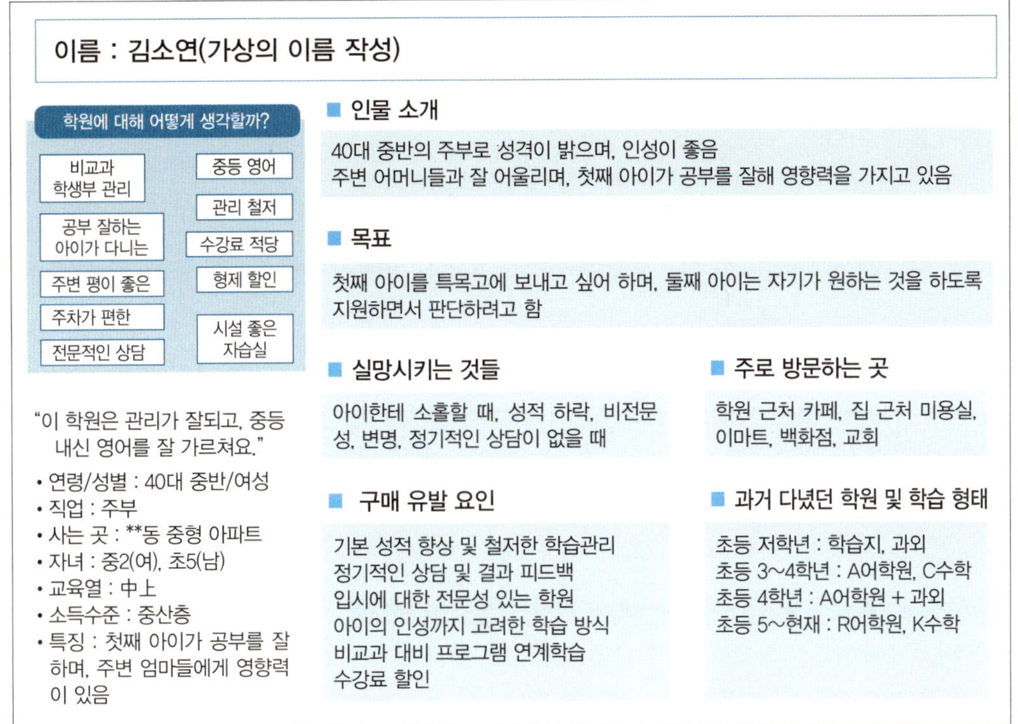

5) 고객 Needs 분석을 위한 최소 확인 사항

고객 Needs 분석은 매우 중요한 일이다. 많은 사람들이 "내가 잘 하는 것(서비스, 제품 등)을 제공하면 되겠지"라는 생각을 하는데, 기본적으로 고객이 원하는 것을 전달해야 하며, 무엇을 원하는지 끊임없이 고민해야 할 것이다. 만약, 위에 제시된 방법들을 도저히 실행할 시간이 없다면, 아래에 제시된 질문에 대해 끊임없이 묻고 답해야 할 것이다.

① 고객 성향에 대해 잘 알고 있는가?

② 고객들이 제품과 서비스 선택의 핵심 요인이 무엇이라 생각하는가?

③ 고객 Needs에 대해서는 어떤 방법으로 파악하고 있는가?

경영자는 습관적으로 경쟁업체가 무엇을 하는지, 그리고 자사의 장점과 단점은 무엇인지에 대해 지속적으로 고민을 해야 한다. 특히 경영자 자신의 성향을 정확히 알고 부족한 부분을 협력자나 시스템을 통해 보완할 수 있는 경영 체계 구축이 필요하다. 그럼 경쟁사 및 자사 분석 방법에 대해 살펴보도록 하겠다.

1) 경쟁사 동향 파악

① 경쟁사 파악을 왜 해야 하는가?

사업 규모가 작을수록 하루가 매우 바쁘게 흘러갈 것이다. 이런 상황에서 주변 경쟁업체가 무엇을 하는지 관심 갖기가 어려운 것이 현실이다. 학원의 경우도 마찬가지일 것이다. 그래서 내 학원 신경 쓰기도 바쁜데, 경쟁 학원에 대한 조사를 따로 하기란 정말 힘든 일이다. 하지만 변화하는 교육 시장 속에서 다른 학원을 둘러볼 수 있어야만 지속적으로 경쟁사 대비 경쟁력을 유지할 수 있다. 다시 얘기하지만 고객들은 수많은 교육 기관들을 비교하고 선택할 수 있기 때문에 경쟁사 대비 우리 학원만의 차별화가 있어야 하는 것이다. 주변에서 잘 된다고 하는 학원의 원장들을 살펴보면 '학습'이라는 공통점이 있다. 배울 점이 있는 학원이라면 어디든 찾아가 벤치마킹하고 주변 학원장과의 교류를 통해 끊임없이 성장하기 위해 노력하고 있다는 것이다. 그리고 그 노력이 자신에게서 끝나는 것이 아니라 강사들과 직원들에게도 학습 DNA를 전파시켜 성장하는 조직 문화를 만든다는 것이다. 아직도 자신이 바쁘다는 이유로 주변을 둘러 볼 여유가 없다고 할 수 있는가? 최소한 하루에 단 10분만이라도 주변 경쟁업체들의 움직임과 그 이유에 대해 고민해보는 시간을 갖기 바란다.

② 경쟁사 파악을 위한 확인 사항

아래 질문에 대해 구성원들과 함께 고민해보고 작성하는 시간을 갖도록 해보자.

- 현재 경쟁 학원명을 최소 3개 이상 적어보자.
- 위에 적은 3개 학원의 장·단점에 대해 적어보자.
- 경쟁 학원에 대한 정보는 어떻게 파악하고 있는가?

2) 내부 현황 분석

내부 현황 분석이란 사업 운영 과정에서 발생되는 요소들에 대해 얼마나 경쟁력을 갖고 있는지 객관적으로 분석하는 활동이라 할 수 있다. 아래 그림을 보면 성공적인 학원 운영을 위해 필요한 6가지 요소(People, Contents, Management, Consulting&Counseling, Marketing, Strategy)들을 제시하였는데 그 중에서도 People, 또 사람 중에서도 원장의 역량이 가장 중요하다 할 수 있을 것이다. 아무리 좋은 콘텐츠와 시스템이 있더라도 원장이 제대로 운영하지 않으면 그 효과가 없듯이 원장의 역할은 무엇보다도 중요하며, 따라서 원장 자신의 장·단점을 정확히 알고 있어야 하는 것이다.

■ **학원 운영체계를 통해 살펴본 6가지 성공 요소**

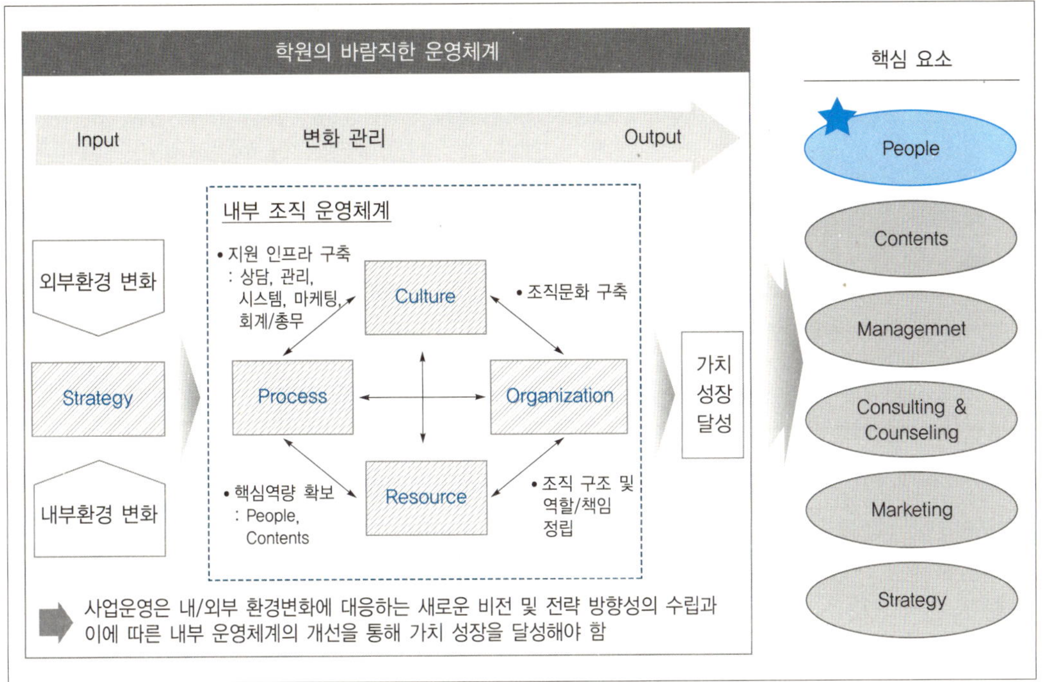

① 경영자 자신을 객관적으로 파악하기

규모가 작은 사업체일수록 경영자가 사업의 전부를 의미하는 경우가 많다. 학원도 마찬가지로 '원장=학원'인 경우가 많은데, 따라서 원장 자신의 특징을 정확히 아는 것이 매우 중요하다. 많은 원장들이 강의와 강연을 통해 성공사례를 계속 접하고 있음에도 모든 학원들이 성공하지 못할까? 그것은 무조건적인 벤치마킹으로는 성공할 수 없다는 것이다. 다시 말해 원장 자신에게 맞는 전략이 필요하다는 것이다. 이처럼 원장 자신을 정확히 아는 것이 중요함에도 학원 창업 시 자신의 성향을 정확히 파악하는 경우가 많지 않다. 대체로 사회 생활을 하면서 자신의 특징을 대략 알고 있고, 유능한 강사를 잘 채용하면 학원 운영에 큰 문제가 없을 것이라고 생각하기 때문일 것이다. 물론 그러한 경우도 있다. 하지만 최근 학원 컨설팅을 하면서 느낀 것은 원장 자신의 성향과 리더십 스타일을 정확히 알고 이에 따라 강사를 채용하거나 조직을 운영하는 것이 매우 중요하다는 것이다. 예를 들어, 원장은 성향상 강의와 콘텐츠 개발에 집중하기를 원한다. 그렇다면 누군가 조직 관리 및 마케팅 업무를 수행해야 하는데, 아무도 그 역할을 하지 않는다면 학원 운영에 어려움이 있을 것이다. 물론, 규모상 혼자 많은 업무를 감당해야 하는 상황도 있다. 이때는 자신에게 부족한 부분을 최대한 시스템에 의해 보완할 수 있도록 해야 한다. 그래서 무엇보다도 원장 자신의 성향을 제대로 알고 시작하는 것이 선행되는 것이 중요하다.

■ 학원장 중심의 영어학원 현황

초 · 중등 영어학원, 재원생 153명, 전임강사 5명

**"학원 운영체계에 문제가 있는 것
같아요. 마케팅도 문제인 것 같고..."**

• 연령/성별 : 40대 중 · 후반/남성
• 지역 : 경기 이남(구 도시)
• 강사 수 : 전임 5명(부원장 포함)
• 강의실 수 : 2층 3개, 3층 4개
• FC 가맹 여부 : O
• 셔틀버스 : 15인승 3대

■ 인물 소개

40대 중 · 후반의 강사 출신 남자 원장. 지역에서 중등 내신 영어학원으로 유명하여, 한때 500명 규모로 운영했었음. 영어 콘텐츠 연구와 강의에 관심이 많고 남에게 부탁을 잘 못하는 착한 성격의 소유자. 최근 경영 악화로 건강 상태도 좋지 않고, 무기력해 보이는 인상

■ 우리 학원은?

초 · 중등 대상의 영어학원으로 관리가 잘 되는...
개인학원에서 FC 가맹 전환 이후 콘셉트가 애매해짐

■ 재무 현황

월 평균 매출액 : 3,800만 원/월 평균 지출액 : 3,300만 원(원장 인건비 포함 X)

■ 주요 현황

▶ 학원 업무의 대다수를 원장 혼자서 감당하고 있음
▶ 대형 브랜드로 전환하였지만 원생 수가 지속적으로 감소함
▶ 개원 초기 멤버인 40대 중 · 후반의 남자 부원장의 역할이 없음
▶ 강사 등 구성원들의 열정을 찾기 어려움

학원장 혼자 모든 일을 대부분 하고 있던 초 · 중등 영어학원을 사례로 들어보면, 원장의 장점은 콘텐츠 개발과 강의에 있는데 다른 업무로 인한 스트레스로 힘들어했고, 그로 인해 원생 수가 점차 감소되고 있던 상황이다. 한때 500명 규모까지 운영했던 학원이 현재 153명에서 계속 감소되고 있다면 어떨 것 같은가? 그러나 이 원장은 다른 사람에게 부탁을 잘 못하는 착한 성격의 소유자로 경영 상황이 악화되고 있음에도 학원 내 역할이 거의 없는 남자 부원장에 대해 어떠한 조치도 하지 못하고 있다. 경영자는 완벽할 수 없다. 성향상 거침없이 일을 추진하는 사람도 있고, 매우 계획적이어서 하나하나 다 살피고 또 살피다보니 추진 자체가 안 되는 사람도 있다. 무엇이 옳다고 할 수는 없지만 이런 경우에는 나의 부족함을 받아들이고 보완해 줄 수 있는 누군가가 곁에 있는 것이 효과적이다.

■ 학원장 중심의 영어학원 진단 결과

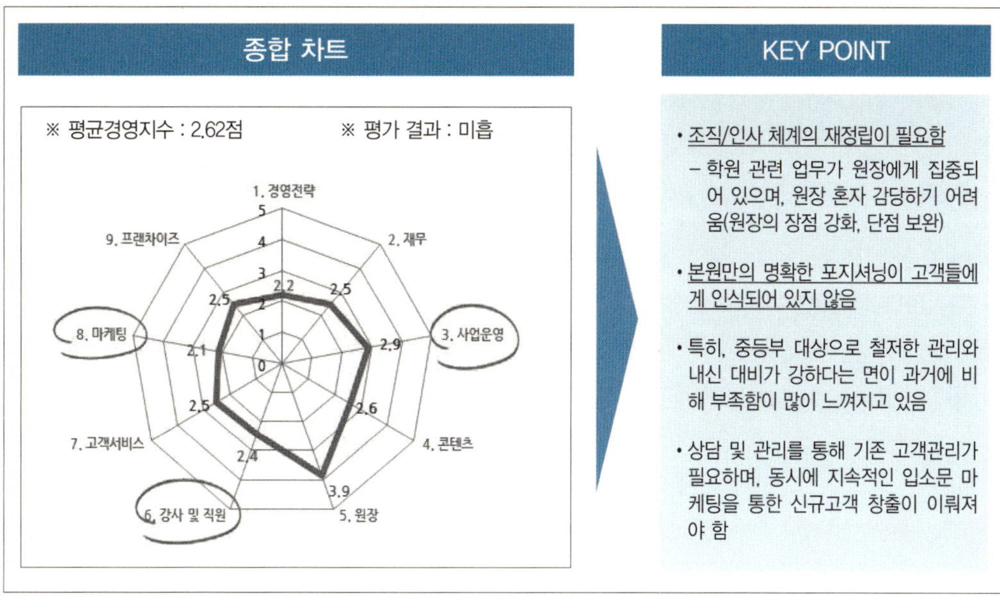

학원 내부 진단과 원장/부원장/강사/직원들과의 인터뷰 및 설문을 통해 문제점을 파악하고 경쟁사 대비 이 학원만의 차별화 방향성을 제시하였는데, 결과적으로 구성원의 역할 및 조직 체계 재정립을 통해 안정적인 학원 운영 구조를 만들었다. 종종 원장들과 얘기하다보면 원생 수가 증가되지 않는 이유를 마케팅을 잘 못해서라고 생각하는 분들이 있다. 그래서 학원 진단을 해보면, 위 사례와 같이 조직 내부에 문제가 있고, 그로 인해 학원의 색깔이 불투명해지는 것이다. 따라서 학원이 정체되어 있거나 원생 수가 감소하고 있다면 먼저 학원 내부의 문제는 없는지, 특히 원장 자신에 대해 제대로 살펴 볼 필요가 있다.

● 성향 파악하기

자신의 성향은 자기 스스로 또는 다른 사람이 나를 관찰함으로써 알 수 있지만 보다 정확한 파악 방법으로 검사 도구를 활용해서 알 수 있다. 인터넷을 검색하면 비교적 간단하게 파악할 수 있는 것들을 찾을 수 있지만, 정확하게 알고자 한다면 공신력 있는 검사 도구와 전문가를 통해 진행하는 것이 바람직하다. 검사는 결과도 중요하지만 올바르게 해석하는 것이 더 중요하다. 전 세계적으로 가장 대표적인 성격유형 검사가 MBTI 검사인데, 필자도 일반강사 자격증을 보유하고 있는 전문가로서 '일상생활에서 자기이해', '교육 현장에서 학습 방법 개발', '조직에서 갈등관리/의사결정/리더십 훈련' 등 다양한 분야에서 진단 도구를 활용하고 있다. 그럼 MBTI 성격유형의 4가지 분류 기준에 대해 설명하였으니, 자신이 어느 유형에 해당하는지 확인해보도록 하자.

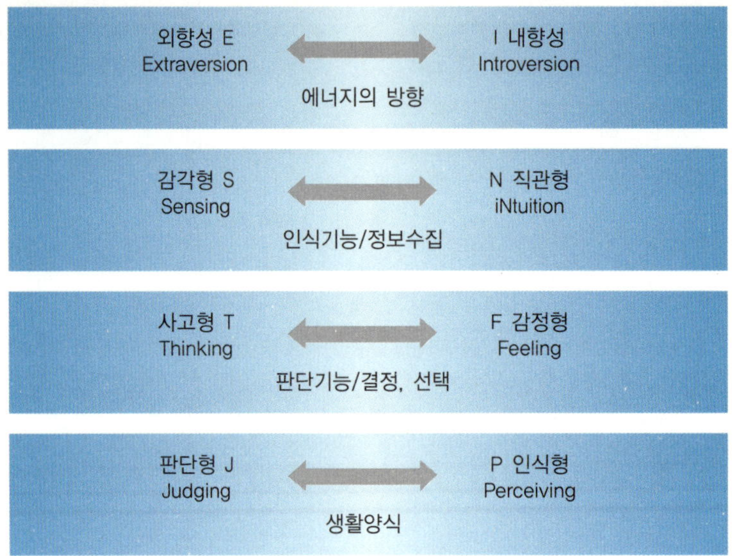

▲ 출처 : 한국MBTI 연구소

- 에너지의 방향에 따라 외향 또는 내향으로 구분된다. 외향형은 불특정 다수인이 있는 공간에 쉽게 가는 반면에 내향형은 혼자 또는 소수의 친한 사람들과 어울리는 것을 선호한다. 외향형은 말로 표현하고 활동에 의해 에너지를 충전하는 것을 선호하지만, 내향형은 말보다는 글이 편하고 비축에 의해 에너지를 충전하는 것을 선호한다.

- 인식 기능에 따라 감각 또는 직관으로 구분된다. 감각형은 현재에 초점이 맞춰져 있으며 오감에 의해 사실적이고 구체적으로 실태를 파악하고자 하는데, 직관형은 미래 가능성에 초점이 맞춰져 있어 육감에 의해 상상적이고 영감적인 부분을 선호한다. 감각형은 정확한 일처리를 하고 일관성 있는 업무를 선호하지만, 직관형은 비약적 일처리를 하고 변화와 다양성을 추구하는 편이다. 다시 말해 감각형은 나무를 보고, 직관형은 숲을 보려는 경향이 있다.

- 판단 기능에 따라 사고 또는 감정으로 구분된다. 사고형은 논리적이고 분석적이며 객관적 판단을 중요시하기 때문에 대체로 업무 중심적인 편이다. 반면에 감정형은 상징적이고 포괄적으로 주관적 공감을 중요시 하여 사람들과의 관계를 중심으로 판단하는 편이다. 그래서 사고형은 원인과 결과가 중요하며, 감정형은 좋다, 나쁘다가 중요한 기준이 된다.

- 생활양식에 따라 판단 또는 인식으로 구분된다. 판단형은 상황을 통제하려는 성향이 있어 체계적이며 정리정돈과 계획을 선호하지만, 인식형은 상황에 적응하려는 성향이 있어 자율적이며 상황에 맞추는 개방성을 가지고 있다.

위의 4가지 기준에 따라 외향형(E)-내향형(I), 감각형(S)-직관형(I), 사고형(T)-감정형(F), 판단형(J)-인식형(P)로 구분하여 총 16가지 유형이 나오며, 그 중 하나가 나의 성격유형이 되는 것이다. (예 내향형이면서 직관형이고 사고형이면서 판단형이라면 INTJ가 된다.)

■ MBTI 검사에 따른 16가지 성격유형 분포

ISTJ 세상의 소금형	ISFJ 임금 뒤편의 권력형	INFJ 예언자형	INTJ 과학자형
ISTP 백과사전형	ISFP 성인군자형	INFP 잔다르크형	INTP 아이디어 뱅크형
ESTP 수완 좋은 활동가형	ESFP 사교적인 유형	ENFP 스파크형	ENTP 발명가형
ESTJ 사업가형	ESFJ 친선도모형	ENFJ 언변능숙형	ENTJ 지도자형

▲ 출처 : 한국MBTI 연구소

모든 성격유형은 고유의 가치를 가지고 있기 때문에 다른 유형에 비해 좋거나 나쁘다고 할 수 없다. 자신의 정확한 유형을 확인해서 장점을 개발하고 단점을 보완할 수 있으며, 다른 사람과의 차이점을 이해하는데 도움이 될 수 있다. 그리고 각자 처해있는 환경에 영향을 받아 본래 성향과 다르게 나올 수도 있으며, 또한 중년 이후의 성인들은 반대 성향을 동경하려는 경향이 있어 어떤 것이 나의 성향인지 잘 모를 수도 있으니 참고하기 바란다. 위에서 살펴본 바와 같이 사업을 운영하거나 다른 사람들과의 관계 형성을 하는데 있어 자신의 성향은 매우 중요한 역할을 하고 있다. 따라서 부록에서 16가지 유형에 대해 자세히 설명하였으니, 자신의 성향에 대해 꼭 확인하기를 바란다.

● **자가 진단을 통한 원장 및 주요 구성원의 장 · 단점 파악**

아래에서 제시하는 질문에 대해 작성해보고, 원장 자신과 주요 구성원의 장·단점을 파악해보는 것도 좋을 것이다. 조직 구성원들 모두의 생각을 있는 그대로 알 수 있다면 매우 의미 있는 결과가 나온다. 따라서 익명으로 작성하는 것이 좋다.

● 경영자(원장)의 장점과 단점에 대해 적어보자!

　– 장점 :

　– 단점 :

● 정말 믿고 의지 할 수 있는 동료가 있는지? 있다면 그 동료의 장·단점을 적어보자!

　– 장점 :

　– 단점 :

● 자신이 생각하는 나에게 있어 그리고 다른 사람에게 있어 '해야 할 일', '잘 할 수 있는 일', '하고 싶은 일'에 대해 적어보자!

구분	해야 할 일	잘 할 수 있는 일	하고 싶은 일
나			
동료1			
동료2			

② 학원 내부 파악하기

원장, 다시 말해 한 조직의 대표의 성향을 확인했다면, 이제 조직을 객관적으로 파악해보자. 아래에서 제시된 질문에 대해 내부 구성원 모두가 작성하여 결과물을 비교해보자. 특히 첫 번째 질문인 빈 칸 채우기는 어떠한 전제 조건 없이 생각나는 대로 작성해야 한다. 원장이 생각하는 우리 학원에 대한 이미지, 강사가 생각하는 우리 학원에 대한 이미지 그리고 가능하다면 학생과 학부모가 생각하는 우리 학원에 대한 이미지를 조사하여 비교할 수 있다면 좋겠다. 빈 칸 채우기에 작성된 글자의 의미가 모두 다른 결과가 나왔다면 아마도 우리 학원만의 명확한 콘셉트가 없을 가능성이 높다. 이럴 경우 외부에서 우리 조직을 바라보는 특징이 어떠한지 신속하게 파악해서 원하는 콘셉트로 변화시키기 위한 작업을 해야 한다. 이상적인 콘셉트 구축에 대해서는 STP 전략에서 살펴볼 예정이다.

■ 학원 내부 현황 파악을 위한 질문지

● 우리 학원은 ____ 이다!

● 우리 학원의 장점과 단점에 대해 적어보자!

  – 장점 :

  – 단점 :

● 우리 학원의 차별화 경쟁력에 대해 적어보자!

● 우리 학원에서 진행했던 활동 중 기억에 남는 활동은?

4 외부 환경 변화에 따른 대처 방안 (SWOT 분석)

사업을 운영하는데 있어 영향을 주는 외부 환경 중 기회(opportunity) 요소와 위협(threat) 요소에 대해 파악해보고, 내부 역량을 어떻게 변화시켜 대처 할 것인지에 대해 알아보도록 하자. 여기서 중요한 것은 우리는 외부 환경을 변화시킬 수 없으며, 내부 역량 중 강점(strength)을 잘 활용할 것인지 약점(weakness)을 보완할 것인지에 대해 결정해야 하는 것이다. 이것이 바로 SWOT 분석의 핵심이라 할 수 있다.

1) SWOT 분석이란

SWOT 분석이란 학원을 둘러싼 환경 분석을 통해 강점(strength)과 약점(weakness), 기회(opportunity)와 위협(threat) 요인을 규정하고 이를 토대로 마케팅 전략을 수립하는 것이다. 우리 학원의 강점과 약점을 발견하고, 외부 환경을 분석하여 기회와 위협 요소를 찾아낸다. 그리고 이를 토대로 강점은 살리고 약점은 제거하여, 기회는 활용하고 위협은 억제하는 것이라 보면 될 것이다. 아래 작성 사례를 보면 쉽게 이해가 될 것이고, 표 안에 있는 내용을 지우고 우리 학원에 맞춰 작성해 보도록 하자.

2) 컨설팅 사례 : 강점은 살리고 약점을 보완하여 기회를 잘 활용한 초등 저학년 중심의 영어학원

초등 저학년 중심의 영어학원이 있다. 원장은 30대 후반의 여성이며, 유학파 출신으로 실용 영어를 잘 가르칠 수 있는 장점을 가지고 있다. 반면에 성향상 조직적이지 못하고, 영어만 잘 할 수 있는 강사출신의 원장이라는 것이다. 그럼 이 학원을 둘러싼 외부 환경 요소를 기회와 위협으로 구분하여 찾아내고, 학원의 강점과 약점이 무엇인지에 대해 SWOT 분석표에서 살펴보겠다.

■ 초등 저학년 중심 영어학원의 SWOT 분석 사례

Opportunities	Threats
• 신도시 지역으로 지속적 인구 유입 • 가계 지출 비용 중 교육비 비중이 높음 • 교육 정책에 대한 학원 의존도가 높음 • 1가구당 사교육비 100만 원 정도 소비할 가구수가 많음 • 학원 주변에 유흥 환경이 없음	• 교육 정책의 빈번한 변화 • 입시 내신 영어 전환 시기가 빨라짐 • 비교과에 대한 수요 증가 • 초·중·고 학생 인구수 감소로 인한 수요층 감소 • 저가 학원 및 과외방, 공부방 등 학원 간 경쟁이 심화되어 있음
• 기존 영어 프로그램에 대한 높은 만족도 • 학습관리에 대한 좋은 평가 • 원장에 대한 전문가적 이미지 구축 • 재원생 학부모들이 주변 학부모에게 추천	• 비교과 프로그램 부재 • 초등 고학년 때 퇴원 학생 발생 • 내신 영어에 대한 한계점 보유 • 학생 포트폴리오 관리 체계 부족 • 신규생 창출을 위한 마케팅 활동 미흡
Strength	Weakness

SWOT 분석을 통해 이 학원을 둘러싼 주요 기회요소는 신도시 지역으로 지속적으로 인구 유입이 되고 있으며, 1가구당 사교육비를 100만 원 정도까지 소비할 가구 수가 많다는 것이다. 반면에 주요 위협 요소로는 입시 내신 영어 전환 시기가 빨라졌으며 비교과에 대한 수요가 증가하고 있다는 것을 찾아 냈다. 다시 얘기하지만, 외부 환경 요소는 정확한 FACT로 우리가 아무리 노력해도 변화시킬 수 없 는 것이다. 따라서 이 학원의 내부 역량 중 강점과 약점이 어떠한지 파악하고, 강점을 잘 활용하거 나 약점을 보완하는 노력을 해야 하는 것이다. 이 학원의 경우 기존 영어 프로그램에 대한 높은 만족 도가 강점으로 보이고 있으며, 반면에 비교과 프로그램이 부재하고 초등 고학년 때 퇴원이 발생하는 약점을 보이고 있다. 그럼 어떠한 과정을 통해 기존 고객을 유지하면서 신규생을 창출하였는지 살펴 보도록 하자.

■ 초등 저학년 중심 영어학원의 SWOT 분석 후 대응 방안

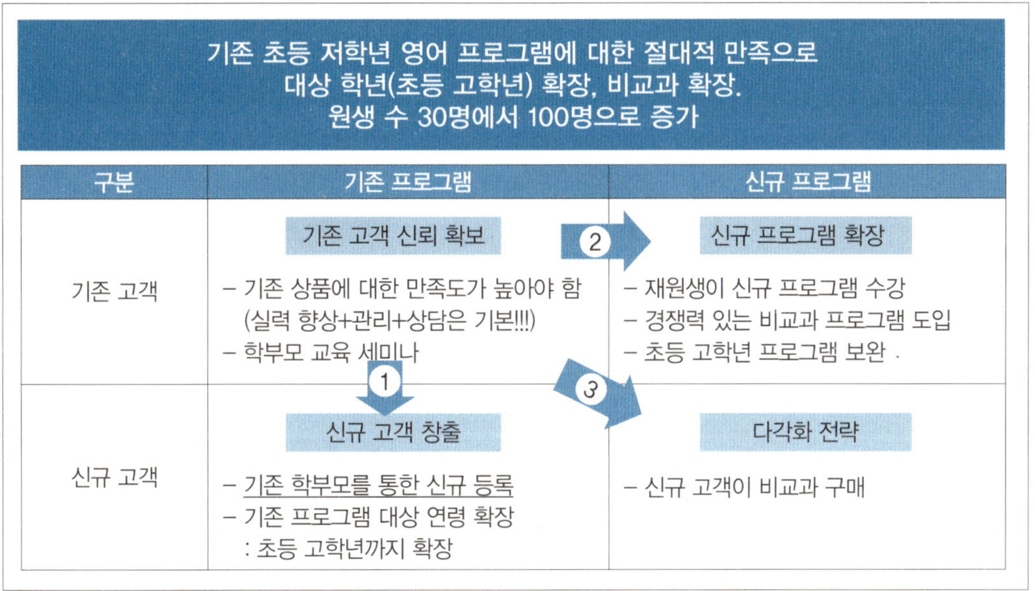

이 사례의 경우 원장의 강점을 극대화하기 위해 초등 저학년 대상의 영어학원 운영에 집중했다. 그리 고 고객 충성도를 기반으로 신규 고객 창출을 위해 지속적으로 학부모 세미나를 실시하였다. 그로 인 해 현재 운영되고 있는 프로그램에 대한 만족도를 더욱더 높일 수 있었고, 그 결과 초등 고학년까지 고 객을 확장할 수 있게 되었다. 하지만 여전히 초등 고학년이 되면 입시 및 내신 대비 학원으로 이탈되는 현상이 발생하여, 지역 학부모들이 선호하는 '비교과 프로그램'을 도입함으로써 약점을 보완하게 된 것 이다. 이 부분에서 중요한 것은 반드시 기존 상품에 대한 고객의 만족도가 높아야 신상품 도입의 성공 가능성이 높다는 것이다. 현재 제공되고 있는 상품 또는 서비스에 대한 만족도가 높으면 고객으로부터 신뢰를 확보할 것이고, 그러면 새로운 상품 또는 서비스까지 구매할 확률이 높다는 것이다. 따라서 정 리하면, 기존 초등 저학년 대상의 영어 프로그램에 대한 높은 만족도를 기반으로 학부모 세미나를 통

해 강점을 활용하였고, 이 학원의 약점이었던 '비교과 프로그램의 부재'를 보완함으로써 기존 고객 유지 및 신규 고객 창출의 2중 효과를 만든 사례라 할 수 있다.

3) SWOT 분석을 통한 전략 방향 도출 방안

위 컨설팅 사례에서 살펴 본 것과 같이 학원가에서는 자신의 강점을 기반으로 기회를 최대한 활용하는 전략을 가장 많이 사용한다. 그럼 SWOT 분석을 통한 전략 방향 도출 방안에 대해 아래 그림을 통해 자세히 살펴보도록 하자.

■ SWOT 분석을 통한 전략 방향

외부 환경 \ 내부 환경	Strengths(강점)	Weaknesses(약점)
Opportunities (기회)	SO Strategies 강점을 기반으로 기회를 최대한 활용하는 전략 방향 투자 확대 시장 확대 점유율 확대 **성장전략**	WO Strategies 약점을 보완하여 기회를 가능한 활용하는 전략 방향 경쟁력 보완 교육훈련 강화 조직 단순화 **개선/보완 전략**
Threats(위협)	ST Strategies 강점을 기반으로 위협에 적극적으로 대처하는 전략 방향 서비스 차별 강화 고객 기반 유지 수익성 강화 **방어 전략**	WT Strategies 약점 보완/위협 회피 매각/합병 시장의 부분적 철수 서비스 종류 정리 **아웃소싱/회피/철수 전략**

< 전략방향 >

① SO전략(강점-기회전략) : 우리 학원의 강점을 기반으로 기회를 최대한 활용하는 전략

② ST전략(강점-위협전략) : 우리 학원의 강점을 기반으로 위협에 적극적으로 대처하는 전략

③ WO전략(약점-기회전략) : 우리 학원의 약점을 보완하여 기회를 가능한 활용하는 전략

④ WT전략(약점-위협전략) : 우리 학원의 약점을 보완하여 위협을 회피하거나 극복하는 전략

위와 같이 4가지 전략 방향이 나오는데, 이해하기 어렵다면 단순하게 2가지만 기억해도 큰 문제는 없을 것이다. 내가 가진 강점을 잘 활용하거나 약점을 보완한다는 것이다. 그리고 어떤 순서로 어떻게 할 것인지에 대한 세부 수행 방안을 마련해야 하는데, SWOT 분석표를 작성한 후 자세히 살펴보면 그 해답을 분명히 찾을 수 있을 것이다.

마케팅 이론을 학습할 때 대표적으로 나오는 기법이 STP 전략이다. 그만큼 기본이면서도 매우 중요한 전략 TOOL이지만 현실에서는 제대로 활용하는 경우가 많지 않다. 따라서 다소 어렵게 느껴질 수 있는 STP 전략에 대해 제대로 이해하고 사업 현장에서 어떻게 접목시킬 수 있는지에 대해 살펴보도록 하자. 학원 창업을 준비하거나 학원 운영을 오래했는데 정체되어 있다면, 아래 제시되는 내용을 꼭 참고하자.

1) STP에 대한 기본 이해

STP는 'Segmentation', 'Targeting', 'Positioning'의 이니셜을 결합한 단어로 각각의 개념은 아래와 같다.

① Segmentation : 정확한 표적 시장 설정을 위해 소비자를 '지리적 요인', '인구 통계적 요인', '학습 수준별 · 목적별' 등으로 분류하는 것

② Targeting : 각각의 세분 시장을 시장 매력도(시장 규모, 성장률, 수익성), 경쟁 정도, 내 학원의 보유 역량 등을 분석하여 표적 시장을 선택하는 것

③ Positioning : 내 학원의 교육 프로그램이나 서비스를 고객 인식 속에 경쟁사 대비 차별화 된 이미지를 심어주는 것

▣ **전략 사례**

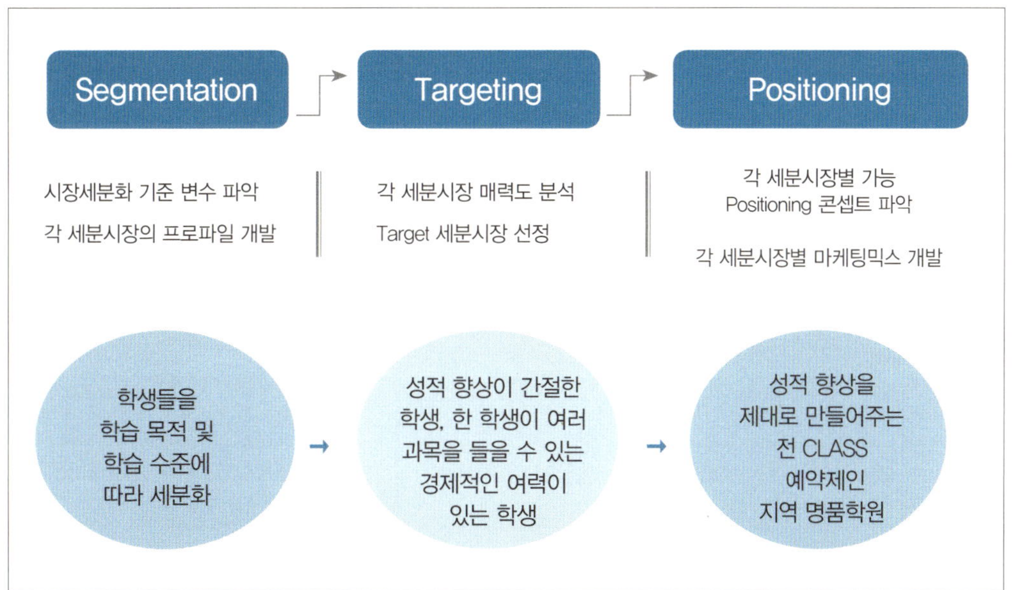

위에서 보는 바와 같이, STP 전략의 최종 목적은 표적 시장을 정해서 경쟁사 대비 우리 학원 만의 차별화 된 이미지를 고객 마음속에 강력하게 심어주는 데 있다. 학원 시장에서는 일반적으로 시장 세분화를 할 때 '지역', '학년', '학습 수준', '학습 목표'로 분류하고, 분류된 시장이 충분히 수익적으로 매력이 있는지, 수익적 가치가 있다면 어떻게 우리 학원 이미지를 고객들에게 심어 줄 지에 대한 전략을 수립하는 것이라고 할 수 있겠다. STP 전략을 설명할 때 '사우스웨스트 항공'의 차별화 된 마케팅 전략 사례를 많이 얘기한다. 시장을 여행 목적에 따라 세분화하였고, 그 중 비즈니스를 위한 단거리 승객과 주말을 이용한 여행 승객을 표적 시장으로 설정하였다. 그리고 표적 시장을 대상으로 저가 항공이라는 차별화 된 이미지를 고객들에게 심어줌으로써 경쟁사들이 경영난을 겪을 때 유일하게 흑자를 만들었던 항공사이다. 이처럼 시장을 정확하게 파악하고 우리가 경쟁사 대비 잘 할 수 있는 시장을 대상으로 차별화 된 이미지를 심어준다면, 아무리 작은 학원일지라도 지속적인 수익을 낼 수 있을 것이다.

2) 시장 세분화(Segmentation)

소비자의 니즈와 그들이 상품을 구입함으로써 얻고자 하는 편익 그리고 인구 통계적 요인 등을 고려하여 시장을 분류하는 것인데, 이해를 돕기 위해 실제 학원 시장에서 사용했던 예시를 살펴보도록 하자.

▣ 학원 시장에서의 시장 세분화 사례

<table>
<tr><td>1단계
지역별 구분</td><td>2단계
학년별 구분</td><td>3단계
학력별 구분</td><td>4단계
목표별 구분</td></tr>
</table>

<table>
<tr><th colspan="2">지역</th><th>학년</th><th>성적 수준</th><th colspan="2">학습 목표</th><th>학습 방식</th></tr>
<tr><td rowspan="3">강남구
5개 동</td><td rowspan="3">압구정동
신사동
논현1동
논현2동
청담동</td><td>초1~2</td><td>최상</td><td rowspan="3">초등</td><td>창의 사고력</td><td rowspan="7">학습 목표와 개별 수준에 따라 선행과 심화 비중이 다르나, 외부에서 바라보는 학원의 이미지는 선행 중심이면서 심화 보강과 내신/입시 실적이 좋은 학원
/
스파르타 이미지
(학습량↑)</td></tr>
<tr><td>초3~4</td><td>상</td><td>연산 학습</td></tr>
<tr><td>초5~6</td><td>중상</td><td>교과 선행</td></tr>
<tr><td rowspan="2">서초구
4개 동</td><td rowspan="2">잠원동
반포1동
반포2동
반포3동</td><td>중1~2</td><td>중</td><td rowspan="2">중등</td><td>내신 관리,
선행</td></tr>
<tr><td>중3</td><td></td><td>특목고 입시</td></tr>
<tr><td rowspan="2">성동구
6개 동</td><td rowspan="2">금호1가동
금호4가동
금호2,3가동
옥수동
행당2동
용봉동</td><td>고1~2</td><td>중하</td><td rowspan="2">고등</td><td>수시</td></tr>
<tr><td>고3</td><td>중</td><td>정시</td></tr>
</table>

위 예시는 압구정역 주변 수학 전문학원을 기준으로 작성한 시장 세분화표이다. 시장 세분화를 할 때 여러 변수가 있지만, 그 중 대표적으로 '지역', '학년', '학습 수준', '학습 목표' 등으로 분류한다. 만약 각자 자신의 학원에 위 내용을 적용하고 싶다면, 표 내용을 지우고 새로 내용을 작성한 후 내 학원의 표적 시장은 어디인지 확인해보면 될 것이다. 그리고 아래에서 제시하는 '표적 시장'에서 제대로 표적을 정했는지 살펴보도록 하자.

3) 표적 시장(Targeting)

각 세분시장의 매력 정도를 분석하여, 학원의 한정된 자원을 가장 효과적으로 활용할 수 있는 세분 시장을 선택하여 표적 시장을 정하는 것이다. 표적 시장을 정할 때 사용하는 기준은 시장 매력도(시장 규모, 성장률, 수익률), 경쟁우위 정도(경쟁사 수, 대체품 존재, 진입장벽), 적합성 정도(시장에서 성공하기 위해 요구되는 역량 보유 정도)를 살펴보는데, 학원에서 주로 사용하는 예시를 통해 살펴보도록 하자.

■ 학원 시장에서의 표적 시장 사례

Segment		Market Size	Market Growth	Profitability	Key Factors for Success
초등5~6 중상 선행		Mid	Mid	Mid	• 중등 내신 대비를 위한 선행 학습 • 학생 개인에 대한 세심한 관리 • 상위권 학생 유치를 통한 입소문
중등	중위권	High	High	High-mid	• 내신 향상을 위한 학생 맞춤형 선행과 심화 학습 • 수학 내신 성적 결과와 비교과 대비 컨설팅을 통한 수시 성공 사례
	중상위권	Mid	Mid	Mid	• 확실한 내신 관리 • 선행 학습과 맞춤형 관리 • 특목고 대비 및 수시 대비를 위한 비교과 컨설팅
	상위권	Low	Low	Mid	• 특목고 대비 실적 • 상위권 학생을 위한 차별화 서비스
고1~2	중위권	High	High	High-mid	• 학교별 내신 대비를 위한 심화 학습과 관리 체계 • 비교과 컨설팅
	중상위권	Mid	Mid	Mid	• 학교별 내신 대비 및 비교과 컨설팅
고3	수시 대비	Mid	Mid	Mid	

학년별로 학습 수준과 학습 목표를 혼합하여 시장 세분화를 하였고, 그 세분화 대상별 3가지 기준(시장 규모, 성장률, 수익률)으로 시장 매력도와 핵심 성공 요인에 대해 나타낸 사례라 할 수 있다. 표적 시장을 설정할 때는 적어도 위의 3가지 기준으로 분석을 해야 하며, 추가적으로 '경쟁 정도'를 한 칸 더 만들어 체크한다면 더 효과적이다. 위의 제시된 표를 바탕으로 현재 자신의 학원을 다니고 있는 주요 대상의 '시장 규모', '성장률', '수익률', '경쟁 정도' 등을 검토할 수 있을 것이다.

4) 포지셔닝(Positioning)

"우리 학원은 정말 잘 가르치는데 왜 원생이 안 모이는지 모르겠다."라고 얘기하는 경우가 있다. 이는 제품의 품질이 아무리 뛰어나도 소비자 마음속에 인식되어 있지 않다면 경쟁 제품보다 못한 상품이 되기 때문이다. 핵심은 소비자의 마음속에 차별화 된 이미지를 만드는 것이다. 결국, 학원은 차별화 된 이미지를 만들고 극도로 단순화한 메시지를 통해 날카로운 칼처럼 벼려져 소비자의 마음을 파고드는 강력한 메시지를 전달해야 한다. 이러한 이유 때문에 자신만의 정확한 콘셉트와 방향성을 만들지 못했다면, 광고를 해서는 안 되는 것이다. 즉, 정확한 시장 분석과 전략 방향을 정한 후 하나의 메시지를 효과적인 매체를 통해 광고·홍보를 해야 한다는 것이다.

① 대표적인 포지셔닝 전략 방안

- 고객 기억 속에 최초가 되라 : 사람들은 최초로 인식된 것을 가장 좋다고 하는 경향이 있기 때문에 고객 기억 속에 최초로 인식시키고자 한다. (예 지역 내 최초의 PBL 수업 도입, 최초의 플립러닝 학원 등)

- 최초가 아니면 현재의 위상을 강조하거나 1등 그룹을 형성하여 1등임을 주장하라 : "OO학원에서 함께해야 합격의 지름길"의 메시지는 현재의 위상을 더 강하게 강조하는 방식이다. 그리고 1등 그룹을 형성하는 것은 중소형 학원에서 쉽게 적용할 수 있는 방안으로 "지역 내 보습학원 Big 5" 등 1등 그룹을 형성해서 알리면, 고객들은 "우리 지역에 Big 5 학원이 어디어디라고 하네."라고 할 수 있도록 인지 시켜주는 효과를 만들어 낼 수 있다. (예 BIG 3, TOP 10, Premium 어학원 Big 4 등)

② 포지셔닝 전략 수립 과정

만약 여러분들이 다음과 같은 고민을 가지고 있다면, 반드시 아래 과정을 통해 포지셔닝 전략 수립에 대해 검토해 봐야 할 것이다.

- 현재의 학원 콘셉트를 변경해야 하나? (영어 입시 학원 → 영어 독서 학원)

- 현재 핵심 고객 연령층을 다른 학년으로 옮겨볼까? (중등 → 초등)

- 수요가 없는 고객을 상대로 학원 운영을 하고 있나?

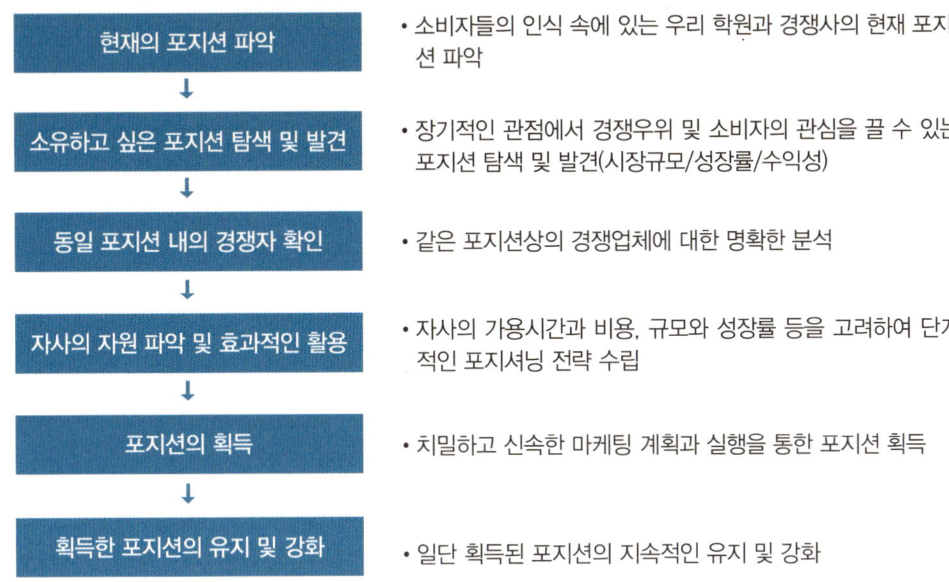

정말 오랜 기간 동안 고객들 마음속에 나만의 차별화 된 이미지를 원한다면, 위의 포지셔닝 전략 수립 및 실행 과정을 통해 하나하나 세부적으로 검토할 필요가 있다. 위에 절차 중 첫 번째와 두 번째 단계인 현재 자신의 위치를 객관적으로 보고, 확보해야 하는 포지셔닝이 무엇인지 찾아내는 것은 힘든 과정이라 할 수 있다. 그래서 포지셔닝 맵 작성을 통해 정확한 포지션 찾기를 하는 경우가 있는데, 아래 포지셔닝 맵 작성 사례를 통해 살펴보겠다.

■ 포지셔닝 맵 작성 사례

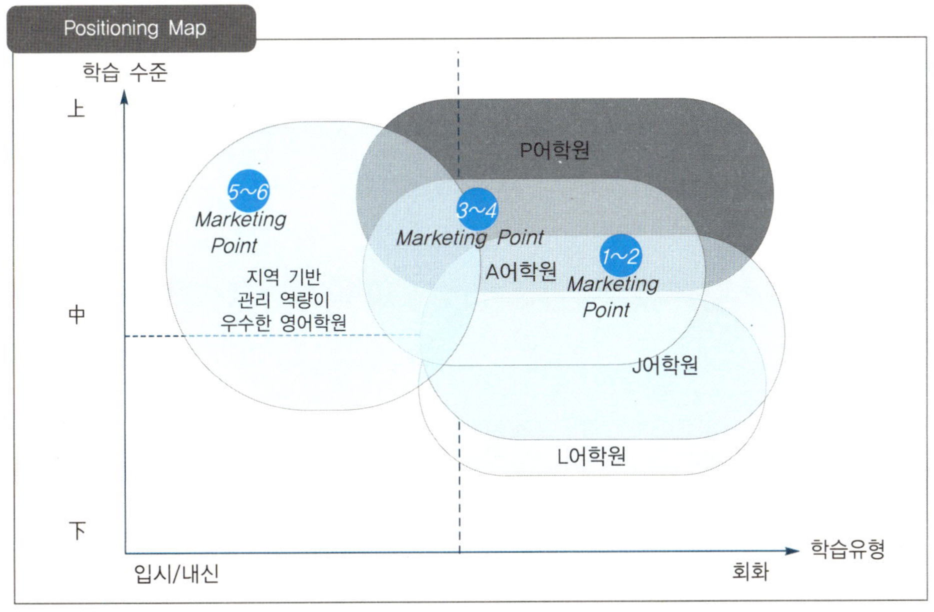

포지셔닝 맵을 작성할 때 가장 중요한 것은 X축과 Y축의 기준 설정이다. 위의 경우 '학습 유형'과 '학습 수준'에 따라 두 축으로 구분하여 먼저 경쟁사의 포지션을 파악하고 자신의 학원 '초등 1~2학년', '초등 3~4학년', '초등 5~6학년'이 차지해야 할 포지션 위치를 맵상에 기입한 것이다. X축과 Y축의 변수를 무엇으로 정하느냐에 따라 다양한 포지셔닝 맵이 그려질 수 있는데, 이 맵 그리기는 꼭 한 번 해보기를 바란다. 아래 영어, 수학 전문학원에서 가장 많이 사용하는 포지셔닝 맵 양식이 있으니, 양식에 맞게 주변 경쟁학원의 위치를 먼저 그려보고, 자신의 학원 위치를 초·중·고로 구분하여 원으로 기입하면 될 것이다.

▣ 영어학원 포지셔닝 맵 작성 서식

• 작성 방법 : 경쟁 학원 위치 표시→자신의 학원 현 위치와 이상적인 위치 작성(X, Y축은 수정 변경 가능)

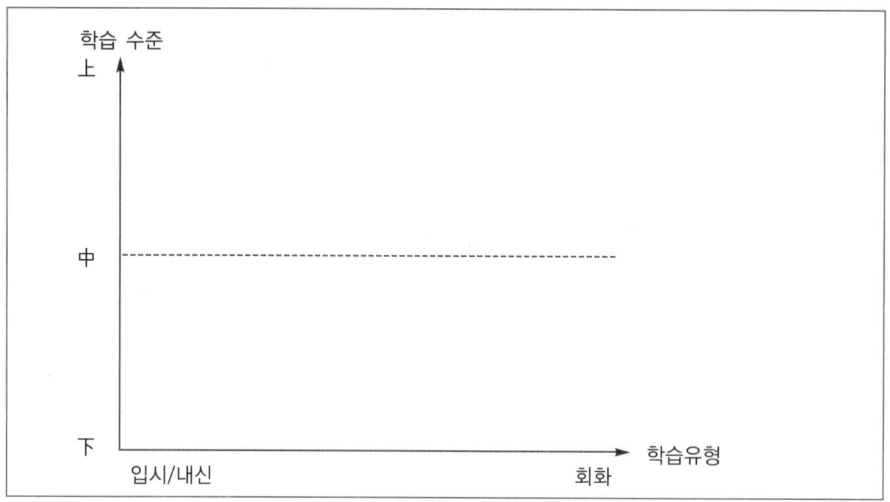

▣ 수학학원 포지셔닝 맵 작성 서식

• 작성 방법 : 경쟁 학원 위치 표시→자신의 학원 현 위치와 이상적인 위치 작성(X, Y축은 수정 변경 가능)

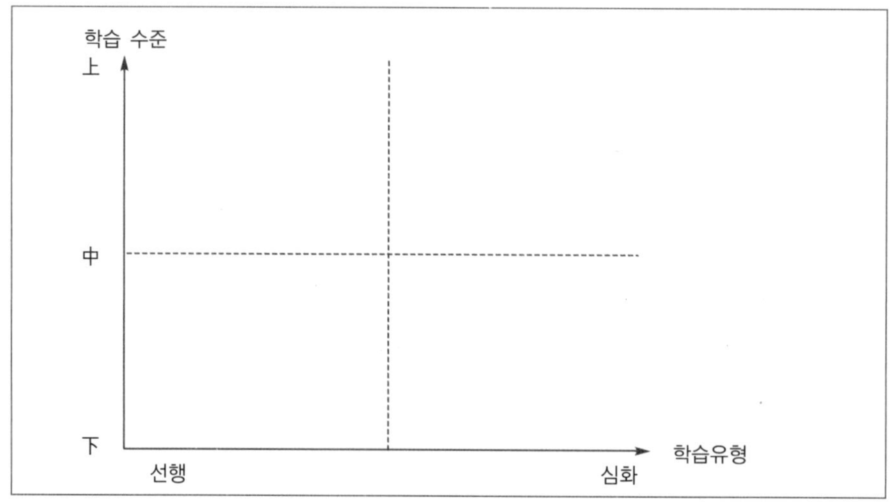

5) 컨설팅 사례 : 학원 콘셉트 전환에 성공한 사례

① 원장의 장 · 단점

■ 원장의 장 · 단점(학원 콘셉트 전환 성공 사례)

이 사례의 원장은 50대 중반의 남자로 일을 조직하여 추진하는 능력이 탁월한 ESTJ 유형(MBTI 성향 기준)으로 강사 출신이 아닌 일반기업 기획자 출신이다. 학원 시장을 잘 모르는 상태임에도 지역 시장 분석을 제대로 하지 못하였고 성급하게 중등 입시 콘셉트의 영어 프랜차이즈를 가맹하였다. 그 결과 계속되는 적자 구조를 면치 못하다가 콘셉트 전환에 대한 컨설팅을 진행하게 된 사례라 할 수 있다. 그래서 먼저 해당 지역의 영어 교육 시장에 대해 분석하여 시장성 있는 고객으로 재설정하였다.

② 연령별 영어 교육 시장의 흐름도 분석

■ 연령별 영어 교육 시장의 흐름도 분석

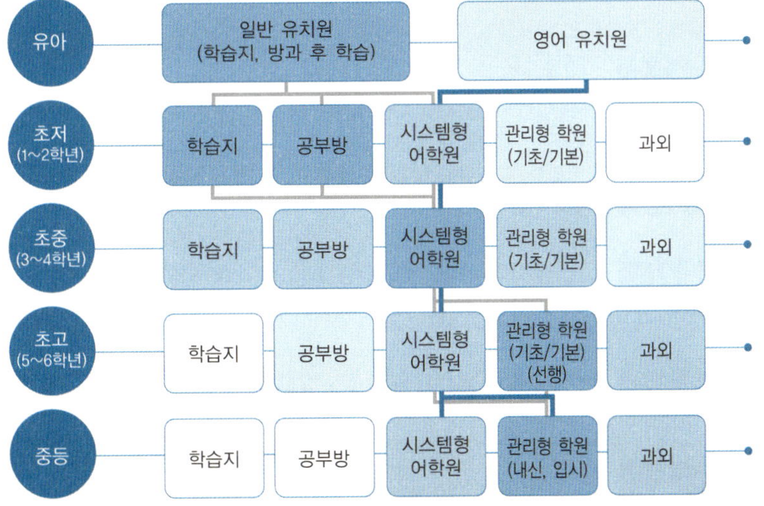

STP 전략은 시장을 세분화하고 고객 수요가 충분히 있고 성장성이 좋은 그리고 경쟁사 대비 자신이 경쟁우위를 점할 수 있는 대상을 공략해서 차별화 된 이미지를 만드는 것이다. 그래서 학생들이 연령 별로 어떠한 형태의 영어 사교육 기관을 선택하는지, 그리고 그 수요는 얼마나 되는지를 먼저 알아보았다. 위 그림을 통해서 볼 수 있듯이 유아 때 영어 유치원 출신이냐 아니냐에 따라 선택 흐름이 달라질 수 있다. 그래서 어떤 지역이든 교육열과 사교육비 지출 규모를 파악하기 위해서는 전업주부의 비율 그리고 영어 유치원을 보내는 가구 비율을 파악하는 것이 좋다. 이 지역의 경우 영어 유치원의 비율은 20% 정도의 수준이었고, 대체로 영어 유치원 출신들은 주 5일 학원을 보내기 때문에, 초등 1~2학년 때도 동일하게 주 5일을 다니는 시스템형 어학원(전국적으로 프랜차이즈를 운영하는 브랜드가 있는 대형 어학원)을 다니게 된다. 그리고 중등까지 시스템형 어학원으로 계속 보내거나 중학생이 되었을 때 지역 내 있는 관리형 학원(내신 및 입시 대비의 지역 학원)으로 보내는 경우가 많다는 것이다. 이처럼 영어 유치원 출신들은 시스템형 어학원에 대한 충성도가 높다는 것을 알 수 있다. 즉, 진입장벽이 비교적 높기 때문에 영어 유치원 출신을 공략하는 것은 어려운 일이다. 반면에 일반 유치원 출신들은 학습지, 공부방, 시스템형 어학원 등 다양한 선택을 한다. 상대적으로 영어 사교육비 지출에 대해 민감한 편이라 할 수 있겠다. 이런 경우 수강료 대비 교육 서비스에 대한 만족도가 높은 곳을 선호하는데, 초등 1~4학년 고객들의 신뢰를 얻게 되면 안정적으로 수익 창출이 가능할 것이라는 판단이 생기게 되었다. 그래서 초등 1~4학년을 핵심 고객으로 선정하고 충성도를 바탕으로 초등 고학년까지 확장하는 전략을 도출하게 된 것이다. 그럼 포지셔닝 전략 수립 및 실행 과정에 의해 우리의 판단이 맞는지 확인해 보겠다.

③ 포지셔닝 전략 수립 및 실행 과정 적용

■ 포지셔닝 전략 수립 및 실행 과정 적용 사례

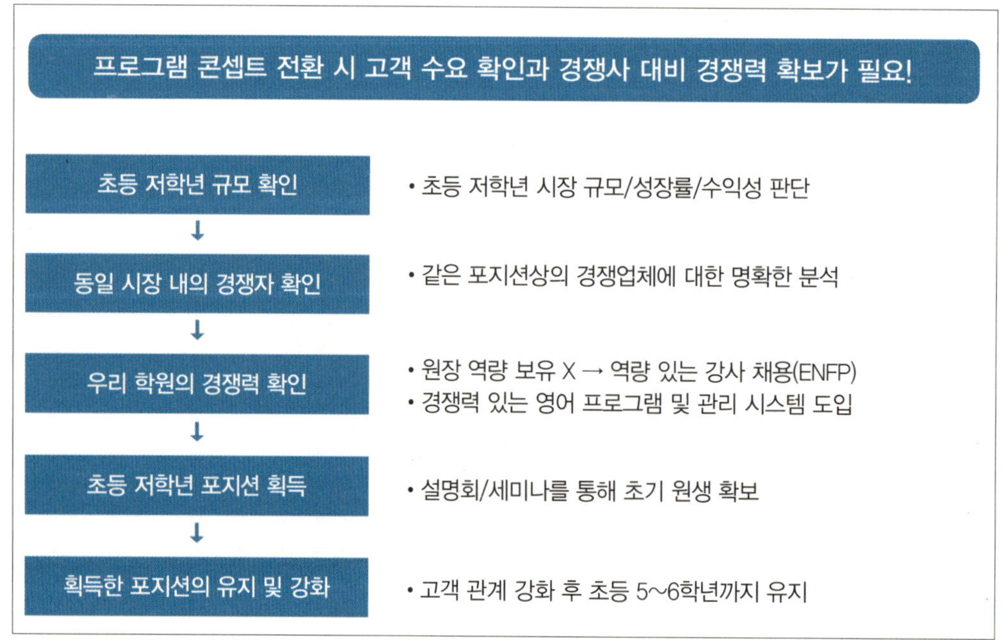

핵심 고객으로 선정한 초등 저학년의 시장 규모/성장률/수익성을 판단해보니 양호한 수준이었고, 동일 시장 내 경쟁학원들에 대한 고객 충성도도 크게 높지 않아 공략할 만한 시장으로 볼 수 있었다. 그렇다면 이 학원의 경쟁력은 어떠한가? 원장께서 강사 출신이 아니다보니 탁월한 역량을 보유했다고 볼 수 없다. 하지만 조직력과 추진력이라는 장점을 최대한 활용하고 부족한 부분을 믿을만한 동료와 시스템을 통해 보완하기로 하였다. 그래서 3개월 후 원장의 단점을 보완할 수 있는 강사를 찾게 되었고, 또한 초등 저학년에 적합한 경쟁력 있는 프로그램 및 관리 시스템을 도입하게 되었다. 그리고 초등 저학년 대상 영어학원의 포지션을 획득하기 위해 설명회 및 세미나를 통해 초기 원생 확보에 성공하였고, 이후 고객 신뢰를 바탕으로 초등 5~6학년까지 확대/유지할 수 있는 결과를 가져온 사례이다. 혹시 아직도 광고와 홍보만 잘 하면 성공할 것이라고 생각하고 있는가? 일상생활에서 주변을 둘러보면 정말 수많은 광고가 쏟아져 나오고 있다. 이런 상황에서 우리는 고객 마음속에 하나의 포지션을 획득해야 한다. 시장 분석을 통해 우리의 고객이 누구인지, 나는 경쟁사 대비 어떤 차별화를 가지고 있는지, 그렇다면 고객들 마음을 파고들 수 있는 강력한 메시지는 무엇인가에 대해 먼저 고민해야 할 것이다. 이것이 바로 마케팅의 시작이다.

6 경쟁 우위 확보를 위한 마케팅 MIX 전략

지속될 수 있는 경쟁우위를 확보하기 위해서는 마케팅 MIX 전략이 필요하다. 마케팅 4P MIX, 4C MIX, 7P MIX 등의 용어가 있는데, 기본적인 개념 설명과 실제 현장에서 어떻게 활용할 수 있을 지에 대해 살펴보도록 하겠다.

1) 마케팅 MIX 전략에 대한 이해

앞에서 시장 분석을 통해 나만의 차별화 된 이미지를 찾았다면, 그 다음은 어떻게 마케팅을 할 것인지에 대한 실행 전략이 필요할 것이다. 이때 많이 사용하는 방법이 4P MIX인데, 마케팅에서 4가지 핵심 요소인 Product(상품), Price(가격), Place(유통), Promotion(촉진)을 학원 특징에 적합하게 선택하여 추진하는 것이다. 예를 들어 과고 · 영재학교 입시 전문학원을 운영한다면, 실력 향상을 제대로 할 수 있는 『Product-프로그램&강사진』이 구성될 것이고, 고가의 수강료(Price)와 교육 특구 지역(Place), 그리고 실적 광고(Promotion) 중심으로 마케팅이 진행될 것이다. 다시 말해 최종 고객에게 어떻게 상품과 서비스를 판매할 것인가에 집중하여 경쟁자가 쉽게 흉내 낼 수 없을 만큼 경쟁우위를 확보하는 것이 중요하다. 그럼 마케팅 MIX 전략을 다음 그림을 통해 간단하게 살펴보겠다.

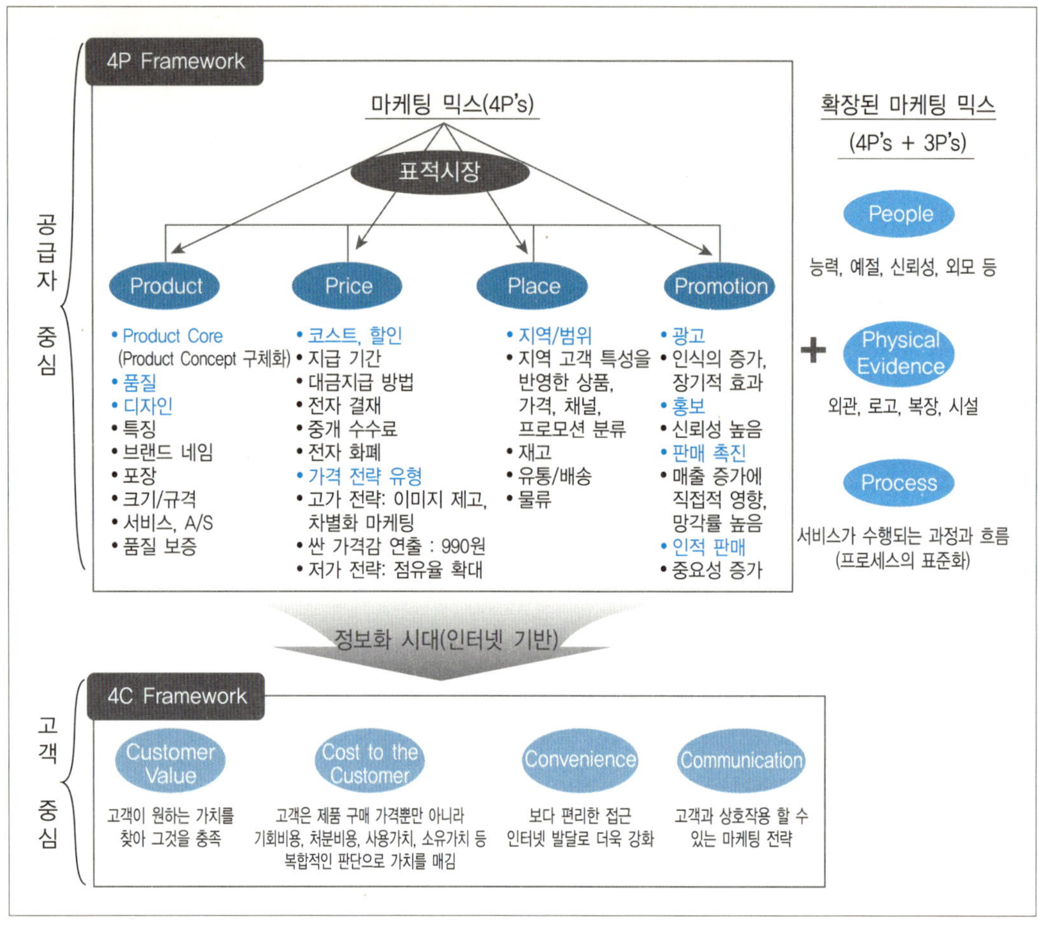

위와 같이 마케팅 MIX는 4P, 4C, 7P 등으로 나타내고 있는데, 중요한 것은 위의 마케팅 MIX를 현장에서 어떻게 하면 잘 활용할 수 있는지가 더 도움이 될 것이다. 그렇기 때문에 위의 마케팅 MIX에 대해서는 간략하게만 살펴보고 넘어가도록 하겠다.

① 4P : 마케팅 MIX 전략의 가장 기본적인 이론으로 Product(상품, 서비스), Price(가격, 할인), Place(지역/범위, 유통/배송), Promotion(광고, 홍보)으로 설명할 수 있다. 여기서 우리가 흔히 얘기하는 광고 · 홍보는 4P 중 Promotion에 해당하며, 정확히 얘기하면 Promotion은 광고, 홍보, 판매촉진, 인적 판매 4가지로 나눠질 수 있다.

② 4C : 정보화 시대로 오면서 4P MIX 전략의 한계를 보완하고자 고객 중심 관점으로 재구성되었다고 할 수 있다. Customer Value, Cost to the Customer, Convenience, Communication으로 구성되어 있으며, 4P 개념을 고객 관점으로 확장해서 의미를 부여한 것으로 보면 될 것이다.

③ 7P : 지식 서비스 산업 등 무형 가치를 다루기 위해 4P에서 부족한 3가지 요소가 추가 확장한 개념이다. People(사람), Physical Evidence(물리적 근거), Process(과정) 등 3가지가 추가되었는데, 유형의 상품과 무형의 지식 서비스를 전달하는 학원 사업에 있어서는 7P MIX 전략을 적절하게 사용하는 것이 바람직하다고 볼 수 있을 것이다.

2) 마케팅 MIX 적용 사례

위에서 언급한 『7P MIX 전략』을 가지고 실제 사례에 대해 살펴보겠다. 현재 동탄 지역에서 아무나 다닐 수 없는 명품 학원 콘셉트의 수익성이 좋은 학원이 있다. 다시 말해, 차별화 된 콘셉트로 성공적으로 운영하고 있는 학원이다. 이 학원의 성공요인은 원장 자신이 잘하는 것이 무엇인지 정확하게 판단하고 잘 하는 것은 제대로 하고 부족한 것은 외부 도움을 받는 전략에 있었다. 따라서 여러 원장들께서는 우선적으로 본인이 무엇을 잘 하는지를 파악하여 자신에게 맞는 전략을 수립해야 함을 잊지 않았으면 한다.

■ 마케팅 7P MIX 적용 사례

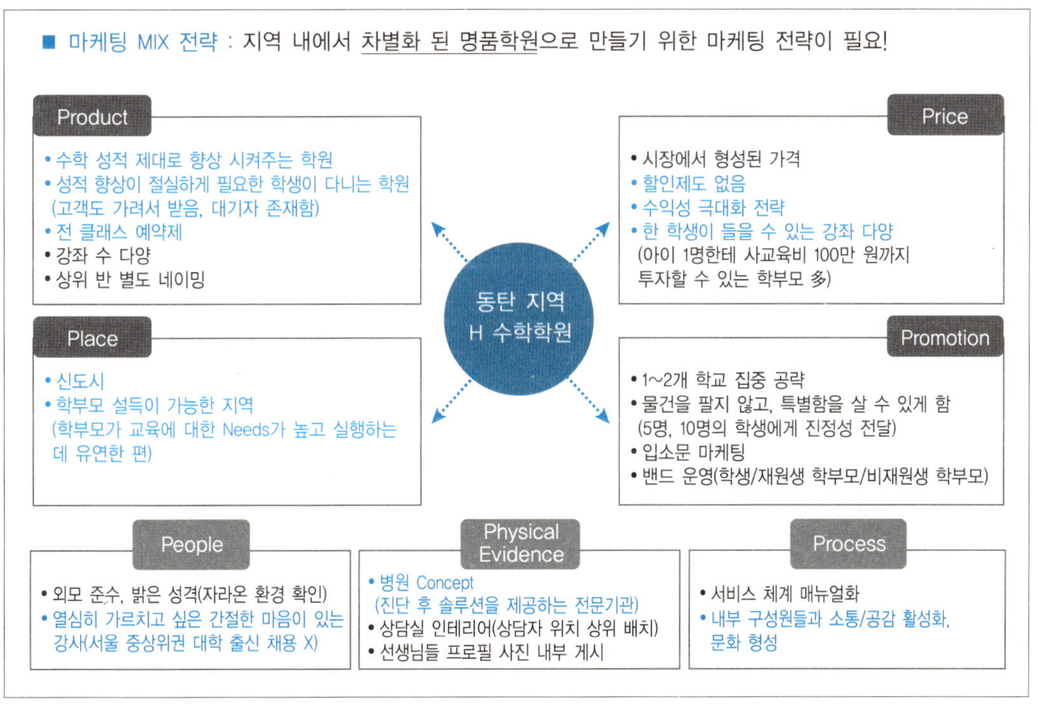

위 사례의 마케팅 MIX 전략은 지역 내 차별화 된 명품 학원으로 만드는 것이다. 이에 따라 7P MIX 전략이 수립되었는데, 간략하게 살펴보겠다.

① Product : 이 학원만의 차별화 된 콘셉트로 고객을 가려서 받고 있으며, 전 클래스 예약제이다. 한 반 정원을 정해놓고 그 이상을 받지 않고 있기 때문에 항상 대기자가 존재하고 있다. 이렇게 할 수 있는 이유는 원장께서 학생들 수학 실력만큼은 제대로 올려줄 수 있는 실력을 보유하였고, 그런 결과를 만들 수 있기 때문이다. 예를 들어 한 반에 6명이 있는데, 모두 레벨과 진도가 다르다고 한다. 이는 모든 학생의 질문을 다 받아줄 수 있을 정도의 실력을 가지고 있기 때문일 것이다.

② Price : 수강료는 시장에서 형성된 가격으로 측정되었지만, 명품 학원의 콘셉트인 만큼 수강료 할인 제도를 운영하고 있지는 않다. 다시 말해 아이들 실력을 확실히 향상시킬 수 있다는 자신감을 갖고 있는 것이다. 이처럼 실력 향상이라는 결과로 인해 고객으로부터 높은 신뢰도를 확보하였고, 이러한 충성도는 한 학생이 여러 강좌를 듣게 되는 결과를 만들어내고 있다. 즉, 고객 한 명당 수익성이 극대화되는 구조인 것이다.

③ Place : 학원 사업에 있어 지역은 매우 중요하다. 아무리 성공한 사업 모델이라도 각 지역의 특성을 고려하지 않는다면, 실패할 가능성이 있기 때문이다. 따라서 우리는 항상 지역 내 고객의 특징을 고려하여 마케팅 전략을 수립해야 한다. 위 사례의 경우는 신도시 지역으로 학부모들이 교육을 받고 실행하는데 유연한 편이다. 즉, 전문적인 정보 제공을 통해 학부모 설득이 가능한 지역으로 볼 수 있겠다.

④ Promotion : 개원 초기 1~2개 학교에 학생 5~10명을 대상으로 집중 공략하여 학생들의 실력을 향상시켜주었고, 그러한 결과가 입소문으로 퍼져 별다른 광고 없이 성장한 학원이라 할 수 있다. "물건을 팔지 않고, 특별함을 살 수 있게 한다."는 말에서 이 학원의 콘셉트인 '차별화 된 명품 학원'의 의미와 일맥상통한다는 것을 알 수 있다.

⑤ People : 실력이 향상되기를 바라는 학생들을 가려서 모집하듯이, 강사들도 일하기를 간절히 원하는 선생님들을 채용하고 있다. 그렇기 때문에 굳이 서울 중상위권 대학 출신 선생님을 채용하지 않아도 된다는 것이 특이한 점이다. '인재상', '강사 교육 제도', '조직 운영 체계', '평가-보상 체계'가 학원 교육 철학에 맞춰 일관되게 수립되어 있다.

⑥ Physical Evidence : 이 학원의 상담실만 봐도 명품 학원의 콘셉트가 느껴질 것이다. 아이들 교육에 대해 전문가들이 모여 있는 프리미엄 학원의 모습을 갖추고 있으며, 쉽게 병원과 같은 느낌이라 할 수 있다.

⑦ Process : 서비스 체계가 매뉴얼화 되어 있으며, 구성원들 간의 소통이 원활하도록 업무 프로세스가 수립되어 있다.

마케팅 MIX 전략 적용 사례에 대해 살펴보았는데, 각자 자신의 상황을 마케팅 MIX 전략 양식에 맞게 작성한다면 더 의미 있을 것이다. 참고로 성공적으로 운영하고 있는 곳도 7P 중 1~2개 정도는 부족함을 가지고 있는 경우가 있으니, 7P 모두 완벽하게 구축되어 있지 않다고 실망할 필요는 없다. 중요한 것은 마케팅 MIX 전략에 맞춰 7P가 구성되어야 하고, 부족한 부분을 찾았다면 수정 · 보완하면 되는 것이다.

Chapter 02 사례로 알아보는 학원 마케팅 성공 전략

학원 사업을 기준으로 오프라인에서 진행했던 마케팅 성공 사례에 대해 살펴보겠다. 효과적인 마케팅 전략을 수립하기 위해 원장의 성격유형과 학원의 현황 진단을 실시하였다. 이처럼 조직 현황 진단을 하는 이유는 효과적인 마케팅 방향성을 찾기 위해서이다. 학원에 있어서도 영향을 주는 여러 가지 환경요소들이 있는데, 앞의 『Chapter 1』에서 언급하였지만, 다시 살펴보면 아래 그림과 같을 것이다.

◙ 학원을 둘러싼 환경 요소

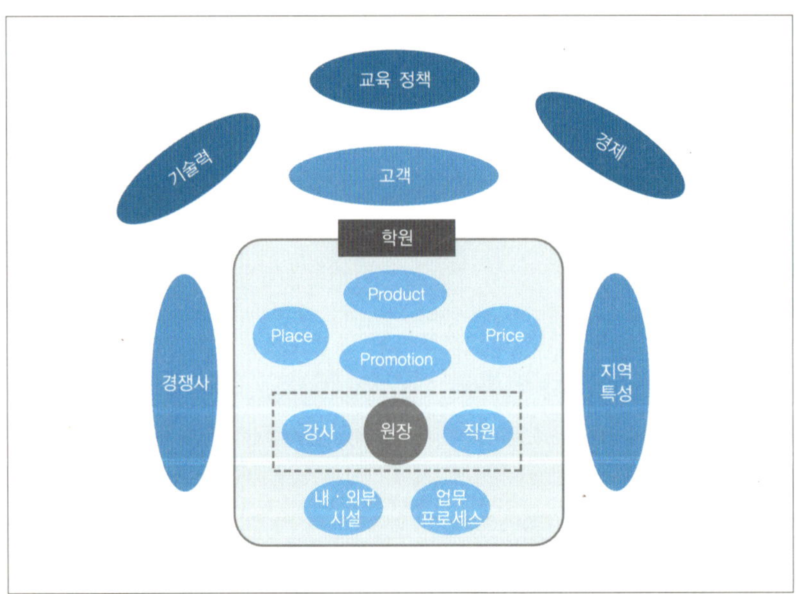

학원을 기준으로 내 · 외부 환경요소들이다. 내부 환경으로는 Product, Price, Place, Promotion, People(원장/강사/직원), Physical Evidence(내 · 외부 시설), Process(업무 프로세스) 등이 있다. 그리고 외부 환경은 고객, 경쟁사, 지역 특징, 교육 정책, 기술력, 경제 등으로 볼 수 있을 것이다. 이 중에서도 가장 중요한 것이 원장이라 할 수 있기 때문에, 원장을 둘러싼 환경요소도 함께 생각해보는 것이 좋다.

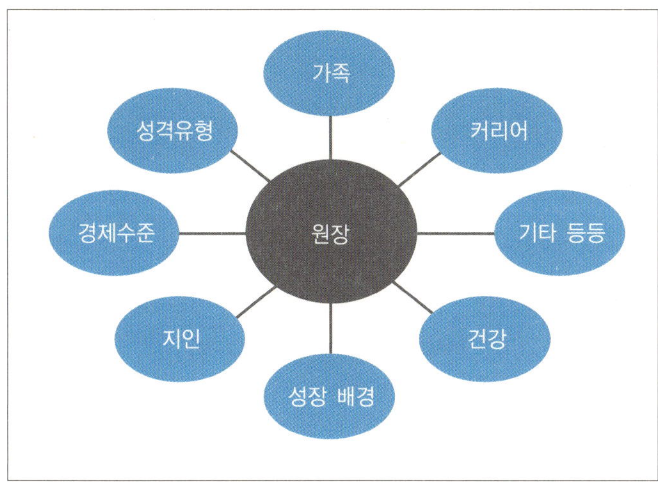

위 그림은 학원장을 기준으로 작성하였지만, 타 업종에도 적용 가능하다. 회사 대표를 기준으로 영향을 주는 요소들을 살펴보면 되는 것이다. 특히, 규모가 작은 조직일수록 경영자의 의사결정에 영향을 주는 다양한 요소들을 잘 살펴봐야 하는 것이다. 학원의 경우 원장과 원장에게 영향력을 미치는 사람들의 성격유형만 잘 파악해도 문제가 해결되는 경우도 있다. 그 예로, 대전에서 중등 영어학원을 10년간 운영한 50대 초반 남자 원장의 경우에 대해 살펴보겠다. 이 학원은 오랫동안 운영을 잘 해왔는데, 최근 들어 원생 수가 감소하고 있어 진단을 통해 문제점을 찾고자 하였다. 그런데 아무리 봐도 경영상에는 큰 문제가 없어 원장의 가족들까지 성격유형 검사를 실시하였는데, 아내와의 관계에 있어 문제가 있었던 것이었다. 잦은 다툼으로 인해 스트레스가 쌓여, 학원 운영에 있어 합리적인 의사결정에 장애 요소로 작용했던 것이다. 이처럼 경영자의 의사결정에 영향을 주는 것들에 대해 자세히 살펴볼 필요가 있는데, 전부는 아니더라도 성격유형은 반드시 확인하는 것이 좋다. 이제 마케팅 성공 사례에 대해 살펴 볼 텐데, 각 학원의 여러 상황들을 반영하여 도출된 마케팅 실행 전략인 만큼 무조건 벤치마킹하기 보다는 자신의 상황에 맞게 참고하기를 부탁드린다.

1 『대표 학부모 프로그램』을 통해 원생 수 50명에서 150명 증가 사례

호남지역에 있는 초·중·고 대상 수학학원 사례이다. 끊임없이 새로운 것에 대해 연구하고 추진하는 원장의 성향과 지역 내 핵심 고객의 특징 그리고 학원 콘셉트를 모두 고려하여 도입한 '대표 학부모 프로그램'에 대해 살펴보겠다.

1) 원장의 특징

■ 원장의 특징(대표 학부모 프로그램 도입 사례)

수학 강사 출신으로 복잡한 문제를 해결하는 것을 좋아하는 40대 중반의 여자 원장이다. ENTP 발명가 유형으로 풍부한 상상력을 가지고 새로운 일을 쉽게 추진하는 성향을 가지고 있다. 하지만 단점으로 많은 일을 진행하려해서 현실적인 우선순위를 간과하는 경우가 있다는 것이다. 그래서 이 원장께는 업무에 대해 단기/중기/장기적인 관점에서의 계획 수립이 매우 중요한데, 다행히도 기획에 대한 역량을 보유한 부원장이 원장의 부족한 부분을 보완해주고 있었다. 그래서 원장의 장점을 더욱 적극적으로 활용할 수 있는 '대표 학부모 프로그램'을 원활하게 도입할 수 있었던 것이다.

2) 학원 현황 진단

■ 학원 현황 진단(대표 학부모 프로그램 도입 사례)

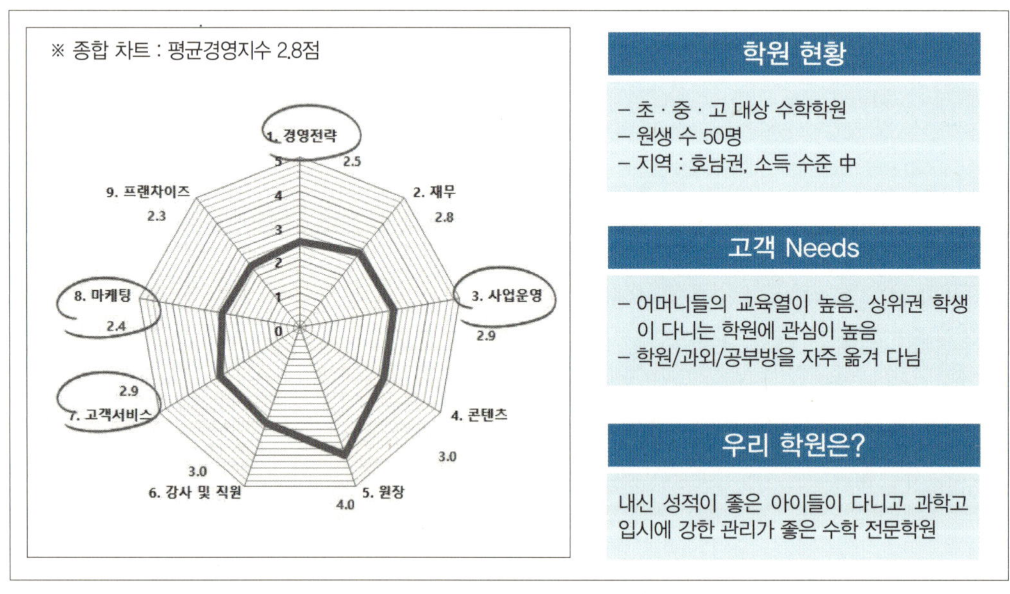

종합 진단 결과 5.0 만점에 2.8점으로 부족한 부분에 대한 빠른 개선이 필요한 상황이다. 상위권 학생들이 다니고 입시 실적이 좋다면, 고객들의 충성도 또한 좋을 것으로 예상된다. 그리고 어머니들의 교육열이 높다면 학부모들 간의 정보 교류 활동을 좋아할 것이다. 이러한 요소들을 잘 활용해서 마케팅 활동을 한다면 학생 수는 금방 증가할 수 있을 것으로 전망하였다.

3) 대표 학부모 프로그램 도입

이 프로그램을 잘 운영하면 로열티 높은 학부모 팬 층을 확보할 수 있지만, 자칫 잘못 운영하면 고객들에게 끌려 다닐 수도 있다. 따라서 학부모들과의 커뮤니케이션상 어려움이 없는 원장이어야 하고, 또한 고객들의 참여도가 높으며 인센티브 제도에 대해 반발심이 적은 지역일 때 그 효과는 훨씬 클 것이다.

대표 학부모 프로그램
① 지원 자격 : 재원생 학부모로 담당 선생의 추천으로 학년별 1~2명씩 선발
② 모임 구성 : 원장, 운영 위원 1명, 대표 학부모 10명 이내
• 운영 위원은 학원 내 · 외부 전문가로 구성할 수 있으며, 대표 학부모들과의 소통 담당자 역할
③ 활동 기간 : 1학기 활동하며, 평가를 통해 다음 기수에도 대표 학부모로 임명될 지 결정
④ 운영 방식
• 매월 1회 모임을 실시하며, 『입시 정보 세미나』를 통해 교육 정보를 제공 받음
• 세미나 후 분위기 좋은 식당에서 친목 모임
⑤ 대표 학부모 혜택
• 대표 학부모 활동 기간 동안 자녀 장학 혜택(원비 20% 할인)
• 대표 학부모에게 VIP 명함카드 제공–비재원생 학부모 소개 시 소개자의 첫 수강료의 20% 금액을 익월 자녀 학원비에서 공제–VIP 명함카드를 이용해서 신규 등록하는 학부모도 등록 첫 달 10% 할인 적용
• 매달 1회 정규 모임으로 각종 교육 정보 등 다양한 프로그램을 우선 참여
⑥ 대표 학부모의 역할
• 설명회 등 학원 행사 시 지원 동반 참석
• 블로그 등 온라인 사이트에서 적극 홍보
• 신입생 소개

위와 같은 제도를 운영하는데 있어 가장 중요한 것은 원장의 성향일 것이다. 원장께서 주도권을 가지고 학부모들과의 원활한 의사소통이 이뤄져야 한다. 또한 학원과 고객과의 관계에서 평가와 보상이 이뤄지기 때문에 좋은 취지로 진행했더라도 오해가 생기면 곤란해질 수 있는 상황이 발생할 수 있다. 따라서 대표 학부모 선발에 있어서도 주의를 가져야 할 것이다. 이 제도는 신경 써야 하는 것들이 많지만, 프로그램이 거듭될수록 지역 내 충성도 높은 고객 수가 증가되는 긍정적인 결과를 가져올 수 있다. 참고로 신입생 소개에 대한 보상 등 프로그램 내용 중 일부만을 도입할 수도 있다.

영남지역에 있는 초·중 대상 영어학원 사례이다. 모두가 행복한 삶을 꿈꾸는 소녀 같은 원장의 성향과 아이들의 보육에 대한 개념이 강한 지역 특징을 고려하였다. 그 결과 재원생 이탈 방지 및 수익 증가 효과의 결과를 가져왔는데, 세부 진행 사항에 대해 살펴보겠다.

1) 원장의 특징

■ 원장의 특징(학습 관리 시스템 구축 및 학생 이벤트 실시 사례)

■ 원장의 성격 유형 : INFP(이상적인 세상을 만들어가는 사람들)

[원장 : 40대 중반의 여성]

– 장점 : 미래 지향적이고 감성적인 학생관리

– 단점 : 조직적이고 체계적이지 못함

믿을 만한 동료가 없음.
감당할 수 있는 규모에서 수익성 극대화 전략이 적합

이상적인 세상을 꿈꾸는 감성적인 40대 초반의 여자 원장이다. INFP 잔다르크 유형으로 구성원들 모두가 행복하기를 바라며, 사람들과의 관계를 중요시하는 성향을 가지고 있다. 따뜻한 마음을 가지고 있어 주변 사람들을 기쁘게 하지만, 반면에 조직적이지 못해 체계적으로 일을 하는데 있어 어려움이 발생한다. 주변에서 투자나 제휴 요청이 있을 경우 자신이 손해 볼 가능성이 높다. 그래서 부족한 부분을 보완한 동료가 없다면, 감당할 수 있는 규모에서 수익성을 향상 시키는 것이 적합하다 할 수 있겠다.

2) 학원 현황 진단

■ 학원 현황 진단(학습 관리 시스템 구축 및 학생 이벤트 실시 사례)

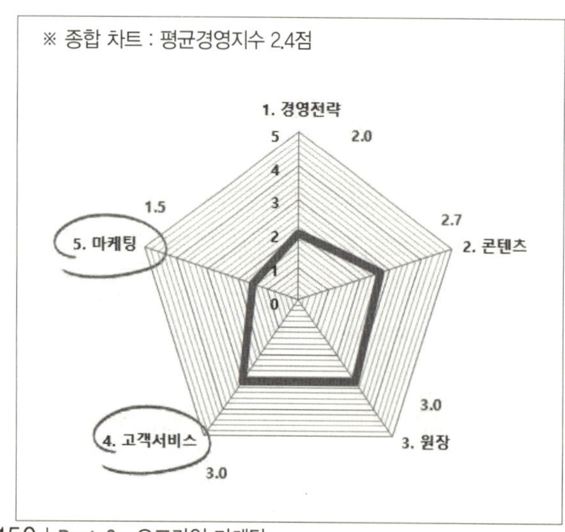

학원 현황

– 초·중 대상 영어학원
– 원생 수 30명
– 지역 : 영남권 지역, 소득 수준 中

고객 Needs

– 아이들에 대한 보육 개념이 강함
– 아이들이 좋아하는 학원에 보내고 싶어요!

우리 학원은?

아이들과 선생님들이 모두 행복할 수 있는 학원으로 개별 맞춤 학습이 진행되는 곳종합 진단 결과 5.0 만점에 2.4점으로 마케팅과 고객서비스에서 대응이 필요한 상황이다. 원장 성향을 살펴보면 주변 사람들을 행복하게 해 줄 것인데, 왜 고객서비스에서 낮은 점수가 나왔는지에 대해 고민해봐야 한다. 이유는 명확하다. 학부모들은 빠른 피드백을 원하고 그 결과를 눈에 보이는 문서 등을 통해 받고 싶어 하기 때문이다. 아이들이 학원을 다니면서 행복할 수는 있지만, 수강료를 지불하는 어머니들에게는 결과물로 증명을 해줘야 한다. 학원 콘셉트는 지역 특징과 잘 부합될 수 있다. 다만 문제는 체계적인 학습 관리와 조직 운영이다. 이 부분만 보완할 수 있다면 원장은 자신이 좋아하는 일에 집중할 수 있게 될 것이다. 그래서 먼저 체계적인 학원 운영을 위한 몇 가지 경영 방침을 아래와 같이 구축할 필요가 있다.

3) 학습 관리 시스템 구축

고객 관계 강화를 위한 경영 방침 수립
① 매일 학생들이 들어오는 시간에 아이들의 이름을 불러주며 반겨 한다.
② 학생 개개인의 집안 사정에 누구보다도 관심을 가지고 있으며 잘 알고 있어야 한다.
③ 정기적으로 학부모들과 대화하며 학원에 대한 문제점을 편하게 얘기한다.
④ 학부모들에게 자기 자식이 최고의 대우를 받는다고 생각하도록 한다.
⑤ 퇴원을 한 학생에게도 지속적으로 학원 정보를 제공한다.
⑥ 불만에 대한 처리를 빠르게 한다.
⑦ 강사에 대한 만족도 평가를 실시한다.
⑧ 외부 고객뿐만 아니라 내부 고객인 강사와 직원들의 만족도에도 신경을 쓴다.
⑨ 퇴원생 분석 보고서를 작성하여 관리한다.

위에 9가지 경영 방침을 보면 원장이 원래 잘 하는 것도 있지만, '정보 제공', '보고서 작성 관리'와 같이 행정적인 업무에는 약점을 가지고 있다. 따라서 위 경영 방침과 함께 관련 서식도 함께 제공해 드렸다. 그 결과 원장에게 부담스럽던 체계적인 관리 업무를 해결하게 되었고, 더 많은 시간을 학습과 아이들 관리에 집중할 수 있게 된 것이다. 그리고 나서 오프라인 마케팅 기법 중 하나인 학생 이벤트를 아래와 같이 진행하였다.

4) 학생 대상 이벤트 실시

고객 대상의 이벤트 사례는 쉽게 찾아볼 수 있다. 이 경우는 보상과 연결한 이벤트로 아이들이 학원 출석 시 눈으로 자신의 보상 정도를 볼 수 있다는 점에서 특징을 가진 사례이다.

옆과 같이 투명한 돼지 저금통에 학생 이름을 기입한 후 눈에 띄는 공간에 비치해 둔다. 그리고 생일, 수업 참여도 우수 학생, 성적 향상 등에 의해 아이들에게 지급되는 보상 쿠폰을 현금화하여 개인 저금통에 저금 하는 것이다. 그리고 '돼지 잡는 날'에 저금통을 나눠 준다고 하면, 보상 받는 날까지 퇴원 방지 효과가 발생한다. 이처럼 학생 대상 이벤트를 진행할 때 중요한 것은 목적과 원칙이 명확해야 한다는 것이다. 아래 사례는 매월 학원에서 실시하는 월

말고사 이벤트인데, 학생들의 스트레스 해소를 위해 거의 매월 다른 형태로 계획되어 있다.

구분	내용	비고
1월	대형 윷놀이, 포춘 쿠키	상품 : 엿
2월	페이스페인팅 후 사진 전시	상품 : 도서 상품권
3월	토마토 모종 나누어 주기 (판매수입은 식수 사업에 기부. 4월 5일 식목일 기념)	판매비 : 100원
5월	제자리높이뛰기, 선생님이 만들어 주는 떡볶이	상품 : 목걸이 볼펜
6월	마술 공연, 과자 한 움큼 잡기	초등부만 실시
8월	예쁜 글 / 시 / 만화 전시회	상품 : 캐릭터 샤프
9월	링 고리 걸기	상품 : 과자, 집기
10월	가을 음악회, 선생님 캐리커처 그리기	
11월	떡 나누어 주기, 음악회	

3 내부 조직 활성화를 위한 인센티브 도입 사례

수도권 신도시에 있는 유아 · 초등 · 중등 대상 영어학원 사례이다. 원생 수 150명 정도의 학원을 운영하고 있는 40대 초반의 남자 원장으로 현실적이기보다는 미래 지향적인 가능성에 초점이 맞춰져 있는 성향을 가지고 있다. 강사 출신이 아니며 다른 사람에게 지시하는 것을 어렵게 생각하고 있어, 중간 관리자를 통해 학원 운영을 하고 있다. 그럼 세부 사항에 대해 살펴보도록 하자.

1) 원장의 특징

■ 원장의 특징(내부 조직 활성화를 위한 인센티브 도입 사례)

두 번째 사례의 여자 원장과 같은 성격유형으로 이상적인 세상을 꿈꾸는 이해심이 많고 통찰력이 좋은 40대 초반의 남자 원장이다. 본인의 약점을 잘 알고 중간 관리자를 통해 학원 운영을 하고 있지만, 언제부터인가 구성원들로부터 일에 대한 열정을 못 느낀다고 하였다. 조직 활성화에 문제가 있는 경우라 할 수 있는데, 이런 경우 원장이 강사들과의 지속적인 대화를 통해 문제를 해결할 수도 있을 것이다. 하지만 원장 성향상 관계로 해결하기에는 한계점을 보이고 있는 상황이다.

2) 학원 현황 진단

■ 학원 현황 진단(내부 조직 활성화를 위한 인센티브 도입 사례)

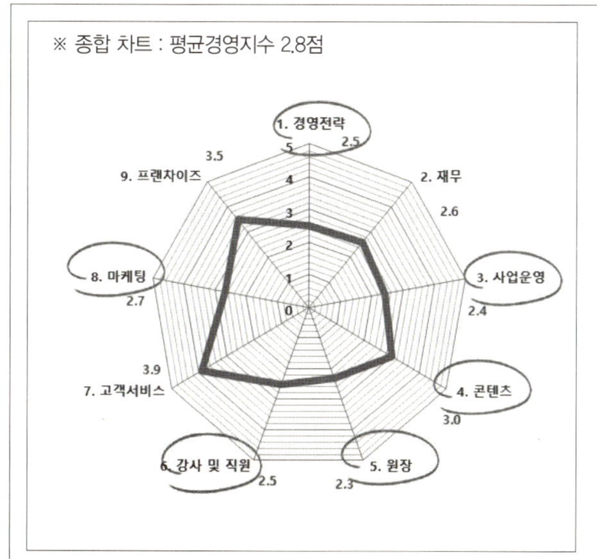

평균경영지수 2.8점으로 대부분의 영역에서 미흡함을 보이고 있는 상황이다. 원생 수가 150명 정도의 규모라면 조직 체계가 수립되어 있어야 하는데, 그렇지 않다고 볼 수 있다. 이런 경우 아무리 훌륭한 마케팅 전략을 추진하더라도 조직이 뒷받침되지 않기 때문에 그 효과는 거의 없을 수 있다. 따라서 무엇보다 먼저 조직 활성화를 위한 방안을 마련해야 한다. 구성원들을 동기부여 시킴으로써 매출의 증대로 이어지게 하는 것인데, 이를 내부 마케팅이라고 할 수 있다.

3) 내부 마케팅의 필요성

■ 내부 마케팅 흐름도

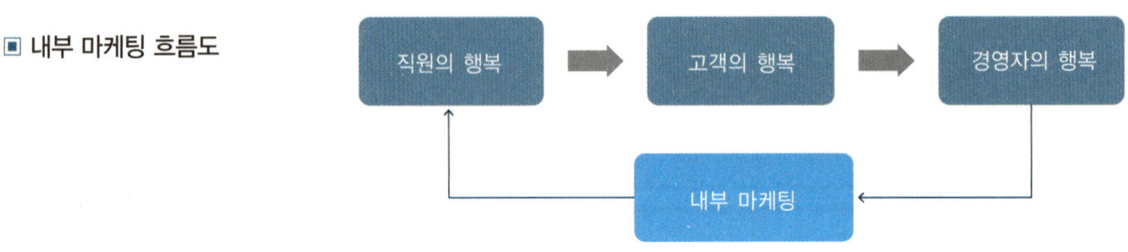

내부 마케팅이란 강사 및 직원을 고객으로 생각하고 이들 구성원과 학원 간의 적절한 마케팅 의사전달체계를 유지함으로써 외부 고객들에게 보다 양질의 서비스를 제공하려는 활동을 의미한다. 강사 및 직원의 만족이 고객을 만족시키고, 경영자를 만족시키는 단초가 되기 때문에 내부 마케팅은 매우 중요하다.

4) 학원 성과관리 체계

학원 운영에 있어 비전 및 전략 방향성과 연계된 성과관리 체계가 필요할 수 있다.

■ 학원의 바람직한 성과관리 체계의 모습

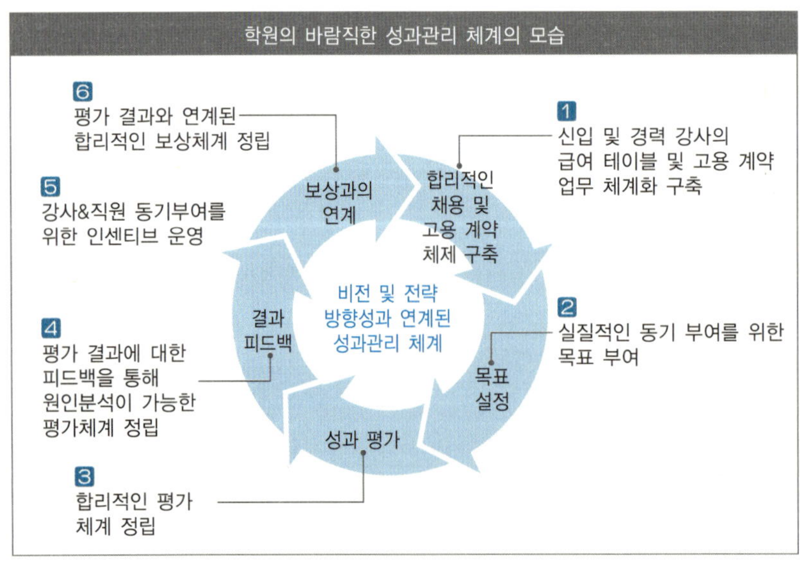

위 그림은 바람직한 성과관리 체계의 모습을 나타내고 있는데, 『채용-목표 설정-성과 평가-결과 피드백-보상과 연계』의 순환 체계로 구성되어 있다. 이러한 체계를 참고하여 학원에 적합하게 세부 내용을 수립하는 것이 필요하다. 이 중 무엇보다도 중요한 것은 채용이다. 정말 내 조직에 적합한 인재를 채용한다면 목표 설정이 없어도 알아서 잘 할 것이고, 경영 성과에도 긍정적인 영향을 미칠 것이다. 하지만 현실에서는 알아서 잘 하는 인재가 많지 않기 때문에 어떻게 하면 동기부여를 만들어주고 일을 잘 하게 할 수 있는지에 대해 끊임없이 고민하고 연구하고 있는 것이다. 이러한 성과관리 체계에 있어, 기본적으로 필요한 것은 평가제도이다. 학원에 있어 평가제도는 일반적으로 성과 평가와 역량 평가로 구분되고, 성과 평가는 퇴원율과 학생 만족도 조사를 통해 많이 진행되고 있다. 그럼 이 학원의 평가제도에 대해 살펴보자.

5) 평가제도 수립

① 부서별 / 직책별 개인평가제도 체계 및 항목별 반영 비율

- **관리자**

성과 평가		개인 역량 평가		
		공통 역량	리더십 평가
학원 실적	원생 수 증가	고객지향성, 전문성, 책임감, 창의력, 순발력	관리 평가 역량
30 %	30 %	20 %	20 %

관리자의 경우 업무 수행자와는 다르게 리더십 평가가 추가되었다. 성과 평가는 학원 실적과 원생 수 증가에 대한 것이며, 개인 역량 평가는 공통 역량과 리더십 평가로 구분하여 진행한다.

- **업무 수행자**

구분	성과 평가			개인 역량 평가	
	조직	개인			
	부서 실적	담당 학생 수	재등록률	강의 평가	고객지향성, 전문성, 책임감, 창의력, 순발력
교무(유치)	40 %	–	–	30 %	30 %
교무(초 · 중)	20 %	20 %	20 %	20 %	20 %
상담실	40 %	–	–	–	60 %

업무 수행자의 경우 부서별로 교무(유치), 교무(초 · 중), 상담실로 구분하였는데, 성과 평가에 있어 초 · 중등을 담당하는 강사의 경우 담당 학생 수가 명확하게 산정됨에 따라 개인 평가(담당 학생 수, 재등록률)를 반영하게 된 것이다.

② 연간 평가 프로세스

평가 업무를 수행하기 위한 연간 업무 프로세스는 아래와 같이 진행한다.

구분	전년 11월 ~ 12월		1~5월	6~7월	8~10 월	11월~12월	
조직성과 평가 프로세스	학원차원의 경영 전략 목표 수립	부서별 목표 설정 및 합의	목표 수행	중간점검 (목표수정 및 재설정)	목표 수행	조직평가	평가면담 (평가결과 최종합의/ 조정)
개인성과 평가 프로세스	제도 점검	개인평가 제도 설정 및 공지	－재등록률 －담당 학생 수	중간점검	－재등록률 －담당 학생 수	개인평가	평가면담 (평가결과 최종합의/ 조정)
역량평가 프로세스	제도 점검 및 평가자 교육	역량평가 제도 설정 및 공지	업무 수행	중간점검	업무 수행	역량평가	

6) 한시적 인센티브 제도 도입

인센티브 제도는 제공되는 보상 형태에 따라 금전적 보상과 비금전적 보상으로 구분되고, 보상 시기에 따라 단기/중기/장기로 구분하여 살펴볼 수 있다. 여기서 중요한 것은 인센티브 제도는 한시적으로 운영되어야 한다는 것이다. 항상 지급되기보다는 일정 기간을 정해두고 올해 목표 달성을 위해 진행한다는 취지를 구성원들과 함께 공유한 후에 실행하는 것이 효과적이니 참고해두기 바란다.

구분	금전적 보상	비금전적 보상
단기 (월, 분기)	• 재등록률 목표 달성 (일정 금액 × 담당 학생 수) • 수강 등록 실적 보상 • 설명회 참석 인원 목표 달성	• 구성원 인정 및 격려 • 유급 휴가
중기 (반기, 년)	• 집단 인센티브 제도 (목표 학생 수 초과에 대한 보상) • 연간 우수 강사/직원 제도	• 평가에 따른 직책 부여 (직책 수당도 부여 할 수 있음) • 우수 강사/직원 교육 지원 • 유급 휴가 제도
장기	• 안식년 제도 (5년 / 7년 이상 우수 근속자를 대상으로 유급 휴가 및 휴가비 지원)	

이 중 금전적 보상 중 단기 형태인 『재등록률 목표 달성에 따른 보상』과 금전적 보상 중 중기 형태인 『집단 인센티브 제도』에 대해 자세히 살펴보겠다.

① **재등록률 목표 달성에 따른 보상 제도**

- 정의 : 학원에 근무하는 강사들에 대한 매월 재등록률 결과에 대한 성과급 지급

- 재등록률 평가를 통한 성과급을 받을 수 있는 대상

  - 5반(정원 6명 이상) 이상에 담임을 맡고 있는 전임강사

  - 재등록률 평가를 받기 위해서는 1반 기준 정원수에 90% 이상의 재원생 수가 되어야 함. 예를 들어 8명 기준으로 하였을 경우 7명 이상이 되지 못하면, 재등록률 평가를 받지 못하는 경우라 할 수 있음

- 퇴원에 대한 정의

  - 퇴원은 실질적인 퇴원만을 퇴원생으로 정의함

  - 학원 내부에서의 반 이동의 경우에는 퇴원생으로 간주하지 않음

  - 기타 퇴원과 관련된 퇴원생 여부는 원장이 결정

- 성과급 지급 기준

  - 성과급에 대한 강사 개인별 지급기준은 매월 단위로 계산하며 다음에 의하여 산출

  - 100% 재등록률 : 담당 학생 수 × 5,000원

  - 93% 이상 재등록률 : 담당 학생 수 × 3,000원

② **집단 인센티브 제도**

- 정의 : 연간 또는 상·하반기 목표 설정 후 초과 달성에 대한 수익 분배

- 실적 결과에 따른 성과급을 받을 수 있는 대상

  - 전임 강사로 기본 시수 이상의 수업을 하고 있는 강사

  - 정직원으로 현재 근무하고 있는 경우 해당

- 성과급 지급 기준

  - 학원의 목표 달성 초과 시 영업이익의 40%를 개인 연봉에 따라 차등 지급하는 Profit Sharing을 적용하여 학원 성과를 강사&직원들에게 배분

4 대규모 설명회 및 학부모 세미나 도입 사례

경기도 이남 지역에 있는 초·중등 대상 보습 학원 사례이다. 원생 수 50명의 소형 학원이지만 원장의 역동적인 업무 수행능력으로 지역 내 대표 학원으로 자리매김하게 되었다. 어떤 방식으로 성공적인 학원 운영을 했는지 마케팅 사례를 통해 살펴보도록 하자.

1) 원장의 특징

■ 원장의 특징(대규모 설명회 및 학부모 세미나 도입 사례)

학생 개개인의 성향 파악을 잘 하여 학습 관리에 탁월한 역량을 가진 30대 중·후반의 여자 원장이다. ESTP 수완 좋은 활동가형으로 다양한 분야에 관심이 많다. 다만 지극히 현실적인 부분에 초점을 맞추고 있어 중장기적 안목을 가지고 비전과 전략을 수립하는데 어려움을 가질 수 있다. 그래서 중장기적인 경영 목표를 설정하고 현실적으로 원장이 해야 할 일을 구체적으로 제시해주었다. 왜냐하면 원장은 목표 달성을 위해 자신이 해야 할 일이 명확하다면 매우 신속하게 많은 업무를 소화할 수 있는 역량을 보유하고 있기 때문이다. 따라서 100명 목표가 아닌 200명, 300명 목표를 달성하기 위해 '대규모 설명회'와 '학부모 세미나'를 지속적으로 실행하게 된 것이다.

2) 학원 현황 진단

■ 학원 현황 진단(대규모 설명회 및 학부모 세미나 도입 사례)

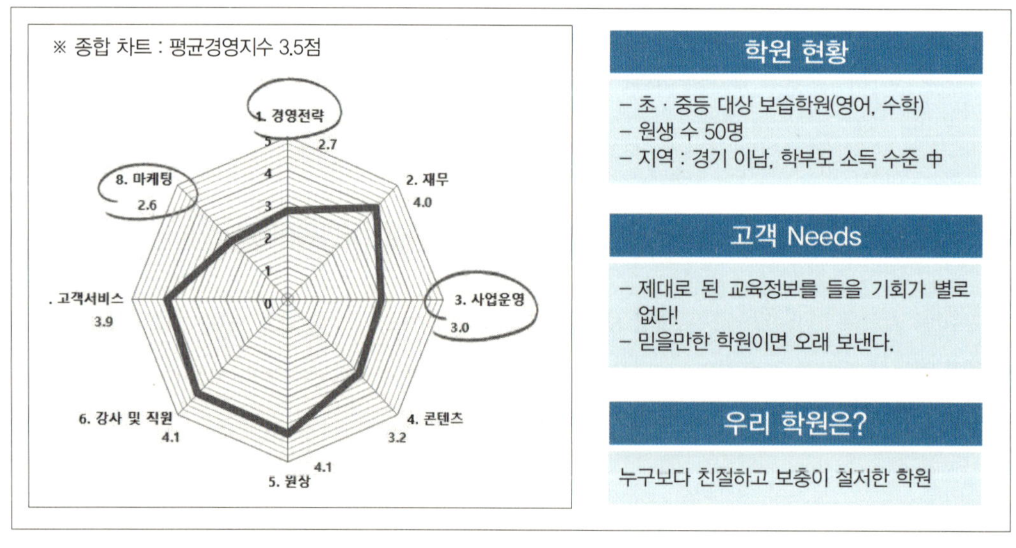

평균경영지수 3.5점으로 나름 알차게 운영하고 있지만 뭔가 아쉬움이 남는 상황이다. 지역 특성을 살펴보면 학부모들이 교육에 대한 관심은 높은데 제대로 된 정보를 들을 기회가 부족하다고 한다. 또한 한 번 신뢰가 쌓인 학원은 오랫동안 자녀를 보낸다는 것이다. 그렇다면 이러한 고객 Needs를 반영하기 위해서는 무엇을 해야 할까? 현재 이 학원의 특징인 친절하고 관리가 잘 되는 콘셉트에 '전문성'이라는 이미지를 고객 마음속에 심어줘야 하는 것이다. 교육 정책에 따른 입시 전략, 자녀 교육법 등 학부모들이 궁금해 하는 정보를 제공해 준다면 분명 전문성과 함께 충성도 높은 고객 확보가 될 것이다. 그럼 어떻게 설명회와 세미나를 진행했는지 알아보자.

3) 매년 6월, 11월 대규모 설명회 개최

위에서 살펴본 것처럼 해당 지역에서는 제대로 된 교육 정보를 들을 기회가 없다고 하였다. 이 얘기는 기회일 수도 있지만 위험 부담이 클 수도 있다. 비교적 큰 규모의 설명회를 개최했는데 참석 인원수가 얼마 되지 않는다면 실망이 클 수밖에 없기 때문이다. 그럼에도 불구하고 일단 첫 해에는 100석 규모로 외부 강연장을 대관하고 유명 강사를 초빙하여 진행하였다.

역시 참석자 수는 40여 명, 그러나 실망하지 않고 그 다음 해에도 같은 시기에 외부 강연장을 대관하고 외부 유명 강사를 초빙하여 진행하였다. 참석자 수는 80여 명, 지난해보다 2배는 증가한 것이다. 그리고 세 번째 되는 해부터는 학부모들이 먼저 설명회 때 강사가 누군지, 어떤 주제로 진행하는지 물어보는 상황이 되었다. 이때부터는 매년 6월, 11월 두 번에 걸쳐 설명회를 진행하게 되었고, 이 지역 학부모

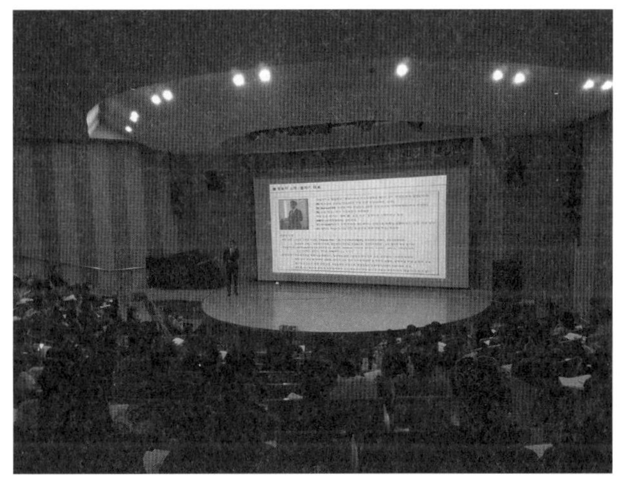

들로 하여금 강연 듣는 문화를 만들어 주었다. 그래서 매월 진행하는 학부모 세미나까지 진행할 수 있게 된 것이다.

4) 매월 진행되는 학부모 세미나

설명회가 대규모로 외부에서 진행된다면, 세미나는 학원 내에서 20명 안팎 규모로 학부모들과 근거리에서 정보 교류를 할 수 있는 행사라고 생각하면 된다. 최근에는 학부모 세미나만큼 비용대비 효과적인 마케팅 방법이 없다고 얘기할 수 있을 정도로 매우 유익한 행사라고 할 수 있다. 그럼 이 학원에서 진행한 학부모 세미나의 특징에 대해 살펴보겠다.

① 핵심 고객인 초 · 중등 학부모에게 도움이 되는 주제로 매월 세미나 실시

② 세미나 연사는 격월로 외부 연사를 초빙함. (예 1,3,5월은 원장 / 2,4,6월은 외부 연사)

③ 세미나 주제는 학원 프로그램과 연계할 수 있는 내용으로 선정

④ 세미나 주제에 대해서는 미리 공지함

▣ **학부모 세미나 진행 사례**

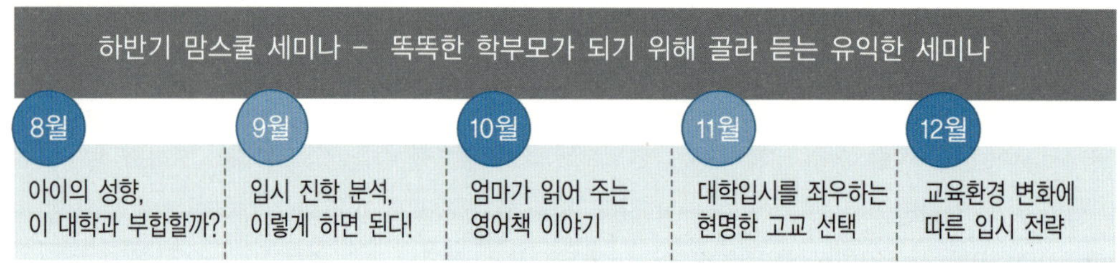

⑤ 학원 내부에서 진행하고, 시기는 수강료 결제시기에 맞춰 진행

⑥ 학부모 세미나 첫 해에는 재원생&비재원생 학부모 모두 참석 가능하지만, 두 번째 해부터는 재원생 학부모만 참석 가능

어떠한 행사든 준비와 실행하는데 많은 노력이 필요하다. 위 경우에는 하나만 해도 힘든데 설명회와 세미나 두 가지를 모두 한 사례이다. 원장께서 행사 자체를 좋아하는 성향으로 감당이 가능하였기에 진행할 수 있었던 것이다. 그 결과 50명이었던 원생 수가 3년도 되지 않아 300명으로 규모를 확장할 수 있었다.

Chapter 03 마케팅 실무 연습

모든 사업에 있어 성공하기를 원하는가? 그렇다면 반드시 지켜야 할 것이 있다.

- 목표를 설정하라.
- 가능하면 구체적으로 정하라.
- 결정한 사항에 대해 기록하라.
- 그리고 지속적으로 목표 대비 실적에 대해 점검하라.
- 점검하면서 실현될 때까지 고민하고 해결 방안을 찾아라.

위의 사항들을 지킨다면 성공할 가능성을 높일 수 있을 것이다. 혹시 구체적인 목표 수립에 어려움을 갖고 있다면, 사고의 폭을 확장할 수 있는 만다라트(Mandal-Art) 문제해결기법을 소개하니 참고 바란다.

일본의 디자이너인 이마이즈미 히로야키가 고안한 발상기법의 하나로 Manda+la+art가 결합된 용어이다. '목적을 달성하는 기술'이란 의미로 목표를 구체화하여 문제를 해결하는 데 있어 유용하게 활용할 수 있다.

■ 오타니 쇼헤이의 만다라트 작성 사례

몸관리	영양제 먹기	FSQ 90kg	인스텝 개선	몸통 강화	축 흔들지 않기	각도를 만든다	위에서부터 공을 던진다	손목 강화
유연성	몸 만들기	RSQ 130kg	릴리즈 포인트 안정	제구	불안정 없애기	힘 모으기	구위	하반신 주도
스테미너	가동력	식사 저녁 7숟갈 아침 3숟갈	하체 강화	몸을 열지 않기	멘탈을 컨트롤	볼을 앞에서 릴리즈	회전수 증가	가동력
뚜렷한 목표·목적	일희일비 하지 않기	머리는 차갑게 심장은 뜨겁게	몸 만들기	제구	구위	축을 돌리기	하체 강화	체중 증가
핀치에 강하게	멘탈	분위기에 휩쓸리지 않기	멘탈	10구단 드래프트 1순위	스피드 160km/h	몸통 강화	스피드 160km/h	어깨 주변 강화
마음의 파도를 안 만들기	승리에 대한 집념	동료를 배려하는 마음	인간성	운	변화구	가동력	라이너 캐치볼	피칭 늘리기
감성	사랑받는 사람	계획성	인사하기	쓰레기 줍기	부실 청소	카운트볼 늘리기	포크볼 완성	슬라이더 구위
배려	인간성	감사	물건을 소중히 쓰자	운	심판을 대하는 태도	늦게 낙차가 있는 커브	변화구	좌타자 결정구
예의	신뢰받는 사람	지속력	긍정의 사고	응원받는 사람	책읽기	직구와 같은 폼으로 던지기	스트라이크 볼을 던질 때 제구	거리를 상상하기

◀ 출처 : 출처 : 스포츠닛폰 ((주)FSQ, RSQ는 근육 트레이닝용 머신)

위 작성 사례는 일본의 괴물투수로 불리는 오타니 쇼헤이가 고1 때 작성한 만다라트이다. 목표를 달성하고자 하는 강한 의지를 볼 수 있을 것이다. 작성 방법은 간단하다. 먼저 하나의 중심 목표를 가운데 적는다. 그리고 중심 목표를 이루기 위한 8가지 세부 계획을 적고, 또 다시 8가지 실천 계획으로 확장하여 작성하면 된다. 하나의 목표를 달성하기 위해 총 64개의 세부 계획이 수립되는 것이다. 그럼 이제 실무에 바로 활용할 수 있는 사항에 대해 살펴보도록 하자.

1 나만의 성장 로드맵 수립

우리가 살아가는 힘은 인생에 대한 비전에서 온다고 한다. 비전을 갖고 뚜렷한 목적을 가지면 자신이 하는 일의 중요성을 분명히 알게 되기 때문이다. 또한 목표하는 바를 성취할 수 있는 자신의 능력에 확신을 가지게 되며, 어떤 난관에 부딪치더라도 그것을 받아들이고 해결할 수 있게 된다. 학원 운영에 있어서도 비전 수립을 통해 목표가 구체화된다면 구성원들 모두가 뚜렷한 목적을 가지고 보다 나은 결과를 가져올 수 있게 될 것이다.

1) MISSION & VISION 수립

최근 성공한 원장들의 학원을 살펴보면 공통적인 것 중 하나가 자신만의 교육 철학과 경영 이념을 가지고 있다는 것이다. 이러한 교육 철학과 경영 이념은 MISSION과 VISION에서 나올 수 있는데, 성공적인 학원 운영을 하기 위해서는 내 학원만의 명확한 MISSION 및 VISION을 가지는 것이 좋을 것이다.

① MISSION

『학원』이 존재하는 이유와 가치 또는 정체성(Identity), 수행하는 업(業)의 개념을 정의하고 국가, 사회, 고객에게 이렇게 기여하겠다고 설득력 있게 선언하는 부분으로 구성원들에게 자부심을 느끼게 하여 조직의 일에 몰입할 수 있도록 동기를 부여한다.

② VISION

- 기업 이념을 구현하기 위하여 만든 현실성 있고 매력적인 조직의 미래상
- 비전은 리더십의 핵심요소이며 조직 성공의 Road Map으로 조직의 에너지를 집중 및 활성화시킴

③ MISSION과 VISION의 차이

- Mission(사명)은 수천 년 동안 변화되지 않음 (MISSION은 존재 목적/존재 가치를 의미)
- Vision은 상황과 환경에 따라 변화할 수 있는 꿈이 실린 목표 (VISION은 방향성을 의미)

아래 MISSION & VISION 체계도 양식을 제시하오니 자신의 학원에 맞게 작성해보도록 하자. MISSION은 존재 이유, VISION은 현 교육 환경에 따른 학원 운영 방향성 그리고 VISION에 따른

전략 목표와 각 전략 목표별 수행 과제를 기입하면 될 것이다. 처음 작성하는 것이라면 쉽지 않기 때문에 시간 날 때 여유를 가지고 가능한 범위 내에서 작성해보기를 추천한다.

◼ MISSION & VISION 체계도 작성 서식

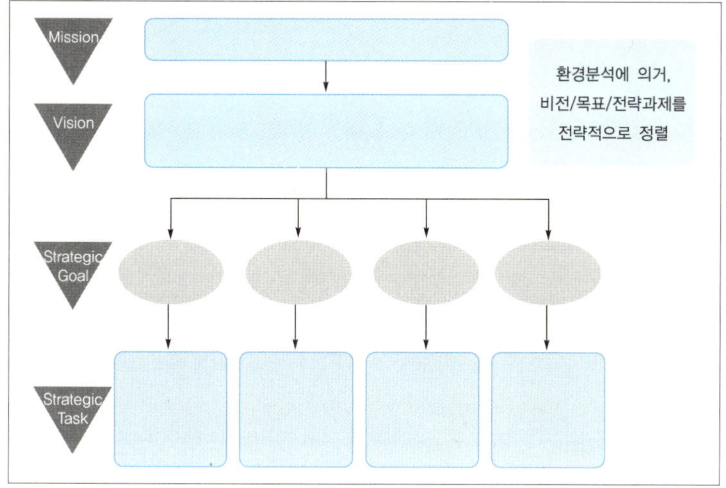

2) 수요자 중심의 학원 성장 로드맵

변화되는 교육 환경을 살펴보면 입시에 있어 인성·역량 기반에 비교과 활동이 중요시 되고 있으며, 인구 감소에 따른 학부모·학생 등 수요자 중심에 서비스 제공이 되는 학원 사업 모델이 형성될 것으로 예측된다. 따라서 경쟁이 심화되는 상황 속에서 어떻게 하면 우리 학원만의 차별화 된 강점을 만들 수 있을지에 대한 고민을 끊임없이 해야 하는 상황이라 할 수 있다. 이에 수요자 관점에서의 학원 모델을 제시하니, 자신에게 적합한 학원 사업 모델을 구축하는데 참고가 되기를 바란다.

◼ 수요자 중심의 학원 성장 로드맵

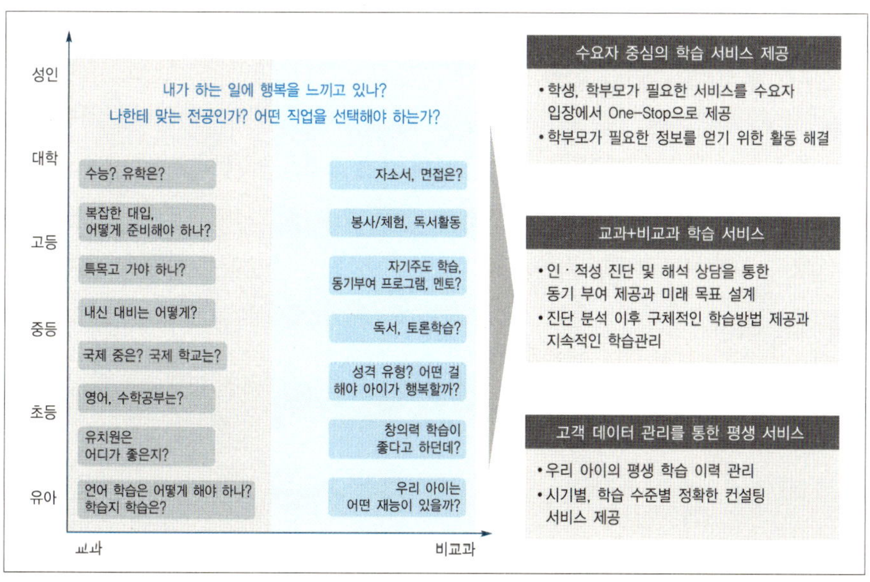

학원의 MISSION & VISION을 수립했다면, 이제는 연간 목표를 구체화하는 계획표를 만들어보자.

1) 연간 목표 학생 수 설정

학원에 있어 매출은 '학생 수×수강료'라고 할 수 있다. 따라서 제일 먼저 '학년별/월별 목표 학생 수'를 설정해야 할 것이다.

(단위 : 명)

구분	1월	2월	3월	4월	5월	6월	7월	8월	9월	10월	11월	12월	평균
계													

① 구분 아래쪽 좌측 1열은 학원에서 수용 가능한 학생 학년을 기입하면 된다. 예를 들어 초·중등 대상의 학원이라면 초등 6개 학년, 중등 3개 학년을 기입하면 되는 것이다.

② 목표 학생 수는 실현 가능한 것보다 약간 높게 계획하는 것도 괜찮다. 오랫동안 컨설팅을 하면서 경험한 바에 의하면 조금 높게 목표를 정하면 달성하기 위해 많은 노력을 하게 되고, 그 결과 최초에 생각했던 실현가능한 목표는 초과 달성하기 때문이다.

2) 연간 매출–지출 계획 작성

연간 목표 학생 수를 계획했다면, 그 다음은 목표 매출과 지출을 작성해야 한다. 여기서는 가장 큰 비중을 차지하는 정규 수업 매출을 기준으로 살펴보겠다.

(단위 : 천원, %)

구분	1월	2월	3월	4월	5월	6월	7월	8월	9월	10월	11월	12월	평균
매출													
지출													
인건비													
공간비													
차량													
마케팅													
기타													
영업 이익													
영업 이익률													

① 매출은 '학생 수×수강료'로 학년별 목표 학생 수와 수강료를 곱하면 될 것이다. 만약 같은 학년인데 수강료가 다르다면 평균 수강료로 산정해도 괜찮다. 예상 매출에 대한 계획이기 때문에 가능한 정확하면 되는 것이다.

② 학원에 있어 지출 구조는 인건비, 공간비, 차량 비용, 마케팅 비용, 기타 비용으로 되어 있다.

- 인건비 : 가장 많은 비중을 차지하고 있으며, 강사와 직원 등 모든 구성원의 인건비가 해당된다.

- 공간비 : 임차료와 관리비를 포함해서 작성하면 된다.

- 차량 비용 : 학원 버스를 운행하고 있다면 버스 운행에 따른 기사 인건비 등이 해당된다.

- 마케팅 비용 : 주로 프로모션 비용이 해당되는데, 마케팅 비용은 가장 나중에 작성하는 편이다. 마케팅 비용을 제외하고 산정된 예상 영업이익에 따라 마케팅 비용의 지출 범위를 결정하는 경우가 많기 때문이다.

- 기타 비용 : 위에 제시된 비용을 제외한 모든 비용에 해당된다. 정수기, 청소용역, 기장료, 복사기, 컴퓨터 유지보수, 지급이자 등이 해당될 것이다.

③ 월별로 예상 매출에서 지출을 빼면 영업이익이 산정되며, 영업이익률은 영업 이익에서 매출액을 나누면 된다.

학원 운영을 하다보면 연간/월간/주간 단위로 해야 할 일들이 있다. 1년간의 업무 흐름이 있다는 것인데, 월별 주요 이슈에 따른 고객들에게 어떠한 메시지를 어떻게 전달할 지에 대해 연간 마케팅 계획을 작성하여 보자. 특히 계획 없이 일을 추진하는 분이라면 반드시 작성하여, 눈에 띄는 곳에 게시해두고 지속적으로 확인 체크해두면 효율성이 향상될 수 있을 것이다.

1) 마케팅 기획서 작성 개요

기업들은 4/4분기가 되면 다음 해 사업계획서를 작성한다. 그 내용 중에는 마케팅 계획안도 포함되어 있는데, 학원에서는 연간 마케팅 계획안을 기업처럼 작성하는 경우는 거의 없다. 아마도 교육기업 또는 대형 학원 내 기획부서가 있는 경우나 환경 분석을 통해 '연간 마케팅 기획서'를 작성할 것이다. 따라서 여기에서는 '마케팅 기획서'에 대한 기본 흐름에 대해서만 알아보겠다. 아래 표를 통해 목차와 주요 내용이 어떻게 구성되어 있는지 확인해보자.

학원 연간 마케팅 기획서 목차	
1. 외부 환경 분석	▶거시적 : 인재상의 변화, 교육 정책 및 입시 현황 ▶미시적 : 지역 동향, 경쟁사 분석, 고객 Needs 분석 – 지역 동향 : 인구 및 학생 수 유입 현황, 지역 매력도 분석 – 경쟁사 분석 : 주요 경쟁 학원의 상품/수강료/프로모션 분석 – 고객 Needs 분석 : 주요 고객 규모/성장률/수익성, 학원 선택 핵심 요인 분석
2. 내부 역량 분석	▶학원의 강점과 약점, 재원생 현황 분석(월별 학생 수 추이, 재등록률 등) ▶경쟁력 분석(타 학원 비교)
3. SWOT 분석	▶외부 환경 분석을 통한 기회와 위협 요소(학원 전략 방향에 영향) ▶내부 역량 분석을 통한 강점과 약점 요소(학원 전략 실행에 영향) ▶강점을 살릴 것인지, 약점을 보완할 것인지에 대해 세부 전략 선택
4. 목표 수립 및 차별화 전략	▶분석된 자료를 바탕으로 목표 설정(정량적 · 정성적 목표) ▶경쟁에서 승리하기 위한 차별화된 전략 수립
5. 마케팅 실행 계획	▶연간 마케팅 계획 수립 ▶월간 마케팅 계획 수립
6. 마케팅 운영 예산	▶연간 마케팅 활동에 따른 예상 비용 측정

내 · 외부 환경 분석을 통한 전략 방향 도출 및 세부 목표 수립 후 연간/월간 마케팅 실행 계획을 수립하는 것이 연간 마케팅 기획서이다. 『Chapter 1』에서 살펴보았던, 3C 분석/SWOT 분석/STP 전략/마케팅 MIX 전략의 내용들이 기획서 안에 포함되어 있다는 것을 알 수 있을 것이다. 위 내용들을 잘 이해했다하더라도 마케팅 기획서를 작성하는 일은 쉽지 않을 것이다. 따라서 학원을 경영하는데 있어 실질적으로 도움이 될 수 있는 '연간 마케팅 계획표' 작성에 대해 샘플과 함께 설명하고자 한다.

2) 연간 마케팅 계획표 작성

아래 표는 초등 고학년에서 고등부까지 운영하고 있는 보습학원에서 작성한 연간 마케팅 계획표이다.

연간 핵심 전략	초·중등 재원생 유지, 예비중1–예비고1 신규생 확보					

구분		상반기					
		1월	2월	3월	4월	5월	6월
주요 이슈 (시험, 방학, 입시 등)		겨울방학, 특강, 설날 연휴	겨울방학, 특강	개학, 고등 모의고사	시험대비 기간	중간고사	시험대비 기간, 고3 모의고사
마케팅	핵심 메시지	세미나 안내 광고	신입생 모집 안내	중등 TOP반	세미나 안내 광고, 내신 대비 전략	시험 대비 진행사항/ 결과	세미나 안내 광고, 시험 대비 전략
	주요 매체	온라인 마케팅 (맘 카페, 블로그), 뉴스레터, 학원 앞 광고물 비치	온라인 마케팅 (맘 카페, 블로그), 뉴스레터, 학원 앞 광고물 비치	온라인 마케팅 (맘 카페, 블로그), 뉴스레터, 학원 앞 광고물 비치	온라인 마케팅 (맘 카페, 블로그), 뉴스레터, 학원 앞 광고물 비치	온라인 마케팅 (맘 카페, 블로그), 뉴스레터, 학원 앞 광고물 비치	온라인 마케팅 (맘 카페, 블로그), 뉴스레터, 학원 앞 광고물 비치
행사	설명회						
	세미나		중·고등 확보를 위한 세미나(2.24, 3.3) • 중등 문·이과 통합 안내 • 고등 학생부 관리 방안 • 중등 TOP반 안내			학생부 관리 세미나	
	이벤트					시험지 수거 이벤트	

연간 핵심 전략	초·중등 재원생 유지, 예비중1–예비고1 신규생 확보					

구분		하반기					
		7월	8월	9월	10월	11월	12월
주요 이슈 (시험, 방학, 입시 등)		기말고사, 여름방학	여름방학, 특강	개학, 고3 모의고사, 예비 중1 모집, 예비 고1 학년 이동	중간고사, 고가 종강, 예비중1 개강, 추석 연휴	시험대비 기간, 예비 고1 모집	기말고사, 겨울방학

마케팅/행사	구분						
마케팅	핵심 메시지	방학 프로그램 안내, 시험 대비 진행사항 및 결과	예비 중1 설명회 광고	시험 대비 전략	예비 고1 설명회 광고, 시험 대비 진행사항 및 결과	시험 대비 전략	방학 프로그램 안내, 시험 대비 진행사항 및 결과
	주요 매체	온라인 마케팅 (맘 카페, 블로그), 뉴스레터, 학원 앞 광고물 비치	온라인 마케팅 (맘 카페, 블로그), 뉴스레터, 학원 앞 광고물 비치 추가 마케팅 검토(설명회 모집 광고)	온라인 마케팅 (맘 카페, 블로그), 뉴스레터, 학원 앞 광고물 비치	온라인 마케팅 (맘 카페, 블로그), 뉴스레터, 학원 앞 광고물 비치 추가 마케팅 검토(설명회 모집 광고)	온라인 마케팅 (맘 카페, 블로그), 뉴스레터, 학원 앞 광고물 비치	온라인 마케팅 (맘 카페, 블로그), 뉴스레터, 학원 앞 광고물 비치
행사	설명회			예비 중1 설명회		예비 고1 설명회	
	세미나	중등 재원생 학부모 대상 세미나 1회					
	이벤트	시험지 수거 이벤트	시험지 수거 이벤트	시험지 수거 이벤트	시험지 수거 이벤트	시험지 수거 이벤트	시험지 수거 이벤트

① 연간 핵심 전략 : 매우 중요한 사항이지만 소홀히 생각하는 경우가 있다. 우리는 학원 운영에 있어 모든 것을 다 할 수는 없기 때문에, 1년 동안 어떤 부분에 집중할지를 결정해야 하며, 그 결정한 사항에 맞는 마케팅 계획을 수립해야 한다.

② 주요 이슈 : 주요 이슈는 주로 재원생들이 다니고 있는 학교의 여름 · 겨울 방학과 중간 · 기말고사 그리고 주요 입시 일정 등이 해당될 것이다. 그리고 학원에 있어 중요한 일정에 대해 기입하면 좋을 것이다. 예를 들면 예비 중1 개강, 예비 고1학년 이동과 같이 반 개설 및 이동 등이 해당될 수 있다.

③ 마케팅-핵심 메시지 : 월별로 고객들에게 전달해야 하는 메시지가 있을 것이다. 대체로 주요 이슈와 학원 행사를 기반으로 전달해야 하는 메시지를 도출할 수 있다. 예를 들어 10월에 중간고사가 있다면 9월에는 시험 대비를 하기 위해 필요한 사항에 대한 메시지를 전달해야 한다. 또한 9월에 설명회가 있다면 8월에는 설명회 관련 내용들이 광고 · 홍보 매체를 통해 전달 돼야 하는 것이다. 고객들이 듣고 싶어 하는 것이 무엇인지 생각해보고, 우리 학원에서는 어떤 내용을 전달할지 고민해본다면 효과적인 핵심 메시지를 만들어 낼 수 있을 것이다.

④ 마케팅-주요 매체 : 고객들에게 어떤 매체를 통해 메시지를 전달해야 할 것인지를 기입하면 된다. 주요 매체는 온-오프라인으로 구분하여 정할 수 있을 것이다. 또한 비용 발생과 연관된 사항이니,

마케팅 예산과 관련해서 결정해야 한다. 주요 이슈 및 학원 행사와 관련해서 많은 고객들에게 알릴 필요가 있는 시기에는 매체 활용 범위를 확장해서 진행하는 것이 좋을 것이다.

⑤ 행사 : 학원 행사는 '설명회', '세미나', '이벤트' 등으로 구분하였다.

- 설명회 : 규모 있게 연 1~2회 정도 진행하는 경우가 많다. 외부 장소를 대관하거나 전문 강사를 초빙해서 진행하기도 한다. 최근에는 차별화 된 설명회를 만들기 위해 식전 음악 공연을 통해 특별한 서비스를 제공하는 학원도 있다.

- 세미나 : 소규모로 학원 내에서 수시로 진행하는 편이다. 최근에는 학부모 세미나를 통해 고객들과의 접촉할 기회를 많이 만들려고 하는 추세라, 매월 세미나를 진행하는 곳도 있다. 매월이 힘들다면 격월 또는 분기 단위로 실시하는 것도 괜찮다.

- 이벤트 : 주로 학생 대상으로 이루어진다. 예를 들면 진로 체험 학습, 동기부여 캠프, 선배와의 만남 등 학습적인 행사, 시험지 수거 이벤트와 같은 격려/보상 차원의 행사, 학생들을 위한 먹거리(떡볶이 데이)/볼거리(영화 관람)/참여거리(공모전, 댄스대회) 행사 등이 있겠다. 큰 규모의 행사로는 지역 우수 학생 발굴이라는 취지의 경시대회를 하는 곳도 있다. 시험 출제부터 학부모 설명회, 이벤트 행사, 결과 채점, 시상식까지 세부 업무가 매우 많다. 그래서 대형 학원 또는 소형 학원이 연합해서 진행한다면 가능할 것이다. 그 밖에 유명 학교 방문 또는 체험 활동 행사를 위해 외부로 나가기도 하는데, 장거리 외부 행사는 안전 문제가 중요하기 때문에 진행하기에 어려움이 많이 따른다.

4 목표 대비 실적 점검

학원의 MISSION & VISION, 연간 목표 학생 및 매출－지출 계획 그리고 마케팅 계획까지 작성했다면 목표 수립은 완료했다고 할 수 있을 것이다. 그다음 우리가 반드시 해야 할 것이 있다. 바로 정기적으로 목표 대비 실적 점검을 해야 한다. 학원 내에서 주로 이루어지는 의사결정 체계와 이익 점검회의에 대해서 알아보자.

1) 주요 의사결정 체계

혼자 운영하는 사업장일지라도 정기적으로 사업에 대한 점검은 필요하다. 학원에서 진행되는 회의는 아래와 같이 경영회의와 주간회의로 구성할 수 있는데 주요 내용에 대해 살펴보자.

명칭	주요 Agenda		의장	주관	참석 대상	빈도	비고
경영 회의	월	• 목표 대비 실적 확인 (이익 점검) • 월별 업무 진행계획 확정	원장	교무부장 (부재 시 원장)	원장 및 주요 의사 결정권자	월 1회	각종 계획 자료 및 Data 선공유 /검토 후 회의 참석
	반기	• 목표 대비 실적 확인 • 부서별 수익개선 방안 발표	원장	교무부장 (부재 시 원장)	원장 및 주요 의사 결정권자	반기 1회	
	수시	• 학원 경영 관련 의사결정 사항 • 수익 개선 방안	원장	원장	원장 및 주요 의사 결정권자	수시	
주간 회의		• 교무/상담 부서 내 현안 협의 • 수익 개선 방안 • 주별 업무 집행 일정 확인 • 협의 사항	원장	교무부장 (부재 시 원장)	전체	주 1회	

① 경영회의 : 원장 및 중간관리자들이 참석하여 학원 경영에 대한 의사결정이 이루어지는 회의이다. 정기적으로는 월/반기로 진행되며, 중요한 안건이 있을 시 수시로 진행될 수 있다. 본 회의를 통해 최초 수립했던 목표 대비 실적이 잘 이뤄지고 있는지 점검되어야 할 것이다. 이와같이 수익을 증대시킬 수 있는 방안에 대해 토론한다면 개선될 가능성은 높아질 것이다.

② 주간회의 : 전체 구성원 모두가 참여하는 회의이다. 주간 단위로 주요 이슈에 대해 논의하고 개선해야 할 사항이 있으면 논의를 통해 결정할 수 있는 자리이다. 규모가 큰 학원이라면 부서 단위로 진행될 수 있을 것이다. 그리고 회의 내용에 대해서는 회의록을 만들어 공유하는 것이 좋다. 왜냐하면 같은 공간에서 대화를 나눠도 서로 다르게 해석하는 경우가 있기 때문이다.

2) 일일/주간 업무 보고

조직 내 자신이 맡은 일을 하게 되면 필요한 것이 업무 보고다. 학원을 기준으로 보고 체계는 어떻게 진행되고 있는지 살펴보겠다. 그리고 학원 내 구성원이 증가하다보면 역할과 책임을 규정할 필요가 있는데, 참고할 수 있도록 '직책별 업무 분장표'를 부록에서 제시하였다.

① 일일 보고 : 원장의 성향에 따라 일일보고를 꼭 작성하게 하는 분도 있고 생략하는 분도 있다. 일일 보고를 작성하게 하더라도 최근에는 학원관리시스템이 잘 되어 있어, 간략하게 몇 가지 상황만 작성하게 한다거나 문자 메시지를 통해 원장이 편하게 확인할 수 있게 하는 경우도 있다. 중요한 것은 원장이 일일 단위로 학원 현황이 어떠한지 확인할 수 있어야 하는 것이다. 그래서 학원관리시스

템에 들어가 현황 파악을 할 수 있다 하더라도, 문자를 통해 확인 받는 것도 효과적이라고 본다. (例 금일 등록 신입/상담/퇴원 현황, 학년별 학생 수, 주요 업무 진행사항 등에 대해 간략하게 작성)

② 주간 보고 : 주간 회의를 한다면 주간 보고는 당연히 작성할 것이다. 주간 단위로 각자 자신의 업무 진행사항 및 건의사항 등에 대해 구성원들과 공유하게 된다.

3) 이익 점검회의

월 단위로 목표 대비 실적에 대해 점검하는 회의이다. 매월말 기준으로 실적(학생 수, 매출, 지출 등)을 구분한다면, 익월 1~2째 주에 회의를 진행하는 편이다. 이익 점검회의를 하기 위해서는 당월 실적을 확인해서 회의 자료를 사전에 준비할 필요가 있다.

▣ **이익 점검회의 작성 서식**

목표 대비 실적		OO학원			차이 원인 및 대책
(단위 : 원, 명)		1월			
		목표	**실적**	차이	
수강생수	초1~3				
	초4				
	초5				
	초6				
	중1				
	중2				
	중3				*퇴원 사유
	고1				−
	고2				*주요 시사점
	고3				−
	계				*대처 방안
수강료 수입계	초1~3				−
	초4				*결정 사항
	초5				−
	초6				
	중1				
	중2				
	중3				
	고1				
	고2				
	고3				
	계				
총 매출계					

비용	인건비				*비용 증감 이유 :
	공간비				
	차량				
	마케팅				
	기타 비용				
총 비용계					
월별 이익					*2월 원생 수 정상화를 위한 관리 강화

엑셀을 활용해서 이익점검표를 만드는 것이 편할 것이다. 위의 서식을 살펴보면 목표에 해당되는 부분은 앞서 작성한 연간 목표 학생 수와 매출-지출 계획의 내용을 반영하면 될 것이고, 실적은 월말 기준으로 학생 수와 비용을 기입하면 된다. 그리고 신입 · 퇴원 현황 점검 및 학생 수 증감 이유, 주요 시사점, 대처 방안 및 결정 사항에 대해 논의를 한다면 원하는 목표를 달성하는데 도움이 될 것이다.

5 학원 설명회 실행 전략

설명회를 하고 싶은데 무엇부터 해야 할 지 고민하는 원장들을 위해 설명회 준비부터 실행까지의 관련 내용을 설명하고자 한다. 설명회는 재원생 충성도 제고와 신규생 창출 효과를 기대할 수 있는데, 어떻게 하면 성공적으로 진행할 수 있는지에 대해 살펴보겠다.

1) 설명회의 중요성

얼마 전, 원생수가 감소하고 있는 한 학원의 요청으로 경영 자문을 시작하면서, 제일 먼저 지역 학부모들의 Needs를 분석하였다. 그리고 알게 된 사실은 이 학원이 학부모들 사이에서 거의 언급되지 않고 있다는 점이었다. 그렇다고 해서 이 학원의 교육 프로그램이 결코 경쟁력이 없는 것도 아니다. 잘 하고는 있지만, 지역 학부모들에게 굉장히 매력적으로 느낄만한 강력한 메시지를 전달하지 못하고 있는 것이다. 그래서 학부모들이 듣고 싶어 하는 주제를 가지고 설명회를 추진하였다. 그 결과 학부모들 사이에서 입 소문이 나면서 상담이 늘어나고, 조금씩 원생 수가 증가하는 결과를 가져오고 있다. 물론 설명회는 1회성으로 끝나지 않고, 지금도 계속 진행하고 있다. 첫 설명회는 규모 있게 하였지만, 그 다음부터는 매월 어머니를 위한 교육 세미나 형태로 진행하고 있는 것이다. 이처럼 '설명회', '세미나', '간담회' 등 어머니들에게 직접 학원 정보를 전달할 수 있는 프로모션 방식은 매우 효과적이다. 이때 중요한 것은 단순한 학원 정보 전달이 아닌, 고객이 원하고 있는 전문성 있는 정보를 제공해야 한다는 것이다. 설명회 제목도 'ㅇㅇ학원 여름방학 설명회'와 같이 학원 홍보성 문구가 아닌, '4차 산업혁명 시대의 변화된 인재상과 입시전략'과 같이 어머니들에게 필요한 정보를 제공할 수 있는 제목이어야 보다 많은 고객이 관심을 가지고 참여하고 있는 게 요즘 추세라 볼 수 있다. 또 하나 중요한 것은 설명회 등 행사에 대한 프로모션 진행 시 온-오프 마케팅을 동시에 집중적으로 진행한다는 것이다. 최근 학원가의 오프라인 프로모션은 고객에게 직접 전달되는 형태(학교 앞 기념품 전달, 설명회를 통한 학원 정보 전달 등)로 진행되며, 이와 함께 블로그 등 온라인 마케팅을 함께 병행하는 곳이 많다는 것이다. 그럼 효과적인 설명회 실행을 위해 어떻게 준비해야 하는지에 자세히 살펴보도록 하겠다.

2) 성공적인 설명회를 위한 핵심 포인트

우선, '성공적인 설명회를 위한 핵심 포인트'를 살펴보도록 하자. 아래 내용은 그동안 설명회를 성공적으로 진행했었던 학원들의 공통점을 바탕으로 작성한 것으로 총 5가지로 구분하여 살펴보았다.

① 유익한 정보 제공

- 타 학원에서 쉽게 전달할 수 없는 정보 제공
- 정확한 정보 취합 및 분석을 통해 학부모들이 이해하기 쉽게 전달

② 연사 선정

- 학부모들에게 좋은 정보를 효과적으로 전달 할 수 있는 연사 선정
- 전문성을 강조하거나 규모 있게 진행 할 시 외부 연사 초빙

③ 주제 전달을 위한 발표 자료 및 동영상

- 고객들에게 효과적으로 전달할 수 있는 발표 자료 준비
- 식전 학원 홍보 동영상, 발표 시 활용할 동영상 준비

④ 계획성 있는 행사 준비

- 최소 설명회 20일 전에 세부적인 계획 수립
- 예상하지 못한 사고를 방지하기 위한 철저한 사전 준비

⑤ 차별화 된 서비스 제공

- 추첨권을 통한 선물 증정(설명회 마지막 순서에 제공되기 때문에 중간 이탈 방지)
- 식전 공연 행사(음악회 등) 및 기념품 제공 등의 이벤트

3) 설명회 진행 프로세스

기본 콘셉트 설정부터 사후 관리까지 전체 과정에 대해 살펴보자.

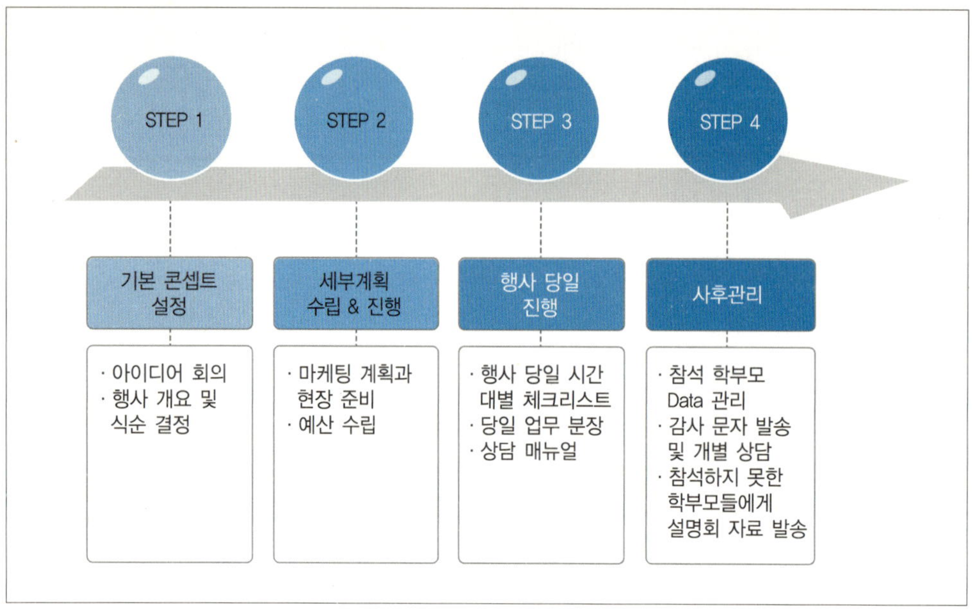

① 기본 콘셉트 설정

설명회를 준비할 때 기본적으로 행사명, 설명회 규모, 일시, 장소 등이 정해져야 할 것이다. 보통 설명회 주제로는 최근 이슈가 되는 교육 정책과 입시에 대한 내용을 많이 다루며, 학원별 핵심 고객 연령에 따라 주요 내용이 달라질 것이다. 예를 들면 초등학생의 경우에는 학습에 대한 동기부여나 현 입시를 대비하기 위한 학습 전략이 설명회 주제가 되겠지만, 중·고등학생의 경우에는 입시 및 내신 대비에 대한 실질적인 내용이 다루어 질 것이다. 중요한 것은 설명회를 통해 전달하는 주요 내용이 자연스럽게 학원 교육 프로그램과 연계시켜 내 학원에서 학습해야 하는 당위성을 논리적으로 설명할 수 있어야 한다는 점이다. 그리고 콘셉트 설정 단계에 대다수 소형 학원에서는 원장 혼자 계획을 수립하는 경우가 많다. 강사들이 강의 및 업무로 인해 바쁘기 때문에 원장 혼자 고민하게 되는데, 설명회 콘셉트 결정에 대한 아이디어 회의는 될 수 있으면 여러 강사들과 함께 의견 공유를 하는 것이 바람직하다. 혼자 고민하는 것보다 다양한 의견을 듣는 것이 더 효과적이기 때문이다. 기본 사항이 결정되었다면 설명회 진행 식순에 대한 논의가 필요한데 아래 샘플을 참고해보자.

■ 학원 설명회 식순 샘플

순서	내용	담당자	소요시간	비고
식전 동영상/방명록 작성	학원 홍보 동영상 또는 설명회 관련 영상, 학부모 입장(방명록 작성)	동영상 담당자, 행사 요원	식전 20분	반복

	개회사	개회사 및 원장 인사말	사회자	5분	
연사 발표	자기주도적인 학습관리와 독서법	교육 환경 변화에 따른 학습 관리와 독서 교육법	외부 연사	40분	
	입시 전략 및 프로그램 소개	현 입시 정책에 대한 준비사항 및 학원 프로그램 소개	내부 연사	30분	
공지 사항 안내 & 폐회		학원 안내 사항 공지, 추첨권 행사(이벤트 시), 개별 상담 장소 안내	사회자	5분	
개별 상담		학원 등록 관련 개별 상담			

행사 전체에 대한 시간은 60~80분 사이로 너무 길어지면 학부모들의 집중력이 떨어져 지루해 할 수 있다. 행사 시작 전 학원 홍보 동영상 또는 차분한 배경 음악을 통해 학부모들께서 자리에 착석하여 집중할 수 있는 환경을 마련해 주는 것이 좋다. 그리고 위 사례와 같이 내·외부 연사를 별도로 구분함으로써 외부 연사는 학부모들에게 전문성 있는 교육 정보를 제공하고, 내부 연사는 학원 프로그램 및 서비스에 대해 설명해 줄 수 있을 것이다. 순서는 내부 연사가 먼저하고 외부 연사가 나중에 할 수도 있으니, 상황에 맞게 진행하면 된다. 그리고 연사 발표가 끝나면 바로 이어서 학원 공지사항 전달 및 학부모들과의 개별 간담회가 이뤄질 수 있도록 하여, 가능하면 신규 등록으로 이어질 수 있도록 유도하는 것이 효과적이다.

② 세부 계획 수립 & 진행

설명회에 기본 사항이 설정되었다면 이제는 고객들에게 알려서 많은 인원이 참석하도록 만들어야 할 것이다. 아무리 행사를 잘 준비했어도 설명회 당일 참석 인원이 예상보다 적다면 성공적으로 진행되었다고 할 수 없기 때문에, 마케팅의 역할은 매우 중요하다. 그래서 실례로 한 유명 대형 학원에서는 설명회 행사 참석 인원을 예측하고 실제로 그 인원대로 왔는지, 그리고 몇 명이 등록을 했는지에 대한 사항을 직원 평가 기준으로 두는 곳도 있다. 그렇다면 마케팅이 중요하니까 많은 비용을 투자해서 광고를 해야 하는 것일까? 결론적으로 말하자면 효과성이 좋은 마케팅 매체를 계획적으로 활용해야 한다. 가장 좋은 마케팅은 최소의 비용으로 최고의 효과를 내는 것이다. 따라서 마케팅을 잘 하는 학원을 보면, 재원생을 통한 입소문 마케팅과 가성비 좋은 현수막 광고를 많이 활용하는 편이다. 그리고 또 하나 마케팅 실행에 대해 계획적이고 체계적으로 진행한다면 의미 없는 지출은 줄일 수 있을 것이다. 그럼 아래에서 '설명회 체크리스트'를 살펴보자.

구분	항목	내용	기한	담당자	Check	비고
행사 기본 내용	전체 행사 기획안 작성	행사 개요, 식순 등 전체 기획안 작성	D-20			
	장소 섭외 확인	행사 장소 검색 및 예약	D-18			
	내·외부 연사 확정	내부 발표자 및 외부 연사 섭외 완료	D-15			
	강연 자료 준비(ppt)	발표 자료 준비	D-7			
마케팅 계획	광고 홍보 계획안 작성	광고 홍보 세부 계획안 확정	D-15			
	인터넷 기사 홍보	인터넷 기사 문구 작성 및 기사 게재	D-7			
	지역 신문 광고	지역 신문 시안 작업 및 광고 실시	D-7			
	온라인 광고 실시	홈페이지 팝업, 이메일 발송, 블로그/밴드 등 다양한 채널을 통한 광고	D-7			
	DM 발송	핵심 타깃을 대상으로 초청장 발송	D-10			
	텔레 마케팅 실시	확보된 DB 중 핵심 타깃 대상 텔레마케팅	D-5			
	홍보 동영상 제작	홍보 동영상 기획 및 제작	D-5			
현장 준비	대봉투, 방명록 제작/준비	대봉투 확인(봉투 작업), 예약자 구분 준비, 예약자 명단 등	D-5			
	자료집 내용 기획/제작	당일 발표 내용이 담긴 자료집 (필기 가능 공간)	D-3			
	교재 및 워크북 샘플 비치	참석자들이 볼 수 있게 교재 및 워크북 샘플 확인	D-2			
	기념품	기념품 진행 여부 확인, 최소 볼펜 준비	D-3			
	음료 및 다과 확인	당일 음료 및 다과 준비(쿠키, 케이크 등)	D-2			
	내·외부 부착물 확인	현수막, 안내 게시물, X배너 등	D-2			
	행사 요원 명찰 제작	STAFF 명찰	D-2			
	최종 행사장 확인	행사 물품 및 최종 점검	D-1			

위에서는 행사일 기준으로 20일 전부터 준비하는 것으로 계획되어 있으나, 실제로는 한 달 전부터 준비하는 것이 적합할 것이다. 크게 '행사 기본 내용', '마케팅 계획', '현장 준비' 3부분으로 구분하여 살펴볼 수 있으며, 구분된 내용별로 세부 진행 사항에 대해 기재하였다. 그리고 각각에 대해 담당자

는 누구이며, 언제까지 진행이 되어야 하는지 반드시 확인해야 할 것이다. 또한, 마케팅 집행과 현장 준비에 들어가는 비용에 대해 예산을 측정해야 하며, 예상되는 비용 집행이 학원 운영에 있어 큰 부담이 되는 지 철저하게 확인하고 진행해야 할 것이다.

③ 행사 당일 진행 사항

행사장 집결	설명회 행사 시간을 오전 11시라 한다면 늦어도 2시간 전인 오전 9시에는 전원 행사장에 집결해야 한다. 하지만 학부모들에게 전달되는 배포물 패킹 작업 등이 마무리 되지 않거나, 행사 장소 세팅에 시간 투입이 많이 된다면 2시간 30분 전에 집결하는 것이 좋다. 전원 집결을 위해서는 행사 전 날 담당자는 행사 진행 관계자 모두에게 사전 공지를 정확히 전달해야 할 것이다. 행사장에 전원 집결하였다면, 당일 일정 및 주요 사항에 대해 공지하고 각 담당자별 역할을 충실히 수행할 수 있도록 숙지시켜야 한다.
간단한 리허설 및 방송 장비 확인	연사 발표 시 PT 또는 동영상을 사용한다면 방송/음향 시설에 대한 점검은 반드시 이뤄져야 한다. 아무리 좋은 내용으로 강연 자료를 만들었더라도 전달하는 과정에서 화면에 강연 자료가 나오지 않거나 음향 장비에 문제가 생겨 소리가 들리지 않는다면 학부모에게 불쾌감을 줄 수 있기 때문이다. 그렇기 때문에 시설적인 부분의 문제를 대비하기 위해 설명회 시작 전까지 세밀한 주의를 가지고 점검해야 하며, 가능하다면 점검과 동시에 간단한 리허설을 실시하는 것이 좋다. 발표 PT 내용과 마이크 및 음향 사항 확인은 늦어도 행사 시작 30분 전까지는 완료가 되어야 하며, 리허설 및 방송 장비 확인 후에는 일찍 참석한 학부모들을 위한 식전 동영상 또는 음악을 설명회 시작 전까지 반복적으로 상영 또는 청취할 수 있도록 해야 할 것이다.
현수막 및 게시물 설치	행사장 내부에서 리허설과 방송 장비 확인이 진행되는 동안에 외부에서는 현수막, 포스터, X배너 등을 정해진 위치에 부착 또는 설치를 해야 한다. 이때 행사장 외부 책임자는 학부모 동선에 대해 정확히 확인하여 신속하게 설치될 수 있도록 해야 하며, 행사 시작 1시간 전에는 완료될 수 있도록 해야 할 것이다.
설명회 배포 자료 세팅 및 비치	설명회에 참석하는 학부모들에게 나누어줄 배포물은 주로 행사장 출입구에 음료와 함께 비치하는 경우가 많다. 때로는 행사 장소에 따라 좌석에 배포물을 착석 전에 올려놓는 경우도 있으니 상황에 따라 적절하게 진행하는 것이 필요할 것이다.
행사 인력 운영	대규모 행사에서 인력 운영을 효과적으로 하기 위해서는 행사장 배치도를 작성하여 구역별 책임자를 선정하는 것이 필요하다. 행사장 외부, 내부 등으로 구분할 수 있으며, 중요한 것은 행사 요원 모두가 학부모 질문 시 동일한 대답을 할 수 있도록 사전 교육이 되어 있어야 한다. 그래서 가능하면 상담 매뉴얼을 작성하여 나눠주는 것이 효과적이다.

④ 설명회 사후 관리

고객 데이터 관리는 사업 운영에 있어 중요한 활동 중 하나이다. 따라서 설명회는 재원생과 비재원생 학부모의 데이터를 확보할 수 있는 좋은 기회이기 때문에 설명회 진행 시 참석한 학부모들의 간단한 인적사항은 반드시 파악을 해야 하며, 행사 종료 후 지속적인 관리를 통해 고객 관리가 이뤄질 수 있도록 해야 한다. 최근 개인정보 활용에 대해서는 반드시 동의를 받아야 하니, 관련 문구를 넣어 동의를 받고 인적사항을 파악하도록 해야 할 것이다.

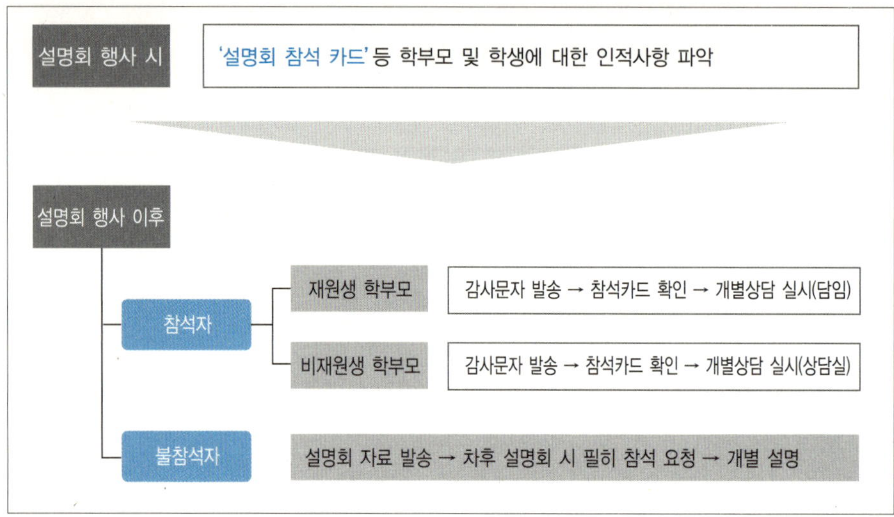

4) Logic Tree 기법을 이용한 설명회 자료 만들기

기업 채용, 대입 및 특목고 입시 등 자기소개서와 면접은 중요한 변별력으로 작용하고 있다. 이때 좋은 점수를 받기 위해서는 자신이 알고 있는 사실을 논리적으로 표현할 수 있어야 한다. 즉, 논리적 사고와 논리적 글쓰기에 대한 역량이 그 만큼 중요하다는 것을 보여주는 것으로, 한정된 시간 내에 준비한 내용을 전달하는 강연자에게도 필수 역량이라 할 수 있을 것이다. 따라서 『Logic Tree』 기법을 활용해서 발표 자료를 만들어가는 방법에 대해 살펴보도록 하자.

■ Logic Tree 기법을 활용한 STORY 구성 TOOL

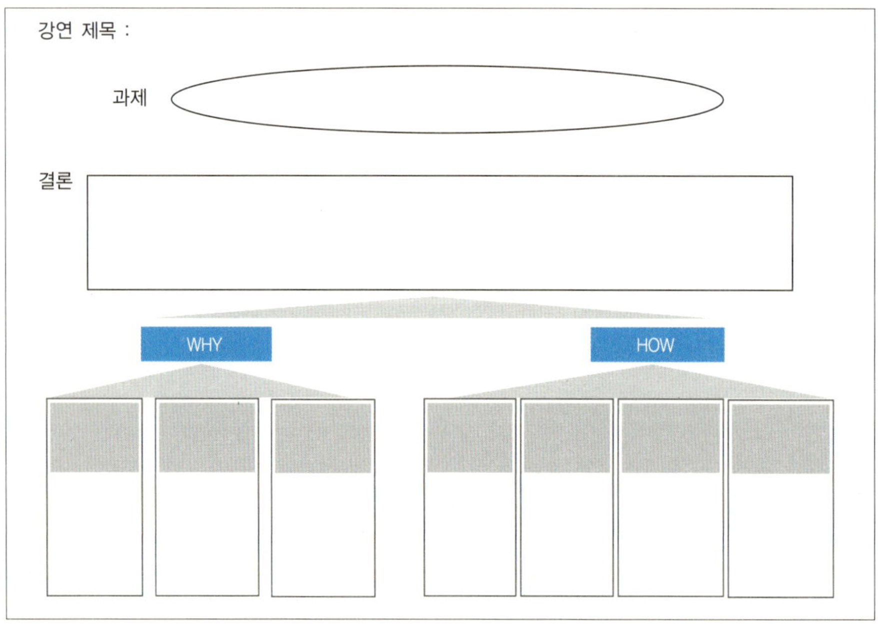

위 TOOL은 '설명회 강연 자료를 만들 때', '면접 질문에 대한 답변을 제시할 때', '학원 전략을 결정 할 때' 등 다양한 의사결정 과정에서 활용할 수 있다. 즉, logical thinking을 통한 최대한 합리적인 의사결정을 만드는 과정이라 할 수 있을 것이다. 위 방법론에 활용한 작성법은 아래와 같다.

① 강연 제목 : 강연 제목을 기입한다.

② 과제 : 강연 주제에 적합하게 어떠한 내용을 전달할지에 대한 사항을 기입한다.
  (예 자기주도적인 학습관리와 독서교육법이란 강의에서 학부모들이 듣고 싶은 내용은?)

③ 결론 : 본 강연의 핵심이 되는 사항으로, 위 과제에 대한 답변을 의미한다.

④ 'WHY' & 'HOW'

- 결론에 대한 논리적 근거를 뒷받침하게 되는 내용

- WHY에서는 환경 분석을 통해 왜 이런 결론이 나왔는지에 대한 근거

- HOW에서는 WHY를 통해 나온 내용을 어떻게 실행하는지에 대한 세부 방법에 대해 제시

- 과제에 대한 통찰력이 있는 사람의 경우 결론을 미리 설정하고 그 결론에 대한 이유와 방법을 역으로 찾아가는 경우가 많은데, 여기서 미리 설정된 결론을 가설이라고 하며, 이 가설을 잘 활용할 때 논리적 사고력이 탁월하다고 볼 수 있다.

설 문 지

초·중등 영어 학습 방법 및 인식에 관한 설문 조사

안녕하십니까?

교육산업 전문 컨설팅 회사인 에듀플랫 컨설팅입니다.

바쁘신 와중에 설문에 응해 주셔서 진심으로 감사드립니다.

본 설문지는 초·중등 영어 학습 방법 및 인식에 대한 실태를 파악하고자 하는데 그 목적이 있습니다.

또한 설문지 응답 내용은 초·중등 영어 시장 현황 분석에 관한 소중한 자료로 사용되고 응답하신 내용에 대하여는 대외적으로 공개되지 않을 것입니다.

평소 생각하시던 소중한 의견을 성심껏 답해 주시면 현황 파악에 큰 도움이 될 것입니다.

끝으로 바쁘신 가운데에도 불구하고, 적극적인 협조에 깊이 감사드립니다.

Ⅰ. 다음은 사교육에 대한 인식 및 학습 방법에 관한 질문입니다. 각 항목에 해당하는 번호에 √ 표시를 하거나 직접 내용을 기록해 주십시오.

01 최근 교육 정책에 대해 잘 알고 계십니까?

① 매우 잘 알고 있음　　　② 조금 알고 있음　　　③ 알고는 있지만 자세히 모름

④ 잘 모름　　　⑤ 관심 없음

1-1. 관심이 있거나 알고 계신 교육 정책은 무엇입니까?

(　　　　　　　　　　　　　　　　　　　　　　　　　　　)

02 자녀를 특목 중·고에 보내길 희망하십니까?

(① 예　　② 아니오)

03 (2번에 '예'를 선택하신 분만) 자녀를 어떤 학교에 보내길 희망합니까? (복수 선택 가능)

① 특목중　　　　② 외고　　　　③ 과고/영재고

④ 민사고　　　　⑤ 자사고　　　　⑥ 기타

04 3번에서 선택한 학교 유형 중 어느 학교(학교명)를 가장 선호하십니까?

(　　　　　　　　　　　　　　　　　　　　　　　　　　　)

05 특목 중·고를 희망하는 가장 중요한 이유는 무엇입니까?

① 우수 대학 진학　　　② 수준 높은 교육　　　③ 비슷한 수준의 친구들

④ 기타 (　　　　　　)

06 선호하는 학습 방법은 무엇입니까?

① 학원 수강　　　　② 과외　　　　③ 온라인 학습

④ 독학　　　　⑤ 기타 (　　　　　)

07 위 6번의 학습 방법을 선택한 이유는 무엇입니까?

(　　　　　　　　　　　　　　　　　　　　　　　　　　　)

08 비교과(자기소개서, 창의적 체험활동, 진로진학 컨설팅, 학습코칭 등) 관련 준비를 영어학원에서 준비해줘야 한다고 생각하십니까?

(① 예　　② 아니오)

09 스마트 러닝 도입에 따른 다양한 디바이스(스마트 폰 등)를 통한 학습에 대해서는 필요하다고 생각하십니까?

(① 예　　② 아니오)

10 위 9번에서 불필요하다면 그 이유는 무엇입니까?

(　　　　　　　　　　　　　　　　　　　　　　　　　　　)

Ⅱ. 다음은 영어학원 선택 요인, 영어학원 프로그램에 대한 인식, 학원 수강 경험에 관한 질문입니다. 각 항목에 해당하는 번호에 √ 표시를 하거나 직접 내용을 기록해 주십시오.

01 학원을 선택할 때 누구의 의견을 가장 중요하게 생각하십니까?

① 타 학부모　　　　　② 자녀　　　　　③ 스스로 판단(부모)

④ 인터넷 검색　　　　⑤ 기타 (　　　　　　　)

02 00 지역 학원가의 특징은?

(예 소형 보습vs대형 브랜드, 초등/중등/고등, 영어/수학/논술/종합)

(　　　　　　　　　　　　　　　　　　　　　　　　　　　　　　　　)

03 영어학원 선택 시 가장 중요한 기준은 무엇입니까?

(우선순위에 따라 번호를 기입해 주십시오.)

1순위 (　　　　　), 2순위 (　　　　　), 3순위 (　　　　　)

① 학원 시스템(커리큘럼, 수준별 반 편성, 시간표 등)

② 실적(입시 실적, 각종 검증시험 실적 등)　　　③ 학원 브랜드

④ 철저한 관리(보충, 맞춤 학습 등)　　　⑤ 강사의 수준(학력, 경력 등)

⑥ 경제적 효율성(수강료, 수강횟수 등)　　　⑦ 교통의 편리성

⑧ 기타(　　　　　)

04 영어학원에서 가장 철저히 해주기 바라는 것은 무엇입니까?

(2개 중복 선택 가능합니다.)

① 학생 관리(출결, 과제 관리 등)　　　② 수준 높은 강의

③ 체계적인 상담　　　④ 학습 분위기 조성 및 동기부여

⑤ 기타(　　　　　)

05 영어 온라인 학습은 필요하다고 생각하십니까?

(　① 예　　　② 아니오　)

06 위 5번에서 필요하다면 그 이유는 무엇입니까?

(   )

07 영어 교육 프로그램에 온라인 도서관 프로그램이 필요하다고 생각하십니까?

(① 예   ② 아니오)

08 위 7번에서 필요하다면 그 이유는 무엇입니까?

(   )

09 영어로 진행하는 체험학습(요리/미술/체육/과학 등)은 필요하다고 생각하십니까?

(① 예   ② 아니오)

10 예습은 필요하가요?

(① 예   ② 아니오)

11 위 10번에서 필요하다면 어느 정도의 분량을 선호하나요?

① 1시간 이내   ② 1~2시간   ③ 2~3시간

④ 3시간 이상   ⑤ 기타 (   )

12 복습(숙제)은 필요하가요?

(① 예   ② 아니오)

13 위 12번에서 필요하다면 어느 정도의 분량을 선호하나요?

① 1시간 이내   ② 1~2시간   ③ 2~3시간

④ 3시간 이상   ⑤ 기타 (   )

14 초등 저학년(7세~초등 2학년)에서는 어떤 영어교육프로그램을 선호하나요?

(   )

15 초등 고학년(초등3~6학년)에서는 어떤 영어교육프로그램을 선호하나요?

(   )

16 영어학원 하면 지역에서 가장 먼저 떠오르는 학원은 어디인지 순서대로 3가지만 적어주십시오.

1순위	2순위	3순위

Ⅲ. 다음은 ○○지역 내 효과적인 학원 마케팅 방법에 관한 질문입니다. 각 항목에 해당하는 번호에 √ 표시를 하거나 직접 내용을 기록해 주십시오.

01 학원 관련 정보는 어떤 경로를 통해 얻나요?

(   )

02 ○○지역 학원 마케팅 중 가장 영향력 있는 방법은 무엇이라 생각하십니까?

(우선순위에 따라 번호를 기입해 주십시오.)

　1순위 (　　　　), 2순위 (　　　　), 3순위 (　　　　)

　① 전단 광고(신문 삽지)　　② 아파트 게시물　　③ 학원버스 현수막

　④ 지정 게시대 현수막　　⑤ 길거리 현수막　　⑥ 지역 신문

　⑦ 시내 · 외 버스 광고　　⑧ 기념품 배포　　⑨ 인터넷 배너 광고

　⑩ 온라인 카페/블로그 활동　　⑪ 기타(　　　　)

03 ○○지역 학원 중 마케팅(광고 · 홍보)을 잘하는 학원은 어디라고 생각하십니까?

(학원명 :　　　　)

04 위 3번에서 마케팅을 잘하는 학원이 있다면 그 이유는 무엇입니까?

(   )

05 모바일을 통한 학원 정보 제공은 필요하다고 생각하십니까?

(① 예　　② 아니오)

Ⅳ. 다음은 귀하의 일반적인 특성에 관한 질문입니다.

학생 성별	지역	학생 학교/학년	현재 수강 중인 학원
남 / 여			

〈수고하셨습니다. 많은 시간 허락하시고 모든 문항에 충실히 응답해 주신 것에 대하여 진심으로 감사 드립니다.〉

설문지

초·중등 영어 학습 방법 및 인식에 관한 설문 조사

안녕하십니까?

교육산업 전문 컨설팅 회사인 에듀플랫 컨설팅입니다.

바쁘신 와중에 설문에 응해 주셔서 진심으로 감사드립니다.

본 설문지는 초·중등 수학 학습 방법 및 인식에 대한 실태를 파악하고자 하는데 그 목적이 있습니다.

또한 설문지 응답 내용은 초·중등 수학 시장 현황 분석에 관한 소중한 자료로 사용되고 응답하신 내용에 대하여는 대외적으로 공개되지 않을 것입니다.

평소 생각하시던 소중한 의견을 성심껏 답해 주시면 현황 파악에 큰 도움이 될 것입니다.

끝으로 바쁘신 가운데에도 불구하고, 적극적인 협조에 깊이 감사드립니다.

Ⅰ. 다음은 사교육에 대한 인식 및 학습 방법에 관한 질문입니다. 각 항목에 해당하는 번호에 √ 표시를 하거나 직접 내용을 기록해 주십시오.

01 최근 교육 정책에 대해 잘 알고 계십니까?

① 매우 잘 알고 있음   ② 조금 알고 있음   ③ 알고는 있지만 자세히 모름

④ 잘 모름   ⑤ 관심 없음

1-1. 관심이 있거나 알고 계신 교육 정책은 무엇입니까?

(   )

02 자녀를 특목 중·고에 보내길 희망하십니까?

(① 예   ② 아니오)

03 (2번에 '예'를 선택하신 분만) 자녀를 어떤 학교에 보내길 희망합니까? (복수 선택 가능)

① 특목중.　　　　② 외고　　　　③ 과고/영재고

④ 민사고　　　　⑤ 자사고　　　　⑥ 기타

04 3번에서 선택한 학교 유형 중 어느 학교(학교명)를 가장 선호하십니까?

(   )

05 특목 중·고를 희망하는 가장 중요한 이유는 무엇입니까?

① 우수 대학 진학　　　② 수준 높은 교육　　　③ 비슷한 수준의 친구들

④ 기타 (   )

06 선호하는 학습 방법은 무엇입니까?

① 학원 수강　　　　② 과외　　　　③ 온라인 학습

④ 독학　　　　⑤ 기타 (   )

07 위 6번의 학습 방법을 선택한 이유는 무엇입니까?

(   )

08 비교과(자기소개서, 창의적 체험활동, 진로진학 컨설팅, 학습코칭 등) 관련 준비를 수학학원에서 준비해줘야 한다고 생각하십니까?

(① 예   ② 아니오)

09 스마트 러닝 도입에 따른 다양한 디바이스(스마트 폰 등)를 통한 학습에 대해서는 필요하다고 생각하십니까?

(① 예   ② 아니오)

10 위 9번에서 불필요하다면 그 이유는 무엇입니까?

(   )

Ⅱ. 다음은 수학학원 선택 요인, 수학학원 프로그램에 대한 인식, 학원 수강 경험에 관한 질문입니다. 각 항목에 해당하는 번호에 √ 표시를 하거나 직접 내용을 기록해 주십시오.

01 학원을 선택할 때 누구의 의견을 가장 중요하게 생각하십니까?

① 타 학부모　　　　　② 자녀　　　　　③ 스스로 판단(부모)

④ 인터넷 검색　　　　⑤ 기타 (　　　　　　　)

02 00 지역 학원가의 특징은?

(**예** 소형 보습vs대형 브랜드, 초등/중등/고등, 영어/수학/논술/종합)

(　　　　　　　　　　　　　　　　　　　　　　　　　　　　　　)

03 수학학원 선택 시 가장 중요한 기준은 무엇입니까?

(우선순위에 따라 번호를 기입해 주십시오.)

1순위 (　　　　　), 2순위 (　　　　　), 3순위 (　　　　　)

① 학원 시스템(커리큘럼, 수준별 반 편성, 시간표 등)

② 실적(입시 실적, 각종 검증시험 실적 등)　　　③ 학원 브랜드

④ 철저한 관리(보충, 맞춤 학습 등)　　　　　　⑤ 강사의 수준(학력, 경력 등)

⑥ 경제적 효율성(수강료, 수강횟수 등)　　　　⑦ 교통의 편리성

⑧ 기타(　　　　　)

04 수학학원에서 가장 철저히 해주기 바라는 것은 무엇입니까?

(2개 중복 선택 가능합니다.)

① 학생 관리(출결, 과제 관리 등)　　　② 수준 높은 강의

③ 체계적인 상담　　　　　　　　　　④ 학습 분위기 조성 및 동기부여

⑤ 기타(　　　　　)

05 자녀가 초등학교/중학교 졸업 시점에서 성취하기를 희망하는 수학 선행 정도는?

- 초등학교 졸업시점 : (   ) / 예 : 중1 1학기

- 중학교 졸업시점 : (   ) / 예 : 고1 2학기

06 수학 온라인 학습은 필요하다고 생각하십니까?

(① 예   ② 아니오)

07 위 6번에서 필요하다면 그 이유는 무엇입니까?

(   )

08 학년별로 필요한 수학 교육 프로그램에 대해 생각나는 대로 적어주세요.

- 초등 저학년(1~3학년) : (   )

- 초등 고학년(4~6학년) : (   )

- 중등 1~2학년 : (   )

- 중등 3학년 : (   )

- 고등 1~2학년 : (   )

- 고등 3학년 : (   )

09 예습은 필요하가요?

(① 예   ② 아니오)

10 위 9번에서 필요하다면 어느 정도의 분량을 선호하나요?

① 1시간 이내   ② 1~2시간   ③ 2~3시간

④ 3시간 이상   ⑤ 기타 (   )

11 복습(숙제)은 필요하가요?

(① 예   ② 아니오)

12 위 11번에서 필요하다면 어느 정도의 분량을 선호하나요?

① 1시간 이내   ② 1~2시간   ③ 2~3시간

④ 3시간 이상   ⑤ 기타 (   )

13 수학학원 하면 지역에서 가장 먼저 떠오르는 학원은 어디인지 순서대로 3가지만 적어주십시오.

1순위	2순위	3순위

Ⅲ. 다음은 00지역 내 효과적인 학원 마케팅 방법에 관한 질문입니다. 각 항목에 해당하는 번호에 √ 표시를 하거나 직접 내용을 기록해 주십시오.

01 학원 관련 정보는 어떤 경로를 통해 얻나요?

(   )

02 00 지역 학원 마케팅 중 가장 영향력 있는 방법은 무엇이라 생각하십니까?

(우선순위에 따라 번호를 기입해 주십시오.)

1순위 (   ), 2순위 (   ), 3순위 (   )

① 전단 광고(신문 삽지)   ② 아파트 게시물   ③ 학원버스 현수막

④ 지정 게시대 현수막   ⑤ 길거리 현수막   ⑥ 지역 신문

⑦ 시내 · 외 버스 광고   ⑧ 기념품 배포   ⑨ 인터넷 배너 광고

⑩ 온라인 카페/블로그 활동   ⑪ 기타(   )

03 00 지역 학원 중 마케팅(광고 · 홍보)을 잘하는 학원은 어디라고 생각하십니까?

(학원명 :   )

04 위 3번에서 마케팅 잘하는 학원이 있다면 그 이유는 무엇입니까?

(   )

05 모바일을 통한 학원 정보 제공은 필요하다고 생각하십니까?

(① 예   ② 아니오)

Ⅳ. 다음은 귀하의 일반적인 특성에 관한 질문입니다.

학생 성별	지역	학생 학교/학년	현재 수강 중인 학원
남 / 여			

〈수고하셨습니다. 많은 시간 허락하시고 모든 문항에 충실히 응답해 주신 것에 대하여 진심으로 감사 드립니다.〉

■ ISTJ(세상의 소금형/내향적 감각형) : 한번 시작한 일은 끝까지 해내는 사람들

1) 특성

① 실제 사실에 대해 정확하고 체계적으로 기억하며, 매사에 신중하고 책임감이 강함

② 집중력이 강하고 현실감각이 뛰어나 일을 할 때 실질적이고 조직적으로 처리해나감

③ 위기 상황에서도 침착하고 충동적으로 일을 처리하지 않음

④ 일관성 있고 관례적이며, 보수적인 입장을 취하는 경향이 있음

⑤ 문제를 해결할 때 과거 경험을 잘 적용하며, 일상적으로 반복되는 일에도 인내력이 강함

⑥ 업무를 수행하거나 세상일에 대처할 때 행동이 매우 확고하고 분별력 있음

2) 업무 스타일

① 충동적으로 일에 뛰어들지 않으나, 한 번 관여하면 중단하거나 포기하지 않음

② 맡은 일을 매우 철저히 수행하고, 세부사항과 절차에 세심한 주의를 기울임

③ 이들의 인내력은 이들과 관련된 모든 사람들에게 안정감을 줌

3) 진로

① 조직력과 정확성을 잘 드러낼 수 있는 직업을 일반적으로 선택함

② 예를 들어 회계, 토목, 법, 생산, 건축, 보건업무 그리고 사무직 등에 어울림

③ 감독이나 관리자로서 능력을 발휘함

4) 주의하고 개발할 점

① 자신의 방법과 생각만을 고집하기 쉬우므로 변화와 다른 가능성에 대해 개방적인 태도를 취할 필요
　가 있음

② 장기적인 안목을 가질 필요가 있음

③ 지나치게 책임을 지려고 하며 직책이 요구한 이상으로 일을 심각하게 다루는 경향이 있음

5) 교수 양식(검열관)

강점	생각해 볼 영역
① 사실 자료, 정보를 순차적으로 다룸 ② 능률성, 정보를 잘 분류하고 조직함 ③ 잘 구성된 학습계획과 성취를 개발함 ④ 책임 있는 학생이 되는 과정을 기뻐함 ⑤ 교육과정을 성실히 수행함	① 정확하고 세심한 관심으로 시간 소모 ② 휴식도 과제처럼 행함 ③ 조용한 교실이 외향형들에게 미치는 영향 ④ 질서정연한 교실을 유지하기 위한 과도한 노력

② ISTP(백과사전형/내향적 사고형) : 논리적이고 뛰어난 상황적응력을 가지고 있는 사람들

1) 특성

① 조용하고 말이 없으며 인생을 논리적으로 분석하며 객관적으로 관찰함

② 뚜렷한 사실에 근거한 객관적인 추론을 제외한 어떤 것에 의해서도 확신하지 않음

③ 일과 관계되지 않은 이상, 어떤 상황이나 다른 사람들의 일에 직접 뛰어들지 않으려 함

④ 자신을 필요 이상으로 개방하지 않으려 하며, 대체로 가까운 친구들 외에는 다른 사람들을 사귀려 하지 않음

⑤ '노력을 절약'하는 특징이 있어, 어떤 상황에서 얼마나 많은 노력이 필요한지 정확하게 판단함

⑥ 뛰어난 현실 감각, 시간 포착, 긴급한 상황에 대비하는 뛰어난 감각으로 위기를 잘 포착함

2) 업무 스타일

① 일을 효율적으로 처리하고자 하는 경향이 있어 몰아서 한꺼번에 처리함

② 부하직원들을 능력 있는 사람으로 성장시키는 경향이 있음

3) 진로

① 일상생활에 적응력이 매우 뛰어나고 손재주가 많음

② 도구나 재료를 잘 다루며 과학 분야, 기계 계통, 엔지니어링 분야에 관심이 많음

③ 만약 기계나 기술 분야에 흥미가 없다면, 대신 비조직화 된 사실을 조직화하는 재능이 많기 때문에 법률, 경제, 마케팅, 판매, 통계 분야에 관심이 있음

4) 주의하고 개발할 점

① 계획을 세우고 목표하는 결과를 이루기 위해 집중해서 노력하고, 인내심을 키울 필요가 있음

② 지나치게 편의적이고 노력을 절약하는 경향이 있으므로 적극성을 키울 필요가 있음

③ 정서적인 표현이 부족하기 때문에 '관계'에 대한 표현 훈련이 필요함

5) 교수 양식(분쟁 해결사)

강점	생각해 볼 영역
① 가시적, 구체적인 자료 수집 ② 말보다 직접적인 시범을 보임 ③ 과제의 구성요소들의 분석방법과 그 관련성을 가르침 ④ 문제해결을 위한 실험상황을 마련함 ⑤ 다양한 구성요소들이 동시에 작동되는 방법을 보여줌	① 자율성 중시로 학습과정을 예고하지 않음 ② 학생들에게 칭찬을 잘 하지 않음 ③ 일상적인 것들을 지겨워하거나 소홀히 함 ④ 냉철함을 유지, 방관자적 입장을 취함 ⑤ 말을 아끼고 감정 표현을 잘 안함

3 ESTP(수완 좋은 활동가형/외향적 감각형) : 다양한 활동을 선호하는 사람들

1) 특성

① 관대하고 느긋함. 어떤 사람이나 사건에 대해 선입관을 갖지 않으며 개방적임

② 자신과 다른 사람에 대해 관용적이며, 일을 있는 그대로 바라보고 받아들임

③ 그래서 갈등이나 긴장 상황을 잘 무마시키는 능력이 있음

④ 획일화된 규범을 적용하기보다 그 상황에 적응하려고 하며, 누구나 만족하는 해결책을 모색하고 타협하고자 함

⑤ 현재에 초점을 맞추어 현실을 있는 그대로 보기 때문에, 문제를 해결하는 데 뛰어난 능력을 발휘하기도 함. 그래서 이들은 현재의 시스템 또는 환경을 이용하여 목적을 달성할 수 있는 방법을 새롭게 고안해 낼 수도 있음

2) 업무 스타일

① 친구, 운동, 음식, 다양한 활동 등 오관으로 보고, 듣고, 느끼고 만질 수 있는 생활의 모든 것을 즐기며, 예술적인 멋과 판단력을 지니고 있어 연장이나 재료들을 다루는 데 능숙함

② 그 상황, 그 순간에 무엇이 필요한지 감지하며 많은 사실들을 쉽게 기억함

③ 주관적 가치에 기준을 두고 결정을 내리기보다 논리적, 분석적으로 일을 처리함

3) 업무 스타일

① 현실성, 행동과 적응력이 요구되는 직업에 적합함

② 예를 들어 엔지니어링, 경찰직, 요식업, 신용조사, 마케팅, 건강공학, 건축, 생산, 레크레이션, 분쟁 조정자 등이 있음

4) 주의하고 개발할 점

① 순간 에너지 몰입이 강하고 변명을 잘하기 때문에, 끈기와 인내를 더 키울 필요가 있음

② 즉흥적 행동에 지나치게 의존하는 경향이 있으며, 사전 계획 없이 일을 벌이는 경향이 있으므로 마무리하는 노력이 필요함

③ 물질의 즐거움에 집착하기 쉬우므로 그 즐거움의 이면을 볼 수 있어야 함

5) 교수 양식(선동자)

강점	생각해 볼 영역
① 비언어적 행동을 관찰하여 동기를 부여함 ② 전략적, 현재 적용 가능한 것을 가르치는데 초점을 둠 ③ 인생을 즐겁게 사는 법을 가르침 ④ 도전과 자극, 변화를 선호함 ⑤ 친근하고 수용적인	① 인내와 지구력을 요하는 일이나 활동 ② 교과과정의 모든 요소를 완성하지 못함 ③ 과도한 재미 추구로 비판을 받게 됨 ④ 학습에 게임 및 관련기술을 과도하게 사용함

4 ESTJ(사업가형/외향적 사고형) : 사무적, 실용적, 현실적으로 일을 많이 하는 사람들

1) 특성

① 일을 조직하여 프로젝트를 계획하고 추진하는 능력이 있음

② 사업이나 조직을 현실적, 체계적, 논리적으로 이끌어나가는 데 타고난 재능을 지님

③ 혼돈스럽고 불분명한 상태 또는 실용성이 없는 분야에는 큰 흥미가 없으나, 필요하다면 언제든지 이를 응용하는 힘이 있음

④ 분명한 규칙을 중요하게 여기며, 그에 따라 행동함

⑤ 어떤 계획이나 결정을 내릴 때 확고한 사실에 바탕을 두고 이행함

2) 업무 스타일

① 타고난 관리자로서 일의 목표를 설정하고 지시하며, 결정권을 행사하는 역할을 즐김

② 같이 일하는 주변 사람들이 힘들어하는 경우가 있음

③ 비합리적이거나 일관성이 결여된 상황을 쉽게 파악하는 능력이 있음

3) 진로

① 업무에 대한 결과가 즉각적이고, 가시적이며, 실제적인 일을 좋아하기 때문에 개인사업, 행정, 관리, 제조, 생산, 건설 등에 자연스럽게 끌림

② 자신들이 목표를 세우고, 결정하며 필요한 명령을 내릴 수 있는 집행 분야를 좋아함

4) 주의하고 개발할 점

① 지나치게 일 중심으로 나갈 수 있기 때문에, 관계 개선을 위한 노력이 필요함

② 너무 성급하게 결정하는 경향이 있으므로 모든 측면, 특히 자신과 타인의 정서적 측면을 고려할 필요가 있음

③ 변화와 새로운 시도, 추상적 이론 등을 고려하려는 노력이 필요함

5) 교수 양식(행정가)

강점	생각해 볼 영역
① 조직에서 중책을 맡는 행정가 ② 현장견학 등 행사를 잘 조직함 ③ 일을 계획하고 성취하는 능력이 돋보임 ④ 향상성과 규준을 가지고 적절하게 학습을 이끌어 나감 ⑤ 과제를 잘한 학생들을 칭찬함	① 'IN' 학생들과 문제를 야기할 가능성 ② 말대꾸하는 학생들을 인정하지 않는 경향 ③ 경청과 칭찬의 기술 연마 ④ 행동의 과단성과 민첩성, 지시적인 모습이 성급하고 통제적인 행동으로 보임

5 ISFJ(임금 뒷편의 권력형/내향적 감각형) : 성실하고 온화하며 협조를 잘하는 사람들

1) 특성

① 책임감이 강하고 온정적이며 헌신적임(고전적 현모양처)

② 세부적이고 치밀하며 반복을 요구하는 일을 끝까지 수행하는 등 인내심이 강함

③ 침착성과 인내심을 가지고 있어, 가정이나 집단에 안정감을 줌. 가정에 대한 희생정신이 강함

④ 분명한 규칙을 중요하게 여기며, 그에 따라 행동함

⑤ 다른 사람의 감정을 잘 고려하며, 자신과 다른 사람의 감정 흐름에 민감함

2) 업무 스타일

① 일을 처리할 때 현실감각을 가지고 실제적이고 조직적으로 수행하며, 분별력 있게 일을 처리함

② 많은 양의 사실을 기억하고 이용할 수 있지만, 그 사실이 모두 정확하게 구조화되고 모든 것이 명확하게 쓰인 것을 좋아함

3) 진로

① 의료 분야 등 세심한 관찰력을 발휘하고 인간에 대한 관심을 연결할 수 있는 직업을 선호함

② 교사직, 사무직, 서비스나 사람을 돌보는 직업에 호감을 가짐

③ 정확성과 조직에 관한 강한 관심 때문에 감독직을 맡기도 함

4) 주의하고 개발할 점

① 주체성과 독단성을 키우고, 명령하고 지시하는 역할에도 익숙해지도록 노력해야 함

② 장기 안목으로 미래를 볼 필요가 있음

③ 자신의 견해를 남에게 이야기할 때 충분한 확신을 갖도록 해야 함

5) 교수 양식(후원자)

강점	생각해 볼 영역
① 예측 가능하고, 안정감을 제공함 ② 보존, 예방, 보호는 자연스러운 삶의 양식 ③ 학생들의 요구를 잘 조율함 ④ 인내하고 조용히 봉사함 ⑤ 필요한 일을 소신껏 함 ⑥ 헌신에 대한 보상을 요구하지 않음	① 학생의 필요에 지나친 주의로 문제를 복잡하게 함 ② 학생들의 부당한 행동에 대한 대처 및 통제 ③ 실망한 학생에게 관심을 두지 않음 ④ 눈에 띄지 않게 지나치게 봉사하는 경향

6 ISFP(성인군자형/내향적 감정형) : 따뜻한 감성을 가지고 있는 겸손한 사람들

1) 특성

① 다른 사람에게 동정적이며 그 따뜻함을 말보다는 행동으로 나타냄

② 그러나 상대방을 잘 알게 될 때까지 이 따뜻함을 잘 드러내지 않음

③ 자신의 주관이나 가치를 타인에게 강요하지 않으며, 16가지 유형 중 자신의 능력에 대해 가장 겸손함

④ 적응력이 좋고 관용적이며, 현재의 삶을 즐기려고 함

⑤ 자연에 대한 미적 감각과 균형(비례) 감각이 뛰어남

⑥ 모든 것을 정신적 이상과 개인적 가치관에 따라 판단하고, 생활과 관련된 부분은 아주 개인적으로 접근함

2) 업무 스타일

① 일을 할 때, 목표에 도달하는 것에 조바심내지 않으며 여유를 갖는 편임

② 자신이 잘 하는 일은 당연한 것으로 여기고, 자신을 과소평가하는 경향이 있음

③ 실제로 갖고 있는 재능이 많고 이들이 필요로 하는 자리를 찾기만 하면 크게 기여함

3) 진로

① 실질적인 대가보다 인간을 이해하고, 사람들이 기뻐하는 것이나 건강 등에 공헌하는 일에 관심이 많음. 헌신과 뛰어난 적응력을 필요로 하는 일에 적합함

② 예를 들어 의료, 교직, 예술, 성직, 사회사업, 생산 분야 등이 있음

4) 주의하고 개발할 점

① 타인을 지나치게 신뢰하고 남을 비판하지 못하는 반면, 쉽게 마음이 상해서 물러나 버리는 경향이 있음

② 자기 자신의 능력을 남에게 알리고, 남에게 부정적 피드백을 주는 방법을 배울 필요가 있음

③ 보다 독단적으로 다른 사람에게 지시하는 것과 객관적인 분석력을 육성할 필요가 있음

5) 교수 양식(조정자)

강점	생각해 볼 영역
① 삶의 즐거움을 조용히 표현함 ② 학생들의 차이점에 대해 관대함 ③ 학생과 교사의 개성을 표현하는 예술적 재능을 존중함 ④ 학생들의 진정한 필요에 주의를 기울임	① 대부분의 시간을 너무 느긋하게 보냄 ② 학생들에게 자신이 원하는 것을 표현하지 못함 ③ 규칙과 한계를 강조하는 행정가들과 문제 야기의 가능성 ④ 긴박한 상황을 잘 다룰 수 있으나 단원 계획처럼 계획을 요구하는 것은 잘 다루지 못함

🔳 7 ESFP(사교적인 유형/외향적 감각형) : 분위기를 고조시키는 우호적인 사람들

1) 특성

① 친절하고 수용적이며 현실적이고 실제적임. 또한 어떤 상황에도 잘 적응하고 타협적임

② 선입견이 별로 없고 개방적이고 관용적이며 대체로 사람들을 잘 받아들임

③ 다른 사람들의 일이나 활동들에 관심이 많고 그 일에 함께 참여하고자 함

④ 새로운 사건 또는 물건에 관심과 호기심이 많으며, 이론이나 책을 통해 배우기보다 실생활을 통해 배우는 것을 선호함

⑤ 추상적인 관념이나 이론보다는 구체적 사실들을 잘 기억하며, 논리적 분석보다는 인간 중심의 가치에 따라 결정을 내림

2) 업무 스타일

① 사람들을 접하는 일에 능숙하며, 사람이나 사물을 다루는 사실적인 상식이 풍부함

② 때로는 타인에게 조금 수다스럽고 깊이가 결여되어 보일 수도 있으며, 즐기는 것 자체를 좋아해서 필요한 일을 추진하지 못하거나 마감일을 놓치기 쉬움

3) 진로

① 물질적 소유 및 운동을 비롯한 실생활을 즐겨하기 때문에 상식과 실제적 능력을 필요로 하는 분야의 일을 선호함

② 예를 들어 의료 분야 판매, 디자인, 교통과 유흥 사업, 비서직과 사무직, 감독직, 기계를 다루는 분야 등이며, 여성들은 간호직에 많음

4) 주의하고 개발할 점

① 논리적이고 분석적인 판단기능을 육성할 필요가 있음

② 일과 레크레이션을 잘 조정하여 균형을 맞출 필요가 있음

③ 시간 관리에 노력할 필요가 있으며, 일을 시작하기 전에 전체적인 계획을 세울 필요가 있음

5) 교수 양식(예능가)

강점	생각해 볼 영역
① 활동을 권장하고 다양성에 관대함 ② 유머를 사용하고 웃음꽃을 피움 ③ 삶의 긍정적인 면을 장려, 빠른 문제해결 방법을 가르침 ④ 순간적인 적응력이 뛰어남 ⑤ 교재의 새로운 사용방법을 시도함 ⑥ 문제를 해결하기 위해 사람들을 잘 활용	① 문제해결을 위한 노력으로 규칙과 규범을 잊어버리거나 무시해 버리는 경향 ② 말없는 학생들에게 시간적 여유를 주지 않음 ③ 부정적인 것보다 긍정적인 것에 초점을 맞추는 경향으로 즐겁지 않은 상황을 무시하는 경향 ④ 이론적 학습을 좋아하지 않음

8 ESFJ(친선도모형/외향적 감정형) : 친절과 현실감을 바탕으로 타인에게 봉사하는 사람들

1) 특성

① 동정심과 동료애가 많으며, 친절하고 재치가 많음(리액션이 좋음)

② 참을성이 많고 양심적이며, 정리정돈을 잘 함

③ 다른 사람에게 관심을 쏟고 인화를 도모하는 일을 중요하게 여김

④ 다른 사람들의 존경할만한 자질에 주의를 기울이는 경향이 있고, 존경받는 사람이나 널리 알려진 기관, 연구소, 대의명분에 경의를 나타냄

⑤ 관심을 갖고 있는 사람 또는 일과 관련해서 갈등 상황이 발생할 경우 그 사실에 직면하지 못하고 문제점을 무시하거나 회피하는 경향이 있음

⑥ 다른 사람들의 의견이 갖고 있는 가치를 발견하는 데 재능이 있음

2) 업무 스타일

① 계획을 세우고 결정할 때, 잘 알려진 사실이나 이들의 개인적인 가치관에 바탕을 둠

② 정말 해야 되고 필요한 일이 무엇인지 시간을 들여 깊이 생각하지 않고, 꼭 해야 된다고 생각되는 일을 시작하는 경향이 있음

3) 진로

① 사람을 다루고 행동을 요구하는 분야에서 능력을 발휘함(예 교직, 설교, 판매 등)

② 특히 따뜻함과 동정심을 필요로 하는 환자를 돌보는 의료 분야에서 능력을 발휘함

4) 주의하고 개발할 점

① 타인에게 정말 필요한 것과 무엇을 원하는지 진지하게 들을 필요가 있음

② 속단하는 경향이 있으며 "이렇게 되어야 한다." 또는 "저렇게 되어야 한다."는 마음의 규율이 있음

③ 반대 의견에 부딪쳤을 때나 자신의 요구가 거절당했을 때, 지나치게 개인적으로 받아들여 마음의 상처를 쉽게 입는 경향이 있으므로 객관성을 키울 필요가 있음

5) 교수 양식(돌봄이)

강점	생각해 볼 영역
① 교재를 잘 이해시키고 사용하게 함 ② 조화로운 상호작용을 요구함 ③ 질서정연함과 공손한 행동을 요망함 ④ 일관된 결정과 특정 훈련을 제공함 ⑤ 선악이 분명하고 책임감이 강함 ⑥ 자타를 편안하게 하는 능력이 돋보임	① 원리 원칙, 규율과 규범을 철저히 유지함 ② '해야 할 것'과 '하지 말아야 할 것'의 구분이 분명함 ③ 갈등을 해결하기 위해 어떤 일이든지 함 ④ 때로는 장황한 불평을 늘어놓음 ⑤ 감정과 견해를 너무 쉽게 표현하는 경향

9 INFJ(예언자형/내향적 직관형) : 사람과 관련된 것에 통찰력이 뛰어난 사람들

1) 특성

① 강한 직관력의 소유자로 창의력과 통찰력이 뛰어남

② 뛰어난 영감을 가지고 있으며, 말없이 타인에게 영향력을 미침

③ 독창적이고 독립심이 강하며, 확고한 신념과 뚜렷한 원리원칙을 생활 속에 가지고 있음

④ 공동의 이익을 가져오는 일에 심혈을 기울이고 인화와 동료애를 중요시하기 때문에 주변 사람들에게 존경받고 사람들이 따르게 만드는 지도력이 있음

2) 업무 스타일

① 일을 할 때 그 일이 갖는 의미가 중요하고, 대인관계 형성 시 진실한 관계를 맺고자 함

② 반복되는 단순 작업은 직관력과 영감, 새로운 가능성을 발견하는 통찰력을 질식하게 만들어 비능률 적인 결과를 가져옴

③ 오직 한 곳에 몰두하는 경향 때문에 목적 달성에 필요한 주변적인 조건들을 경시하기 쉽고 따라서 난관에 부딪칠 때가 많음

3) 진로

① 사람의 가치를 중요하게 여기고 직관력을 사용할 수 있는 분야에서 능력을 발휘함

② 예를 들면 고등교육, 목회, 심리학, 심리치료와 상담, 예술과 문학 분야에서 많이 활동함

③ 테크니컬한 분야로는 순수과학, 연구와 개발 분야에서 새로운 아이디어와 시도에 대한 열정이 대 단함

4) 주의하고 개발할 점

① 자신의 비전과 남의 비전을 현실에 비추어 검토할 필요가 있음

② 남에게 강요하지 못하고 비판에 정면으로 부딪치지 못하며, 지나칠 정도로 자신이 혼자 감당하려 고 함

③ 자기 내면의 갈등이 많고 복잡함. 현실을 있는 그대로 수용하고, 현재를 즐기고자 하는 노력이 필 요함

5) 교수 양식(발달 촉진자)

강점	생각해 볼 영역
① 창조적인 통찰을 도움 ② 교재의 패턴이나 관련성을 파악함 ③ 학생 개인과 창조적 사고과정에 대해 교육함 ④ 창조적인 글쓰기를 통해 학생들의 상상력을 키워주길 좋아함 ⑤ 조화로운 상호작용을 조율하는 능력이 돋보임	① 비평에 민감하고 상처받기 쉬움 ② 무질서에 민감함 ③ 정서가 복잡하고 갈등이 많아 이해 받기 어려운 면이 있음 ④ 학생들에게 교수양식 변화에 따른 불편함을 야기할 가능성

🔟 INFP(잔다르크형/내향적 감정형) : 이상적인 세상을 만들어 가는 사람들

1) 특성

① 마음이 따뜻하나 상대방을 잘 알게 될 때까지 그 마음을 잘 표현하지 않음

② 조용하며, 자신과 관련된 사람이나 일에 대해 책임감이 강하고 성실함

③ 이해심 많고 적응력이 좋으며, 대체로 관대하고 개방적임. 그러나 내적인 신념이 위협 당하면 한 치의 양보도 없음. 남을 지배하거나 좋은 인상을 주고자하는 경향이 거의 없음

④ 어떤 일에 깊은 관심을 가질 때 완벽주의로 나가는 경향이 있음

2) 업무 스타일

① 열성을 가지고 있는 부분에 대해서는 설득력 있고 독창적일 수 있음

② 자신의 신념에 맞는 일이어야 몰두하는 경향이 있음

③ 때로는 지나치게 일을 벌려 놓기 때문에, 자신의 이상과 자신이 실제로 성취한 것의 차이점을 발견할 때 필요 이상으로 자신을 부적당한 사람이라고 생각함

3) 진로

① 새로운 아이디어에 대한 호기심이 많고 통찰력과 긴 안목으로 앞을 내다보는 경향이 있음

② 심리학, 상담, 문화, 과학, 예술 분야에서 능력을 발휘함

③ 책과 언어에 관심을 갖고 있고, 표현에 있어서 뛰어난 작가가 될 수 있는 천재성을 가지는 경향이 있음

4) 주의하고 개발할 점

① 많은 사람들을 만족시키려는 경향과 이런 자신의 신념에서 지나치게 완벽주의로 나아가는 경향이 있음

② 다양한 관심으로 여러 가지 일을 벌이지만 마무리가 잘 안될 수 있음

③ 사실과 자신의 개인적 아이디어를 논리적으로 분석할 필요가 있음

5) 교수 양식(탐구자)

강점	생각해 볼 영역
① 학생들의 독특성을 가치 있게 여기고 개별화를 격려함 ② 학생들의 성장을 위해 시간을 허용함 ③ 학생들이 바뀌면 학습 진도를 변화시키고 자신의 목소리도 거기에 적응함 ④ 학생들을 열정적으로 보살핌 ⑤ 말의 감정적 함축적 의미를 잘 알아차림	① 학급 외의 관심을 추구할 시간이 필요함 ② 진지하고 개인적 자유를 추구하므로, 학생들의 기대와 불일치할 수도 있음 ③ 딱딱한 교과과정을 좋아하지 않음 ④ 개인적으로 시간을 압도 당할 때 부정적이 됨

11 ENFP(스파크형/외향적 직관형) : 열정적으로 새로운 관계를 만드는 사람들

1) 특성

① 열성적이고 창의적이며, 풍부한 상상력과 영감을 갖고 새로운 프로젝트를 잘 시작함

② 관심이 있는 일이면 무엇이든 척척 해내는 열성파임

③ 뛰어난 통찰력으로 그 사람 안에 있는 성장 가능성을 들여다 볼 줄 알며, 다른 사람들도 프로젝트에 흥미를 느끼도록 하며 다른 사람을 잘 도와줌

④ 어려움을 당할 때 더욱 자극 받고, 어려움을 해결하는 데 아주 독창적임

⑤ 연속적으로 새로운 열정을 쏟아내는 것 자체에서 힘을 얻고, 이들의 세계는 많은 가능성으로 가득 차 있음

2) 업무 스타일

① 풍부한 상상력과 순간적인 에너지를 발휘하여 즉흥적이고 재빠르게 해결해 나감

② 반복되는 일상적인 일을 견디지 못하는 경향이 있음

③ 새로운 가능성을 추구하고 창의력, 즉흥적으로 일을 시작함. 또한, 한 가지 일을 끝내기도 전에 몇 가지 다른 일을 벌이는 경향이 있음

3) 진로

① 상담이나 교육 방면에서 능력을 발휘하며, 어느 분야에서든지 대체로 재능을 발휘함

② 과학, 저널리즘, 광고, 판매, 성직, 목회, 작가 등 다양한 분야에서 재능을 보임

4) 주의하고 개발할 점

① 지나치게 확장하고 너무 많은 일을 벌이는 경향이 있음

② 중요한 세부 사항에 주의를 기울일 필요가 있음

③ 일의 우선순위를 두고 어떤 것에 집중할지 선별하는 데 노력을 기울일 필요가 있음

5) 교수 양식(열정가)

강점	생각해 볼 영역
① 열성적이고 따뜻한 감정이입을 잘 함 ② 창조적인 행동을 많이 다룸 ③ 새로운 교재를 접하는데 빠르고 도전을 즐김 ④ 엄격하고 권위적인 모습보다 학생들과 또래처럼 지냄 ⑤ 개인적 차이점을 수용하고 이해함	① 한두 명의 학생을 돕는데 너무 마음을 빼앗김 ② 동시에 많은 일들을 시작하려고 함 ③ 업무에 필요한 세세한 것들을 생략하고 간과함 ④ 많은 차이점들에 대한 관심으로 관심분야를 좁히는데 힘들어 함

⑫ ENFJ(언변능숙형/외향적 감정형) : 타인의 성장을 도모하고 협동하는 사람들

1) 특성

① 동정심과 동료애가 많으며, 친절하고 재치 있고 인화를 아주 중요하게 여김

② 다른 사람들의 의견을 존중하고, 그 의견이 갖고 있는 가치를 파악함

③ 쓰기보다는 말로 생각을 잘 표현하며, 자신이 생각한 계획을 편안하고 능숙하게 제시하고, 조직을 이끌어 나가는 능력이 있음

④ 기쁨과 만족을 얻는 대부분은 주위 사람들의 온정에서 기인하며, 자신이 존경하는 인물, 제도 혹은 이념을 지나치게 이상화하는 경향도 있음

2) 업무 스타일

① 의사소통에 능하여 표현하는 것에 천부적인 자질을 가졌음

② 작은 일에도 순서를 따르고 다른 사람들도 자기와 같을 것이라고 생각하는 경향이 있음

③ 다른 사람에게 인정과 칭찬을 받으면 맡은 일에 열중하나 비판에 민감함

3) 진로

① 책에 관심이 많고 이론 파악에 재능이 뛰어나며, 그것을 청중에게 말하는데 이용하려 함

② 사람을 다루고 행동을 요구하는 분야의 일에서 능력을 발휘함

> **예** 교직, 목회, 심리 상담치료, 예술, 문학, 외교 그리고 판매 등

4) 주의하고 개발할 점

① 인간의 한계를 인정하고, 남을 이상화하거나 맹신하며 충성하는 경향을 조심할 필요가 있음

② 인간관계에 끌려 과업을 소홀히 다루기 쉬움

③ 비판을 개인적인 것으로 여기며, 필요 이상으로 민감하게 받아들이는 경향이 있음

5) 교수 양식(동력자)

강점	생각해 볼 영역
① 학생들의 최대한의 성장을 위해 노력함	① 긍정적 피드백이 없으면 부정적으로 나옴
② 성장을 인정하고 장려하는 분위기를 조성함	② 비평에 쉽게 상처 받음
③ 은유법을 사용하여 강의를 형성화함	③ 선행조건을 충분히 고려하지 않고 새로운 프로젝트를 시작할 수도 있음
④ 학생들의 잠재적 창조성을 계발하려 함	④ 비약적인 사고로 구체적인 것들을 간과함
⑤ 변화와 다양성으로 학생들을 도움	

⑬ INTJ(과학자형/내향적 직관형) : 전체적으로 조합하여 비전을 제시하는 사람들

1) 특성

① 행동과 사고에 있어 독창적이며, 내적인 신념과 비전은 산이라도 움직일 만큼 강함

② 16가지 유형 중에서 가장 독립적이고 단호하며, 때로는 어떤 문제에 대해 고집이 강함

③ 자신이 가진 영감과 목적을 실현시키려는 의지와 결단력, 인내심을 가지고 있음

④ 자신과 다른 사람의 능력을 중요하게 여기며, 목적을 달성하기 위해 모든 시간과 노력을 바침

2) 업무 스타일

① 복잡한 문제를 다루는 것을 좋아하며, 자신이 관심을 갖는 일이면 조직력을 발휘하여 일을 추진시키는 능력이 있음

② 자신과 다른 사람의 감정이나 가치관을 소홀하게 여기기 때문에 반대 입장에 선 사람들에게 예기치 않던 질책을 당할 수 있음

3) 진로

① 직관력과 통찰력이 활용되는 분야에서 능력을 발휘함

> 예 과학, 엔지니어링, 발명, 정치, 철학 분야 등

4) 주의하고 개발할 점

① 남을 인정하는 방법과 비현실적인 아이디어를 포기하는 것을 배울 필요가 있음

② 지나치게 확신하고 조금도 양보하지 않으며, 남들이 접근하거나 도전하는 것을 두려워함

③ 명석한 분석력을 대인관계에 적용하려는 경향 때문에 인간미가 부족하다는 오해를 받음

5) 교수 양식(입안자)

강점	생각해 볼 영역
① 새로운 아이디어를 말할 때 가장 에너지를 얻음 ② 더 유능한 사고력을 갖도록 키움 ③ 새로운 개념을 적용함 ④ 현재 행동을 통하여 미래에 대한 관점 기르기 ⑤ 상상적인 통합과 타당한 정보들을 포함하는 강의	① 무가치한 정보를 과도하게 지식으로 여기는 경향 ② 도중에 행동을 변화시키기 어려움 ③ 무엇을, 어떻게 해야 할지 학생들이 묻는 것을 싫어함 ④ 교과서와 교과과정의 재구성에 너무 많은 시간을 보냄

🔢 INTP(아이디어 뱅크형/내향적 사고형) : 비평적인 관점을 가지고 있는 뛰어난 전략가들

1) 특성

① 조용하고 과묵하나 관심 있는 분야에 대해서는 말을 잘함

② 사람이 중심이 되는 가치보다는 아이디어에 관심이 많음

③ 매우 분석적이고 논리적이며 객관적인 비평을 잘함

④ 이해가 빠르고 높은 직관력으로 통찰하는 재능이 있으며, 지적인 것에 관심이 많음

⑤ 교제 범위는 보통 아이디어에 대해 토론하고 나눌 수 있는 소수의 가까운 사람들임

2) 업무 스타일

어떤 문제에 대해 새로운 해결책을 시도하는 데 관심이 많지만, 그 해결책을 실제로 적용하는 것에는 관심이 없음

3) 진로

흥미 선호도가 뚜렷하기 때문에, 이들의 지적 호기심을 활용할 수 있는 분야에서 능력을 발휘함. 예를 들면 순수과학, 연구, 수학, 엔지니어링 분야나 추상적인 개념을 다루는 경제, 철학, 심리학 분야의 학문을 좋아함

4) 주의하고 개발할 점

① 타인의 노력을 인정하는 태도와 개인적 관점을 고려할 필요가 있음

② 지나치게 추상적이므로 비현실적이고, 너무 이론적일 수 있음

③ 지나치게 비판적이고 분석적인 사고를 대인관계에 적용하려는 경향이 있음

5) 교수 양식 (명명자)

독립적인 연구나 과정에 대한 모의실험을 좋아함. 강의는 종종 정확한 용어의 정의와 모든 요소들 간의 관계에 초점을 맞추고 있음. 강의를 한 후에는 질문과 대답이 이어지는데 이는 학생들이 용어 사용 방법을 알고 그 개념을 이해하도록 하려는 의도를 가지고 있음. 개념을 잘 이해하고 있는지 확인하는 방법으로 에세이나 보고서를 쓰게 함

강점	생각해 볼 영역
① 정확성과 진리 탐구를 위한 이론과 가설을 이끌어 내고 시험해 봄	① 풍자적, 반어적, 신랄한 단어를 사용하여 학생에게 자신감이 부족하고 열등한 사람으로 느끼게 만드는 경향
② 객관적인 비평으로부터 배우고 익히도록 격려함	② 설명이 학생들에게 더 복잡하게 여겨질 수 있음
③ 현실에서 새로운 방법으로 아이디어를 조직함	③ 교과서의 지식에 너무 빠져 있게 됨
④ 새로운 아이디어를 내놓도록 학생들을 격려함	④ 지나친 논리성의 강조로 인간적인 요소를 무시함

15 ENTP(발명가형/외향적 직관형) : 풍부한 상상력을 가지고 새로운 것에 도전하는 사람들

1) 특성

① 독창적인 혁신가이고 창의력이 풍부함

② 넓은 안목을 가지고 있으며, 다방면에 재능이 많음

③ 민첩하고 여러 가지 일에 재능을 발휘하며 자신감이 높음

④ 사람들의 동향에 대해 기민하고 박식함

⑤ 다른 사람을 판단하기보다 이해하려고 노력함

2) 업무 스타일

① 새로운 관심사로 눈을 돌리고 잇따른 새 프로젝트를 시작하는 것을 통해 끊임없이 에너지를 충전받음

② 한 가지 일을 시작하면 끝까지 완수하기 전에 새로운 일에 뛰어드는 경향이 있음

3) 진로

① 복잡한 문제 해결에 뛰어난 재능을 가졌으며, 지칠 줄 모르는 에너지를 소유하고 있음

② 관심이 있는 분야는 무슨 일이든 해내는 능력을 가지고 있음

> **예** 발명가, 과학자, 문제 해결사, 저널리스트, 마케팅, 컴퓨터 분석 등

4) 주의하고 개발할 점

① 새로운 아이디어와 비전에 몰입하여 현재의 중요성을 잊기 쉬움

② 자신을 과도하게 확장시키는 경향을 감안하여 현실적 우선순위를 고려하여 일정 계획을 세울 필요가 있음

③ 일상 규범, 표준 절차를 경시하는 경향이 있음

5) 교수 양식(혁신가)

강점	생각해 볼 영역
① 같은 교과과정을 가르치더라도 새로운 방법으로 설명함	① 호기심으로 인해 기존 교과과정을 무시하는 경향
② 독창적인 적용을 통해 문제를 해결함	② 예측 가능한 수업을 원하는 SJ 학생들은 과도한 혁신에 질려 버릴 수 있음
③ 논쟁에 참여하고 혁신적으로 생각해 보도록 격려함	③ 교실 청소, 평가하기, 숙제 점검과 같은 일상적인 과업을 간과함
④ 변화를 추구하고 자극적인 교재들과 그림들로 교실환경을 구성함	④ 문제해결의 단계를 구체적으로 제공하는데 실패 할 수 있음

16 ENTJ(지도자형/외향적 사고형) : 비전을 가지고 사람들을 활력적으로 이끌어가는 사람들

1) 특성

① 활동적이며 행정적인 일과 장기 계획을 선호함

② 논리적이고 분석적이며, 조직적으로 계획하여 목적을 달성하기 위해 체계적으로 추진하는 지도자들이 많음

③ 비능률적이거나 확실하지 않은 상황에 대해서는 인내심이 별로 없음

④ 솔직하고 결정력과 통솔력이 있으며, 거시적인 안목으로 일을 밀고 나감

⑤ 관념 자체에 집중하는 경향이 있으며, 관념 이면에 있는 사람에게는 별로 관심이 없음

2) 업무 스타일

① 새로운 지식에 대한 관심이 많으며, 복잡한 문제나 지적인 자극을 주는 새로운 아이디어에 호기심이 많음

② 때로는 현실적인 문제들을 쉽게 지나쳐 버리고, 성급하게 일을 추진하는 경향이 있음

3) 진로

① 직관기능이 요구되지 않는 일은 거의 만족하지 못함. 이들은 문제에 의해서 자극받고, 새로운 해결책을 발견하고 추진할 수 있는 분야의 일을 찾음

② 조직 내에서 일하려는 경향이 있고 관리 책임을 즐겨 맡으며 군대, 사업체, 교육계, 공무원 등의 업종에서 책임자의 직위까지 오르는 경우가 많음

4) 주의하고 개발할 점

① 다른 사람의 감정과 일에 대한 기여를 인정할 필요성이 있으며, 그들의 요구가 무엇인지 귀 기울일 필요가 있음

② 자신과 타인의 감정을 인정하고, 이해하며 자신의 감정을 표현하는 방법을 배울 필요가 있음

③ 속단속결하고 참을성이 부족하여, 강압적으로 보이기 쉬운 면을 고려해야 함

5) 교수 양식(감독관)

강점	생각해 볼 영역
① 리더십을 행사하고 도전 받길 기대함 ② 분류, 요약, 일반화, 분석, 종합과 같은 능력을 개발하도록 격려함 ③ 교과목에서 발명적인 시도를 함 ④ 학생들을 향상시킬 전략과 행동들을 추구함 ⑤ 문제해결을 위한 적당한 과정을 계획함	① 동료들과 리더십 갈등을 겪음 ② 다른 사람들의 견해를 존중해 줄 필요가 있음 ③ 그룹 및 개인에게 과도한 권력을 행사함 ④ 논리적 원리를 근거로 자신들의 방법을 고집하는 경향

1 원장

일일 업무	1) 일일 보고서 확인 (교무, 상담 각각 문자 확인) 　① 인원현황　② 등록현황　③ 상담동향　④ 학부모 불만/의견 동향 　⑤ 신입 선발고사 동향　　⑥ 경쟁학원 동향 2) 학부모 건의 사항 확인
주간 업무	주간회의 주재 (교무부, 상담실 전체)
월간 업무	1) 퇴원생 분석보고서 확인 2) 월간 학부모 만족도 현황 확인 3) 월간 이익 점검
연간 업무	1) 당해년도 결산　　　　　　2) 연간 사업계획서 수립
개강 업무	1) 신입생 분석 보고서 확인 2) 신규 강사 적응도 확인 3) 신규 학생 적응도 확인
종강 업무	1) 개강 계획서 기획 2) 광고 기획 3) 학부모 설명회 진행 4) 개강 체크리스트 및 준비사항 점검
수시 업무	1) 강사 및 직원 채용 2) 강사 및 직원 관리 3) 핵심 학부모 관리 4) 학부모 불만 처리 및 학생/학부모 특이 처리 건에 대한 결정 5) 비상 상황 수습

2 중간 관리자(부원장, 교무부장 등)

일일 업무	1) 교무부 일일 보고서 작성 및 확인 　① 인원현황　② 등록현황　③ 상담동향　④ 학부모 불만/의견 동향 　⑤ 신입 선발고사 동향　　⑥ 경쟁학원 동향 2) 학부모 건의 사항 확인 3) 휴/퇴원 관리 4) 학생 생활 지도 5) 주의 학생 및 학부모 상담 지원
주간 업무	1) 교무부 주간회의 주재 2) 주간 업무 보고(교무 및 강사 동향, 학생 및 학부모 동향, 금주 주요 업무 현황, 차주 주요 업무, 상담 현황 및 특이 사항 등)

월간 업무	1) 월별 업무계획 작성 2) 강사 근태관리 결과 확인 및 문제 대처 방안 수립
연간 업무	1) 당해년도 결산　　　　　2) 연간 사업계획서 수립
개강 업무	1) 전형 고사 관리 업무 2) 신입생 단계 및 반 배정 3) 신규 학생 적응도 확인
종강 업무	1) 개강 계획서 기획 2) 광고 기획 지원 3) 학부모 설명회 지원 4) 개강 체크리스트 및 준비사항 점검
수시 업무	1) 신입 강사 면담 및 계약서 체결 2) 경력 강사 재계약 여부 결정 3) 강사 관리 업무(평가－보상 등) 4) 방학특강 운용 계획 5) 신입생 Orientation

❸ 강사

일일 업무	1) 수업 준비　　　2) 학습 관리　　　3) 숙제 및 시험 점수 기입 4) 숙제 게시　　　5) 학생 Transfer　　6) 부재자 7) 휴/퇴원 상담 및 보고　　　　　8) 학부모 상담　　　　9) 퇴실 지도
주간 업무	1) 교무부 회의　　　　　2) 주간 보고서 제출
개강 업무	1) 신입생 관리　　　　　2) 신학기 학습안내 3) 기타 업무(방학특강 안내 및 상담, 진학 상담)
종강 업무	1) 동향 파악　　　　　2) 차 학기 단계이동 관련업무　　　3) Level Test 4) 신입생 선발고사 인터뷰　　　5) 종강 안내문　　　6) 교재리스트 확인
수시 업무	1) 학생 상담/관리　　　　2) 학부모 상담 지원 3) 학원 행사 지원　　　　4) 콘텐츠 연구

❹ 상담 직원

업무 목적	상담실 직원은 고객을 처음 맞이하는 학원의 얼굴이므로 항상 정확한 정보로 학원 업무를 원활하게 수행하도록 최선을 다한다.
업무 종류	1) 고객 관리　　　　　2) 수납 관리　　　　　3) 명단 관리 4) 신입생 관리　　　　5) 대외 업무　　　　　6) 학사 관리 7) 일일 현황 보고　　　8) 시설물 관리 9) 기타(각종 행사 준비, 보고서 작성, 물품 관리, 홈페이지 관리, 문서 발급 등)

"성안당 IT도서로 **실무 마케팅 고수되기**"

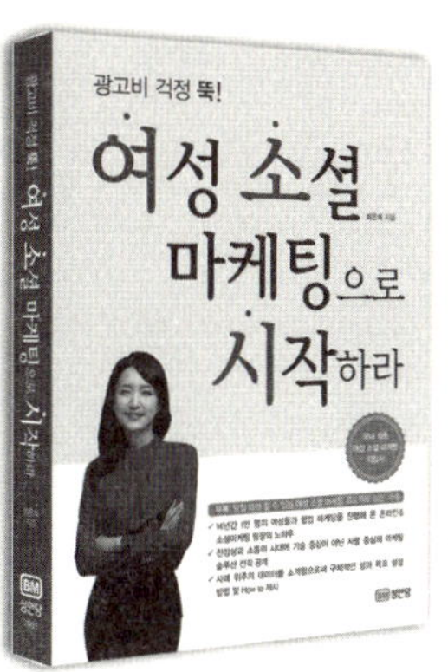

광고비 걱정 뚝! **여성 소셜 마케팅으로 시작하라**

최은희 지음 | 328쪽 | 14,800원

저자는 소셜 미디어를 온드, 언드, 페이드 미디어로 이론적으로 구분하면서 여성 소셜 마케팅 프로젝트를 8단계로 체계적으로 소개하고 자신감 있게 기획하고 액션플랜을 짜는 법을 짜임새 있게 소개한다. 이 책을 읽는 순간 저자가 어떻게 월 매출 1억 원 하던 온라인 쇼핑몰을 일 매출 1억 원으로 만들었는지 저자의 소비자 중심 사고, 마케팅적인 체계와 실행력에 공감하면서 소셜 마케팅에 대한 통찰력을 얻을 수 있게 될 것이다.

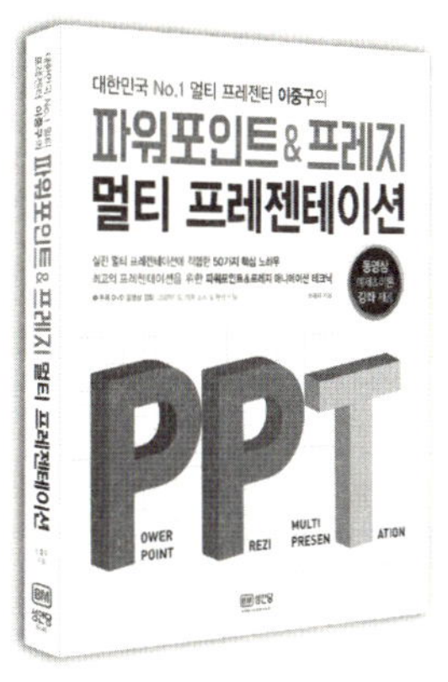

대한민국 No.1 멀티 프리젠터 이중구의 **파워포인트 & 프레지 멀티 프레젠테이션**

이중구 지음 | 476쪽 | 25,000원

이 책은 프레젠테이션 명강사의 파워포인트 노하우를 집대성한 도서로, 필자가 그동안 현장에서 작업하거나 교육하면서 얻은 정보를 기준으로 꼭 필요로 하는 내용을 한 권에 담았습니다. 파워포인트의 매뉴얼적인 기초 내용뿐 아니라 처음 시작하는 사용자도 바로 사용할 수 있는 실전 내용으로 구성된 〈파워포인트 바이블〉로, 학습하는 데 어려움이 없도록 차근차근 따라하는 것만으로도 학습이 되도록 하였으며, 파워포인트를 다루면서 가장 많이 사용되는 고급 내용을 알려주어 실무에서 바로 응용하여 사용할 수 있는 내용으로 구성하였습니다.

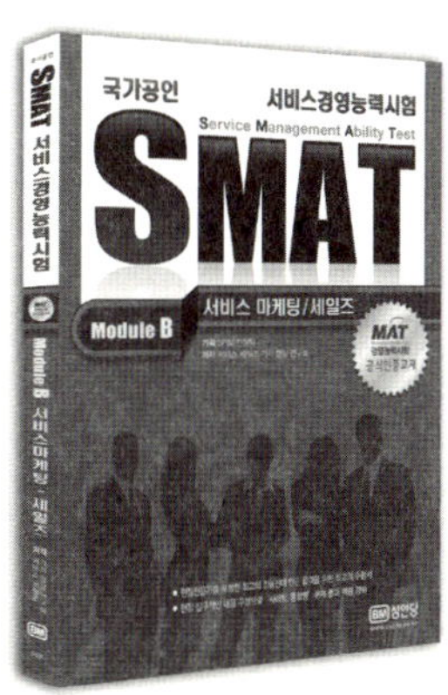

SMAT Module B. 서비스 마케팅/세일즈

서비스 세일즈 가치 향상 연구회 지음 | 374쪽 | 15,000원

서비스 현장의 경쟁력을 높이는 SMAT 자격 제도는 기업의 매출 증대와 고객 만족도를 높이는 것과 동시에 브랜드 가치의 향상을 꾀할 수 있다. 이러한 기본 취지와 목표에 맞도록 본 교재는 시험의 합격만이 아닌 실무에서 구체적이고 실질적으로 적용할 수 있도록 현장전문가를 포함한 최고의 집필진을 구성하여 SMAT 시험을 주관하는 한국생산성본부의 공식교재 인증을 획득하였고, 변경된 출제기준에 맞추어 효율적이면서도 쉽게 학습할 수 있도록 구성하였다.

BM 성안당

04032 서울시 마포구 양화로 127 첨단빌딩 5층(출판기획 R&D센터)
10881 경기도 파주시 문발로 112 출판문화정보산업단지(제작 및 물류)

TEL_02.3142.0036
TEL_도서:031.950.6300 동영상:031.950.6332 www.cyber.co.kr

100만 학원 종사자를 위한

소상공인 창업
온·오프라인
마케팅

2017. 10. 23. 1판 1쇄 인쇄
2017. 11. 1. 1판 1쇄 발행

저자와의
협의하에
검인생략

지은이 │ 이정수, 홍재기
펴낸이 │ 이종춘
펴낸곳 │ **BM** 주식회사 성안당
주소 │ 04032 서울시 마포구 양화로 127 첨단빌딩 5층(출판기획 R&D 센터)
       10881 경기도 파주시 문발로 112 출판문화정보산업단지(제작 및 물류)
전화 │ 02) 3142-0036
       031) 950-6300
팩스 │ 031) 955-0510
등록 │ 1973. 2. 1. 제406-2005-000046호
출판사 홈페이지 │ **www.cyber.co.kr**
ISBN │ 978-89-315-5513-4 (13000)
정가 │ 15,000원

이 책을 만든 사람들
기획 │ 최옥현
진행 │ 최창동
전산편집 │ 인투
표지 디자인 │ 박현정
홍보 │ 박연주
국제부 │ 이선민, 조혜란, 김해영
마케팅 │ 구본철, 차정욱, 나진호, 이동후, 강호묵
제작 │ 김유석